AVI PRIMOR / CHRISTIANE VON KORFF

An allem sind die Juden und die Radfahrer schuld

Deutsch-jüdische Missverständnisse

Piper München Zürich

Mehr über unsere Autoren und Bücher:
www.piper.de

Mix
Produktgruppe aus vorbildlich bewirtschafteten
Wäldern und anderen kontrollierten Herkünften
www.fsc.org Zert.-Nr. GFA-COC-001223
© 1996 Forest Stewardship Council

ISBN 978-3-492-04698-5
© Piper Verlag GmbH, München 2010
Satz: Fotosatz Amann, Aichstetten
Druck und Bindung: CPI – Clausen & Bosse, Leck
Printed in Germany

Denjenigen »Kriegsverrätern«, die ihr Leben ließen, weil sie sich für die vom NS-Regime Verfolgten und Entrechteten einsetzten.

Erst im September 2009 wurde diese letzte Opfergruppe der NS-Militärjustiz vom Deutschen Bundestag rehabilitiert.

Bis in die Kreise der höchsten Bildung hinauf… ertönt es heute wie aus einem Munde: die <u>Juden sind unser Unglück</u>!

Heinrich von Treitschke

Der Antisemitismus ist das »Gerücht über die Juden«.

Theodor W. Adorno

INHALT

VORWORT

Ein älterer Jude aus Berlin findet sich plötzlich von Nazis umringt, die ihn zu Boden schlagen und höhnisch fragen: »*Na, Jude, wer ist denn schuld am Krieg?*«

Der kleine Jude ist nicht auf den Kopf gefallen und antwortet: »*Die Juden und die Radfahrer.*«

»*Warum die Radfahrer?*«, fragen die Nazis.

»*Warum die Juden?*«, kontert der alte Mann.[1]

Der deutsche Politiker Carlo Schmid bezeichnete den jüdischen Witz einmal als Tränen, die zu einem Lachen geworden seien. Zu einem Lachen, möchte man anfügen, das dem Zuhörer schon mal im Halse stecken bleibt. Leichthin formulierte Aussagen über »die Juden« mögen lächerlich und sinnfrei sein – sie fielen und fallen auf fruchtbaren Boden. Und ob wohlmeinend, unsicher oder aggressiv vorgetragen: Ansichten über die jüdische Minderheit in unserer Gesellschaft hat fast jeder. Fatale Missverständnisse zwischen Deutschen und Juden sind also weiterhin an der Tagesordnung, und die Frage ist so aktuell wie je: Warum die Juden?

Wir versuchen in diesem Buch Antworten zu geben. Dabei ist es für den Leser sicherlich wichtig, vor welchem Erfahrungshorizont wir das tun – der ist nämlich sehr unterschiedlich:

Avi Primor, geboren und aufgewachsen in Tel Aviv, kam

1993 nach Deutschland und war bis 1999 Botschafter des Staates Israel in Bonn und Berlin. Die Geschichte seiner Mutter und ihrer Familie ist Teil des Dramas der Verfolgung und Ermordung der europäischen Juden durch das NS-Regime.

Christiane von Korff hat sich als Nachgeborene der deutschen Kriegsgeneration intensiv mit Fragen des deutsch-jüdischen Verhältnisses beschäftigt. Als Journalistin hat sie mit Avi Primor oft zusammengearbeitet.

In zwölf Kapiteln haben wir wohlbekannte Schlagworte wie den »hinterlistigen« oder »geldgierigen« Juden versammelt, die kaum je offen ausgesprochen werden, gleichwohl aber noch in vielen Köpfen herumspuken. Angesichts der Zustimmung, die Zuschreibungen wie »jüdischer Kommunismus« oder »jüdische Weltverschwörung« in Umfragen erreichen, stellt sich uns die Frage, ob der Antisemitismus eine Renaissance erlebt. Aber es geht uns auch um die Einordnung jüdischer Interessen in der aktuellen deutschen, US-amerikanischen und israelischen Politik.

Während des Schreibens haben wir intensive Gespräche miteinander geführt, die schließlich Eingang in das Buch gefunden haben. In diesen Interviews erzählt Avi Primor ganz privat: Er blickt zurück auf sein Leben, besonders auf seine Zeit als israelischer Botschafter in Deutschland. Trotz seines offiziellen Amtes erlaubte er sich immer eine eigene Meinung; er wurde dadurch zum meistgerügten Botschafter des Staates Israel. Als Mittler zwischen den Welten sind ihm beide Seiten des deutsch-jüdischen Dialogs vertraut, die deutsche wie die jüdische. Aus der doppelten Perspektive des Betroffenen und des Beobachters kann er zeigen, wie Juden in aller Welt mit dem Erbe des Holocaust umgehen. Aufzuzeigen, dass – und warum – die Auseinandersetzung mit dem Holocaust politische Folgen hat, z.B. für das Verhältnis

Israels zu den Palästinensern, ist eines der Anliegen des Buches. Was der Sache aber am meisten dient, ist Aufrichtigkeit im Umgang mit der Geschichte. Dieses Buch ist ein Plädoyer gegen falsche Rücksichtnahmen im Verhältnis von Deutschen und Juden. Auch banale Wahrheiten muss man aussprechen: Einen bestimmten Juden persönlich unsympathisch zu finden ist erlaubt; Kritik an Israel ist nicht antisemitisch. Verallgemeinerungen aber sind fehl am Platz. Wenn unser Buch in diesem Sinne zu einem besseren, weil freieren Verhältnis von Deutschen und Juden führte, hätte es sein Ziel erreicht.

Tel Aviv, Hamburg, im Januar 2010

Avi Primor
Christiane von Korff

PROLOG

»Herr Primor, sind Sie eine moralische Instanz?«

CvK: Herr Primor, als Kind und auch später als Diplomat wollten Sie weder etwas mit Deutschland zu tun haben noch mit Deutschen verkehren. Warum hatten Sie solch eine heftige Abneigung?

AP: Sie grenzte an Feindseligkeit. Denn was den Juden in Nazideutschland angetan worden war, konnte ich – so wie meine ganze Generation – weder einfach nur als Niederlage noch als historisches Unglück empfinden. Jahrelang hatten die Nazis die Juden als minderwertig, als »Untermenschen« hingestellt und ihre Menschenwürde mit Füßen getreten. Dann kam die Zeit der systematischen Vernichtung. Ich bin »Sabre«, im heutigen Israel geborener Jude, und fragte mich, so wie alle jungen, in Freiheit geborenen Israelis, warum sich die Juden willig wie die Lämmer zur Schlachtbank hatten führen lassen. Wieso hatten sie ihre Ermordung – bis auf tapfere Ausnahmen wie den Aufstand im Warschauer Getto – widerstandslos hingenommen? Wir schämten uns für unsere ermordeten Brüder und Schwestern. Rückblickend würde ich sagen, dass wir arrogant und borniert waren.

Inwiefern?

Wir haben nicht verstanden, was sich im Dritten Reich abgespielt und unter welchen Umständen man die Juden umgebracht hat. Es war eine schleichende Entwicklung, die Nazis haben die Juden ja schrittweise entrechtet. Die Juden waren deutsche Patrioten, die im Ersten Weltkrieg für Deutschland sogar gegen andere europäische Juden gekämpft hatten. Dafür wurden viele mit dem Eisernen Kreuz ausgezeichnet. Vor diesem Hintergrund konnten sich die meisten deutschen Juden nicht vorstellen, dass ihre eigenen Landsleute sie ermorden würden. Wir hingegen reagierten aufgrund unseres eigenen Selbstverständnisses: Wir hätten uns gewehrt, wir hätten uns verteidigt. Wir fühlten uns gedemütigt durch die Tatsache, dass Millionen Juden vernichtet worden waren. Dies war einer der Gründe, warum wir vom Ursprung allen Übels Abstand nehmen und einen ewigen Bann gegen Deutschland verhängen wollten.

Sie wollten niemals nach Deutschland fahren, niemals deutschen Boden betreten.

Ich war ein typisches Beispiel für meine Generation. Aber dann wurde 1952 das Wiedergutmachungsabkommen unterzeichnet und Ben Gurion hat sich sehr bemüht, uns davon zu überzeugen, dass ein »anderes Deutschland« entstehe. Er sprach von der Bundesrepublik Deutschland, von einer echten parlamentarischen Demokratie.

Ihre Befangenheit beruhte darauf, dass Sie gedacht haben, die Deutschen seien per se antisemitisch?

Dieser Gedanke schwebte in der Tat im Hintergrund. Wir fragten uns: Wenn die Deutschen heute eine tatsächlich so gut funktionierende Demokratie haben, warum verdrängen sie die Vergangenheit, warum wollen sie nicht darüber sprechen, sie nicht wahrnehmen, nicht analysieren? Da war schon ein gewisser Antisemitismusverdacht. Die Leugnung der Vergangenheit bedeutete für uns, dass sich die Deutschen nicht geändert hatten.

Wie hat Ihre Mutter, deren gesamte Familie aus dem Frank-

furter Bürgertum im Holocaust ermordet worden ist, auf den
Wiedergutmachungsvertrag reagiert?

Wie die die meisten Israelis – mit Empörung und Ablehnung. Meine Mutter ist nie in die deutsche Botschaft gegangen, um ein Formular auszufüllen und Entschädigung zu
beantragen. Ließ sich der Holocaust wiedergutmachen,
dazu noch mit Geld? Auch nur einen Pfennig anzunehmen
hätte sie als Demütigung empfunden.

Schuld lässt sich nicht abkaufen.

Das Verbrechen war für sie unverzeihlich. Sie wollte, wie
übrigens die meisten Israelis, die Argumente unseres Ministerpräsidenten Ben Gurion gar nicht zur Kenntnis nehmen.
Wir wollten nicht hören, dass Verhandlungen mit Deutschland unerlässlich waren und dass mit der Gründung der
Bundesrepublik der Anstoß zur Entstehung eines demokratischen Staatswesens und eines anderen Deutschlands gegeben worden war. Wir wollten mit Deutschen nichts zu tun
haben. Als Israel schon diplomatische Beziehungen mit
Deutschland aufgenommen hatte, habe ich mich mehrfach
gefragt, wie ich darauf reagieren würde, wenn ich vom Auswärtigen Amt nach Bonn geschickt würde. Ich hätte es zum
damaligen Zeitpunkt abgelehnt, selbst wenn dies meine
Karriere beeinträchtigt hätte. Dass Israel diplomatische Kontakte zu Deutschland hatte, hielt ich zwar für richtig, für
mich persönlich kam das allerdings nicht infrage. Diese
schmutzige Arbeit, dachte ich, soll ein anderer machen!

Und was hat Sie zum Umdenken gebracht?

Entscheidend war der Zeitpunkt, an dem die Deutschen
begannen, ihre Vergangenheit nicht mehr zu verdrängen.
Das war erst im Laufe der 1960er-Jahre der Fall und begann
mit der 68er-Generation. Die Studenten forderten ihre
Eltern, Lehrer und Professoren auf, ihnen zu sagen, was sie
im Dritten Reich getan hatten. Damit begann in Deutsch-

land ein ernsthafter Prozess der Gewissenserforschung. Das hat mich sehr positiv beeinflusst. Und die zweite Sache war die Europapolitik Deutschlands, die Aussöhnung zwischen Adenauer und de Gaulle. Ein Deutschland, das Europa nicht dominieren, sondern sich integrieren wollte, war revolutionär im Vergleich zum Kaiserreich und zum Dritten Reich und ein Beweis dafür, dass sich die Deutschen tatsächlich endgültig von ihrer Vergangenheit gelöst hatten. In den Fünfzigerjahren betrachteten die Deutschen den Zweiten Weltkrieg immer noch als Niederlage. Heute sehen sie das ganz anders. Wenn sie vom Jahr 1945 sprechen, sagen die meisten: »Es war das Jahr der Befreiung.«

Gab es auch Momente des Rückschlags?

Was uns sehr gestört und erstaunt hat, war, dass die deutschen 68er Israel kritisierten. Das war nicht lange nach dem Sechstagekrieg 1967, also nachdem Israel die palästinensischen Gebiete erobert hatte und damit Besatzungsmacht geworden war. Dass deutsche Studenten gegen das »imperialistische Israel« demonstrierten und den israelischen Botschafter in Bonn beschimpften und in der Uni ausbuhten, war für uns Israelis unglaublich. Diese Ablehnung konnten wir schlecht verdauen. Ausgerechnet die Deutschen wollten uns Lektionen erteilen? Die 68er forderten, dass man sich für die Palästinenser einsetzen, vielleicht einen Palästinenserstaat errichten solle – das war damals nicht so klar. Man müsse an die Palästinenser denken und nicht nur an die Juden, die den Holocaust überlebt hätten. Das aus Deutschland zu hören war für uns unerträglich.

Haben Sie diese Kritik als antisemitisch empfunden?

Manche Punkte der Kritik ja, aber nicht die Kritik allgemein. Man betrachtete es als dreistes Verhalten.

Auch in jener Zeit war es für Sie noch unvorstellbar, jemals deutschen Boden zu betreten.

Stimmt. Aber dann lernte ich den ersten Deutschen kennen – in Abidjan, der Hauptstadt der Elfenbeinküste. Dort war ich neuer Anwärter an der israelischen Botschaft und hätte protokollgemäß meinen internationalen Kollegen, die schon länger im Amt waren, einen Antrittsbesuch abstatten müssen. Unter anderem hätte ich auch den deutschen Kollegen besuchen sollen – Claus von Amsberg, er war Botschaftssekretär in der deutschen Botschaft und wurde Jahre später der Ehemann von Königin Beatrix der Niederlande. Ich kannte ihn nicht, aber die Tatsache, dass er Deutscher war, war für mich schon ausreichend, um ihm keinen Besuch abzustatten. Mein Botschafter drängte mich, das Protokoll einzuhalten. Er sagte: »Das ist dein Beruf – als Diplomat musst du deine persönlichen Gefühle zurückstellen, ob es dir passt oder nicht. Ich habe das auch getan.« Ich konnte mich dennoch nicht durchringen. Doch es war Claus von Amsberg, der die Initiative ergriff. Eines Tages rief er mich an und sagte, er habe von meiner Ankunft gehört und befände sich gerade zufällig in der Nähe der israelischen Botschaft. Ob er auf einen Sprung hereinkommen und sich vorstellen dürfe. Das war mir natürlich peinlich, schließlich wäre es an mir gewesen, die Initiative zu ergreifen. Als ich seinen Besuch ablehnte, sagte er: »Ach Quatsch, das Protokoll interessiert mich überhaupt nicht – ich will nur Hallo sagen.« Unsere Begegnung in meinem Büro fand in einer eher kühlen Atmosphäre statt. Wir führten ein belangloses, neutrales Gespräch, redeten über meine Ankunft, ob ich eine Wohnung gefunden hätte, wie ich das Wetter vertrüge. Kurz danach erhielt ich zu Hause einen Anruf von ihm. Er sei am Flughafen – ich hatte ein Haus dort in der Nähe – und fahre zurück in die Stadt. Ob er vorbeikommen und ein Gläschen bei uns trinken könne? Ich empfand seine Selbsteinladung als Zumutung. Aber ich konnte schlecht Nein sagen. Ich hoffte, er würde bald verschwinden. Stattdessen kam er am frühen Abend und fuhr erst nach Mitternacht. Er sprach diesmal fast sofort die Nazivergangenheit an. Er erzählte von seinen Erfahrungen als Wehrmachtssoldat kurz vor Ende des Krieges; von seiner Familie und seiner Erziehung; davon, wer Nazi und wer Mitläufer gewesen war. Er sprach ganz offen, da gab es keinerlei Verdrängung. Er stand in starkem Kontrast zu dem Bild, das ich mir von den Deutschen gemacht hatte. Ich hielt ihn für eine Ausnahme. Daraus entstand eine lebenslange Freundschaft.

Was dann wirklich bei mir endgültig das Eis gebrochen hat, war meine Zeit als Botschafter bei der EU in Brüssel. Im Rahmen meiner Tätigkeit lernte ich zwangsläufig Deutsche kennen und habe immer gute Erfahrungen mit ihnen gemacht. Als man mir dann 1993 den Posten des Botschafters in Deutschland anbot, hatte ich keine Hemmungen mehr, ihn anzunehmen. Im Gegenteil, es war für mich eine besonders interessante Herausforderung, da Deutschland für Israel nach den USA zum wichtigsten Partner geworden war, und weil ich endlich die Realität kennenlernen wollte. Jahrzehntelang hatte ich mich gequält, jahrzehntelang hatte ich gezögert. Nun wollte ich meine eigenen Erfahrungen sammeln.

Mussten Sie sich vor Freunden oder Ihrer Familie rechtfertigen, als Sie als Botschafter in das Land der Shoah gegangen sind?

Zu diesem Zeitpunkt nicht mehr. 1993 waren die Beziehungen zwischen Israel und der Bundesrepublik bereits selbstverständlich, Israelis und auch meine Familie befürworteten den Kontakt mit Deutschen. Aber es war eine langjährige Entwicklung, die dahin geführt hat.

Wie hat Ihre Mutter auf Ihre Entscheidung, Botschafter in Deutschland zu werden, reagiert?

Mit viel Freude; sie war sogar stolz darauf. Dreizehn Jahre zuvor hätte sie das ganz anders gesehen. Ich glaube, sie hätte die Beziehung zu mir abgebrochen, wenn ich den Posten angenommen hätte. Ihre Einstellung hat sich durch ein persönliches Erlebnis geändert. Meine Mutter, 1912 in Frankfurt a. M. geboren, hatte, wie schon erwähnt, ihre gesamte Familie im Holocaust verloren. 1980 erhielt sie als ehemalige Frankfurter Bürgerin von dem damaligen Oberbürgermeister Walter Wallmann eine Einladung in ihre frühere Heimatstadt. Meine Mutter wollte nicht nach Deutschland reisen. Es war mein Vater, der sie dazu überredete, es doch zu tun. Schließlich willigte sie ein. Ursprünglich hatte sie vor, nur zwölf Stunden zu bleiben – sie wollte auf keinen Fall in Deutschland übernachten. Doch sobald sie persönlich den Deutschen begegnete, verschwanden ihre Ängste. Statt nur einen einzigen Tag blieb sie für zwei Wochen. Seither machte sie jedes Jahr in Deutschland Urlaub. Als mein Sohn Daniel in Bonn einen deutschen Kindergarten besuchte und ich meiner Mutter erzählte, dass ich ihn auf eine deutsche Schule schicken würde, sagte sie: »Das ist unverhofft und schön, dass ich ein Enkelkind haben werde, das Deutsch spricht.« Mit einer solch positiven Reaktion hatte ich nicht gerechnet.

Sie haben Ihren Sohn dann auch auf die deutsche Schule geschickt.

Mein Sohn war das erste israelische Diplomatenkind, das in Deutschland in eine deutsche Schule ging. In Bonn hatte man die Wahl zwischen der Internationalen Schule, die in Wirklichkeit eine amerikanische war, oder einer deutschen Schule. Meine Wahl fiel auf die deutsche, weil ich mir dachte: Wir sind in Deutschland, wollen die Deutschen kennenlernen und echte Beziehungen mit ihnen entwickeln. Wir wollen nicht unter einer Glasglocke leben.

18

Außerdem hielten wir es für richtig, dass unser Kind auch die deutsche Sprache lernt. Englisch würde es später ohnehin lernen.

Welche Erfahrungen haben Sie als Botschafter in Deutschland gemacht?

Ich wurde sehr höflich und freundlich empfangen. Als ich zum Beispiel dem damaligen Bundespräsidenten Richard von Weizsäcker mein Beglaubigungsschreiben überreichte, begrüßte er mich mit den Worten: »Wir sind glücklich, dass Sie bei uns sind.« Das war mehr, als ich erwartet hatte. Später hat mir die deutsche Schule, die mein Sohn besuchte, viele unerwartete Bekanntschaften ermöglicht. Seine Schulfreunde besuchten uns in der Residenz, und am Abend kamen dann die Eltern, um die Kinder abzuholen. Anfänglich waren sie schüchtern und ängstlich, aber mit der Zeit sind sie immer länger geblieben.

Warum waren sie befangen?

Einmal, weil wir Juden, Israelis sind und natürlich, weil ich Botschafter war. Das waren oft ganz einfache Leute, die gewöhnlich nicht mit Ausländern verkehrten oder in Botschafterresidenzen ein- und ausgingen. Sie kamen, standen an der Tür, und ich musste sie dreimal bitten hereinzukommen. Aber das hat sich allmählich geändert, und so konnte ich viele Gespräche mit Deutschen führen, die nicht aus beruflichen, politischen oder gesellschaftlichen Gründen verpflichtet waren, sich mit mir zu unterhalten. Unter anderem auch durch diese überzeugenden Gespräche hat sich das Bild, das ich ursprünglich von den Deutschen hatte, grundsätzlich verändert. Die Menschen sprachen über sich, über die Vergangenheit, über Antisemitismus, über Nazismus. Nicht alle waren gebildete Leute, und nicht alle wussten sehr viel über die Nazivergangenheit. Aber keiner meiner Gesprächspartner hat versucht, etwas zu leugnen oder die Vergangenheit milder darzustellen. Sie wussten natürlich, bei wem sie zu Gast waren. Und dennoch – wenn man Leute ein wenig länger und besser kennt, kann man schon feststellen, ob es ehrlich ist, was sie sagen.

War der Holocaust Thema im Schulunterricht Ihres Sohnes?

Ich wusste, dass man anfänglich auch in den Schulen vermieden hatte, über die Nazizeit zu sprechen. Geschichte wurde in den Schulen nur bis zum Ersten Weltkrieg besprochen. Mir war klar, dass das nun nicht mehr der Fall war, aber ich wusste nichts Genaueres. Eines Tages kam unser damals neunjähriger Sohn aus seiner Schule nach Hause und fragte uns, seine Eltern, ob wir jemals vom Holocaust gehört hätten. Wir waren verblüfft, weil wir noch nie mit ihm darüber gesprochen hatten. Wir dachten, er sei zu jung dafür. Wir fragten ihn, wie er auf dieses Thema gekommen sei. Und er erwiderte: »Das haben wir im Unterricht durchgenommen. Meint ihr, dass es stimmt, was man uns da erzählt hat? Ich kann nicht glauben, dass solche schrecklichen Sachen passiert sind.« Sie haben sich in der Schule sehr intensiv mit dem Holocaust beschäftigt. Das hat mich sehr beeindruckt.

Haben Sie Ihrem Sohn daraufhin auch von Ihrer eigenen Familiengeschichte erzählt?

Das habe ich erst viel später getan. Zwar war ich davon begeistert, dass die Deutschen schon mit ganz jungen Schülern den Holocaust diskutierten, aber ich fand, dass das Kind noch zu jung war, um es mit persönlich erlebten Grausamkeiten zu belasten. Also habe ich das Thema erst mal nicht ausgeweitet. Ein Jahr später, wir waren wieder in Israel, habe ich ihm einmal ein Buch der französischen Historikerin Annette Wieviorka über die Shoah mitgebracht. Es war für Kinder geeignet und ist im Jahr 2000 unter dem Titel »Mama, was ist Auschwitz?« auch ins Deutsche übersetzt worden. Nachdem mein Sohn das Buch gelesen hatte, stellte er viele Fragen. Das Interessante ist, dass er sein Wissen um die Naziverbrechen nie auf seine Schulfreunde beziehungsweise deren Vorfahren übertragen hat. Er hat den Holocaust in keiner Weise mit den Deutschen verbunden, die er kannte.

Die Shoah war für Ihren Sohn Geschichte.

Ja. Ein schreckliches Kapitel in der Geschichte, das ihn bis heute zum Nachdenken bringt.

Als Sie sich auf Ihren Posten in Bonn vorbereitet haben, hat Sie der deutsche Botschafter in Israel, Otto von der Gablenz, auf den Sonderstatus eines israelischen Botschafters in Deutschland hingewiesen und Ihnen gesagt, dass Sie unter anderem auch stets eine moralische Instanz im Lande seien. Wie haben Sie darauf reagiert?

Überhaupt nicht. Ich dachte, das sei übertrieben. Im Laufe meiner Amtszeit aber kam ich häufig in Situationen, die mich an seine Aussage erinnerten. Oft wurde ich um Rat und Weisung gebeten. Am Anfang war mir das nicht nur peinlich, es war auch recht schwierig für mich, und ich wusste nicht, was ich den Menschen sagen sollte. Als ich nach Deutschland kam, dachte ich, alles über die Nazizeit, die deutsche Vergangenheit, den Holocaust zu wissen. Ich habe ja mein Leben lang Bücher darüber gelesen, Vorträge und Zeitzeugen dazu gehört. Aber dann habe ich sehr schnell begriffen, dass all das nicht genug war, weil ich das, was ich über diese Zeit wusste, ausschließlich aus unserem Blickwinkel, das heißt vom Standpunkt der Opfer aus, sah. Was diese Vergangenheit aber für die Deutschen bedeutete, wie sie sich damit auseinandersetzten und was sie empfanden – das hatte ich mich noch nie gefragt. Ich habe mich dann sehr schnell und intensiv bemüht, mich mit der Geschichte des Dritten Reiches aus deutscher Sicht vertraut zu machen. Ich musste viel dazulernen, denn ich konnte den Fragen der Deutschen nicht ausweichen.

Ist Ihnen persönlich schon einmal Antisemitismus begegnet?

Nicht in meiner Kindheit und nicht in meiner Heimat, aber später im Ausland habe ich diese Erfahrung gemacht. Als ich Student in Amerika war, war ich in New York einmal unterwegs mit einem anderen Juden, einem Orthodoxen, der eine Kippa trug. Auf der Straße hat uns eine Gruppe von Halbstarken bedroht. Sie haben uns umzingelt und gefragt: »Seid ihr Juden?« Ich erwiderte: »Ja, wir sind Juden – na und?« Mein Begleiter hat gar nicht reagiert. Daraufhin wurden wir beide verprügelt, und bei uns beiden ist Blut geflossen. Sie haben uns liegenlassen und sind weggelaufen. Wir waren nicht schwer verletzt, aber es war schon erschreckend.

Im Laufe meiner diplomatischen Karriere habe ich manches Mal antisemitische Briefe erhalten. Die meisten waren anonym. Sie enthielten die üblichen Vorwürfe: Juden seien Gauner, Juden seien Mörder, die Juden hätten Jesus ermordet und so weiter. In Frankreich hat mir einer mal geschrieben: »Ihr habt Eichmann ermordet, weil ihr Juden Blutsauger seid.« Ich nehme solche Einzelfälle nicht ernst. Hinter diesen Briefen stehen Verrückte und Extremisten, die es in jeder Gesellschaft gibt.

Wurden Sie in diesen Briefen bedroht?

In Deutschland hat mir jemand geschrieben: »Saujude, lass deinen Kopf nicht aus dem Fenster hängen, sonst wird er dir abgeschlagen.« Ich habe diese Briefe nicht behalten, weil sie dumme Nebensächlichkeiten für mich waren. Ich hätte sie aufbewahren sollen, weil sie nicht nur makaber sind, sondern doch auch zeigen, dass der mörderische Antisemitismus noch nicht völlig ausgestorben ist.

Hatten Sie Angst?

Nein. Die Hauptfrage für mich war und ist: Was ist die

Haltung der Mehrheit und was ist die offizielle Haltung? Das kritische Bewusstsein in Deutschland gegenüber antisemitischen Bemerkungen und Vorfällen gewährt der kleinen extremistischen Minderheit keinen großen Spielraum. Die Deutschen wollen Antisemitismus nicht zulassen, und das ist für mich entscheidend.

Sieben Milliarden Menschen werden
von zwölf Millionen Juden beherrscht

Juden strebten nach der Weltherrschaft und seien eine verschwörerische, international agierende Gemeinschaft, meinte Henry Ford.[2] Für die Verbreitung dieser Meinung hat der Automobilfabrikant in den 1920er-Jahren weder Aufwand noch Ausgaben gescheut. Ford anzuführen ist, als würde man das Naziblatt *Der Stürmer* zitieren, mit dem Unterschied, dass sich Ford später für seine Äußerungen öffentlich entschuldigt hat. Natürlich hat er, als er diesen Satz formulierte, dessen Geist nicht erfunden. Die Behauptung, dass die Juden nach Weltherrschaft strebten, war an sich nichts Neues. Der Vorwurf, sie hätten Gottes Sohn, Jesus, ermordet und unterstützten Satan, der im permanenten Kampf mit Gott um die Weltherrschaft ringe, existierte schon fast seit zweitausend Jahren. Doch die Idee einer weltweit konspirierenden jüdischen Gemeinschaft, die ein Netz getarnter Agenturen und Organisationen unterhalte, mit deren Hilfe sie Parteien und Regierungen, die Presse und die öffentliche Meinung, die Banken und das Wirtschaftsleben lenke, entwickelte sich erst im Laufe des 19. Jahrhunderts. Zu diesem Zeitpunkt wurden Juden durch die Aufhebung oder zumindest Milderung rechtlicher und sozialer Schranken im öffentlichen Leben deutlicher als Mitgestalter wahrgenommen.

Die Legende von einer jüdischen Weltverschwörung kam zum ersten Mal nach den Börsenkrisen auf, die sich in Deutschland in den Jahren 1872/73 ereigneten. In der zweiten Hälfte des 19. Jahrhunderts wurden Aktien zunehmend als die beste Geldanlage betrachtet. Heute wissen wir, dass zu große und zu schnelle Anlagen in einer bestimmten Sparte an der Börse den Effekt einer Blase haben, die nicht nur irgendwann platzen kann, sondern auch platzen muss. Dieses Wissen hatten die damaligen Anleger nicht. Als die Börse zusammenbrach, war vielen Menschen die Ursache ein völliges Rätsel und nicht etwa das folgerichtige Ergebnis der wirtschaftlichen Entwicklung. Für den finanziellen Zusammenbruch wurden jüdische Bankiers und Börsenmakler in Berlin und Wien – beispielsweise die Rothschild'sche k.u.k. privilegierte Österreichische Credit-Anstalt für Handel und Gewerbe – verantwortlich gemacht.

Im Zeitalter der industriellen Revolution mussten die Leute Phänomene zur Kenntnis nehmen, die die Menschheit bis dahin noch nicht gekannt hatte. Wenn man eine Fabrik baut, ist es selbstverständlich, dass man damit das Ziel verfolgt, so viele ihrer Erzeugnisse wie nur möglich zu verkaufen. Das bedeutet, dass die Fabrik große Mengen und eine gute Qualität produzieren und eine effektive Verwaltung haben muss, um den Verkauf zu niedrigen Preisen sicherzustellen. Wenn ein Unternehmen dieses Ziel erreicht, wird es bestimmt nicht das einzige auf dem Markt bleiben. Seine Konkurrenten werden das Gleiche tun. Wenn verschiedene Hersteller das gleiche Erzeugnis erfolgreich absetzen und im Konkurrenzkampf immer billiger produzieren, so wird der Markt irgendwann gesättigt sein. Der Unternehmer muss seine Produktion zurückschrauben und Arbeiter entlassen. Das Unternehmen steckt in einer Krise. Wie sollte sich jemand in Unkenntnis von wirtschaftlichen Zusammenhängen so etwas erklären? Auf diesem Boden konnten Verschwörungstheorien ungehemmt wuchern.

Traditionell wurden Juden meist als eine negative Minderheit wahrgenommen. Sie waren verhasst, weil sie die »wahre Religion« nicht anerkennen wollten, weil sie anders waren und ihre Traditionen und kulturellen Eigenheiten pflegten. In einem Zeitalter, das geprägt war von der Mentalität der Nationalstaaten, galten Juden jetzt als fremde »asiatische« oder »semitische« Elemente, die für die europäische Gesellschaft und Kultur stets ein »Fremdkörper« bleiben würden. Das Klima des Nationalismus war besonders günstig für Verschwörungstheorien und Verdächtigungen, unpatriotisch zu sein. Gab es nicht genug »Beweise«, dass Juden trotz ihrer Gleichberechtigung kein echter Teil des Volkes waren, sondern eine solidarische internationale Gemeinschaft, deren Mitglieder sich gegenseitig stützten? Mit wem waren die Juden wirklich verbunden? In Deutschland mit den Deutschen oder eher mit den Juden in Frankreich, in England oder in Russland? Zum Symbol für ihre kosmopolitische Haltung wurde die Rothschild-Familie. Entstanden im Frankfurter Getto des 18. Jahrhunderts, etablierte sich das Bankunternehmen in den europäischen Wirtschaftszentren London, Paris, Wien, Frankfurt a. M. und Neapel. Die Bank basierte auf internationaler Vernetzung und war keine nationale Firma. Die berühmte Wohltätigkeit der Rothschilds, mit der sie Juden in aller Welt unterstützten, diente Antisemiten als »Beweis«, dass die Juden Kosmopoliten, vaterlandslose Gesellen und ihrer Gastnation nicht treu waren und nur den Vorteil ihrer eigenen internationalen Gemeinschaft im Auge hatten. Für diese These gab es weitere Beispiele. So sorgte der Innenminister

Napoleons III., Crémieux, für die verfolgten Juden in Nordafrika, wo die Franzosen vierzig Jahre zuvor Algerien annektiert hatten. War er also ein treuer Franzose oder den afrikanischen Juden zugetan, die keine Franzosen waren? Die gleiche Frage musste sich der britisch-jüdische Lord Moses Montefiori gefallen lassen. Als in der zweiten Hälfte des 19. Jahrhunderts das Osmanische Reich zu zerfallen begann und die osmanischen Behörden jüdische Institutionen nicht mehr schützen konnten oder wollten, unterstützte er mit großen Summen jüdische Gemeinden im Nahen Osten. Damit, so die Kritik, habe er den Juden und nicht der englischen Krone Treue erwiesen.

Internationale Organisationen, die sich staatenübergreifend im Laufe des 19. Jahrhunderts bildeten, nährten dieselben Verdächtigungen eines zusammenhängenden, zentral geleiteten »Weltjudentums«, das die Weltherrschaft anstrebe. In den USA wurde 1843 der Verein *Bnai Brith* (Bundesbrüder) gegründet, ein Zusammenschluss mit humanitärer Zielsetzung, dessen als »Logen« bezeichnete Bünde mit Freimaurerlogen nichts gemein hatten, aber häufig als solche angesehen wurden. In Frankreich entstand 1860 eine Freiwilligenorganisation namens *Alliance Israélite Universelle* – Universelle Israelitische Allianz –, die man heute als NGO bezeichnen würde und die mittlerweile auch genau das ist. Dieser internationale Hilfsverein hatte sich zum Ziel gesetzt, die ärmsten jüdischen Gemeinden, besonders im Mittelmeerraum, mit modernen Schulen zu unterstützen. Ende des 19. Jahrhunderts sammelten deutsche Juden Geld für ihre Glaubensgenossen, die unter Pogromen der zaristischen Regierung litten. Die jüdische Gemeinde in Berlin richtete ein Waisenhaus für Kinder ein, deren Eltern in Russland ermordet worden waren. Wiederum war die öffentliche Empörung groß: Die Juden, hieß es, seien nicht Deutschland treu, sondern ihren eigenen Glaubensgenossen im Ausland.

Man könnte meinen, die Juden wären die einzigen, die Solidarität mit ihren Glaubensgenossen in aller Welt zeigten. In Wirklichkeit gibt es eine Palette von Beispielen ähnlicher Solidaritätsbeweise in den unterschiedlichsten Glaubensgemeinschaften und Kreisen, die länderübergreifend einen gemeinsamen Nenner haben. Christen in der westlichen Welt sind solidarisch mit leidenden Christen in der Dritten Welt. Gilden kooperieren rund um den Globus miteinander. Der Adel des einen Landes ist dem Adel der anderen Länder zugetan, Künstler den Künstlern weltweit. Gewerkschaften schließen sich manchmal aus Solidarität Streiks im Ausland an oder gehen für ein gemeinsames Ziel auf die Barrikaden. So demonstrierten 1914 in Deutschland und in Frankreich Gewerkschaften gegen den Krieg. In Berlin sangen deutsche Arbeiter die Marseillaise, die französische Nationalhymne. Die Botschaft der Demonstranten war eindeutig. Sie wollten nicht gegen ihre Brüder, die französischen Arbeiter, kämpfen, ließen sie verlauten. In Frankreich führte der Präsident der sozialistischen Partei, Jean Jaurès, einen öffentlichen Kampf gegen die Regierung, um den Krieg zu verhindern. Auch er sprach von Kriegsverweigerung gegenüber den Genossen in Deutschland. Doch als der Erste Weltkrieg ausbrach, haben deutsche Gewerkschaftler gegen ihre französischen Genossen gekämpft, ebenso wie Katholiken gegen Katholiken, Adel gegen Adel, wie auch Juden gegen Juden. Alle sind letzten Endes dem eigenen Staat, der eigenen Nation treu geblieben. Patriotische Pflicht ging über jedweden Netzwerkgedanken.

Nur in Bezug auf die Juden hielt sich seit dem 19. Jahrhundert das Stereotyp einer »satanischen Weltverschwörung«, die für brave Patrioten eine Gefahr darstelle und überall lauere. Auf dieser Grundlage entstand ein rassisch geprägter Antisemitismus, der in Deutschland von Wilhelm Marr – *Der Sieg des Judenthums über das Germanenthum*, 1879 – und Eugen Dühring – *Die Judenfrage als Frage der Racenschädlichkeit für Existenz, Sitte und Cultur der Völker*, 1881 – formuliert wurde. Den größten und verheerendsten Einfluss in Europa hatte jedoch eine Fälschung der russischen Geheimpolizei, die am Anfang des 20. Jahrhunderts auftauchte. Sie diente den Nazis als Grundlage ihrer mörderischen Ideologie und wird heute erneut von Fundamentalisten und Fanatikern in der arabischen Welt benutzt – die berüchtigten *Protokolle der Weisen von Zion.*

Am Ende des 19. Jahrhunderts begehrte die russische Bevölkerung gegen das zaristische Regime auf. Die zunehmend schwierigen Wirtschaftsbedingungen waren ein Nährboden für Revolutionäre, die die härteste absolutistische Monarchie Europas stürzen wollten. Um den Zar zu retten und die darbende Bevölkerung abzulenken, suchte die russische Geheimpolizei nach einem Sündenbock. Sie beauftragte einen ihrer Geheimagenten in Paris, den Anwalt und Propagandisten Mathieu Golovinski, Material gegen Juden zu sammeln. Golovinski stieß auf einen seltsamen Text, der 1864 in Brüssel mit dem Titel *Dialogue aux enfers entre Machiavel et Montesquieu ou la politique au XIXe siecle* – Dialog in der Hölle zwischen Machiavelli und Montesquieu – erschienen war. In dieser Satire wandte sich der Humorist Maurice Joly gegen den damaligen französischen Kaiser Napoleon III., indem er ihn als machtgierigen Menschen beschrieb, der mittels Verschwörung die Welt beherrschen will.

Dieser Dialog, in dem übrigens nicht die entfernteste Anspielung auf die Juden oder das Judentum zu finden ist, wurde zu Beginn des 20. Jahrhunderts in Russland so verändert, dass er zur Diffamierung der Juden verwendet werden konnte. Sergei Alexandrowitsch Nilus veröffentlichte die sogenannten *Protokolle der Weisen von Zion*, einer angeblichen Geheimkonferenz, auf der Rabbiner tagen, in seinem Buch *Das Große im Kleinen* erstmals in der Auflage von 1905. Die sogenannten Führer des Weltjudentums erörtern dort, wie nahe sie ihrem Ziel gekommen seien, die Weltherrschaft zu übernehmen: Eine Art geheimer jüdischer Untergrundregierung habe die Französische Revolution, den Liberalismus, den Sozialismus, den Kommunismus und die Anarchie befördert. Gleichzeitig würde ein jüdischer Geheimbund den Goldpreis manipulieren und eine Finanzkrise schüren, die Kontrolle über die Medien erwerben und religiöse und ethnische Vorurteile nähren.[3]

Mit seinem Machwerk schoss der russische Geheimdienst allerdings zunächst ein Eigentor. Zar Nikolaus II., obwohl leicht zu beeinflussen und antisemitisch, war die Verschwörungslegende zu dick aufgetragen. Er ließ sie prüfen, entlarvte sie als Fälschung und schrieb an den Rand des ihm vorgelegten Manuskripts: »Man verteidigt ein gerechtes Anliegen nicht mit niedrigen Mitteln.«[4] Doch der Zar sollte sich täuschen. Das Pamphlet erwies sich als eins der folgenreichsten in der Geschichte des Antisemitismus. 1905 erschien die erste öffentliche Ausgabe der *Protokolle*. In Russland lieferte das Machwerk den ideologischen Unterbau für mehrere Pogrome. In den 1920er-Jahren hatten die *Protokolle* weltweiten Erfolg. Nach dem Blutbad des Ersten Weltkrieges und der russischen Revolution 1917 hatten viele Menschen das Bedürfnis, eine »versteckte Ursache« für diese tragischen und bedeutsamen Ereignisse zu entdecken. Nach der Niederlage der Weißen Armeen veröffentlichten russische Emigranten die *Protokolle* im Westen. Übersetzungen wurden erstellt; die meisten angesehenen europäischen Zeitungen, wie etwa die Londoner *Times* bezweifelten jedoch ihre Echtheit. Im Jahre 1921 wies der englische Journalist Philip Graves auf die große Ähnlichkeit zwischen dem Text der *Protokolle* und Jolys Pamphlet hin.[5] Von diesem Zeitpunkt an weigerten sich ausgewogene und verantwortliche Kreise, sie ernst zu nehmen. Dies verhinderte allerdings kaum die umfangreiche Verbreitung des Textes, der in die wichtigsten Weltsprachen übersetzt wurde. In den Vereinigten Staaten wurden die *Protokolle* durch den einflussreichen und populären Industriellen Henry Ford verbreitet. Sein Buch *The International Jew* wurde zum Bestseller und erschien in sechs Sprachen.

Eine große Zahl von Anhängern fanden die *Protokolle* in Deutschland. Bis 1923 wurden hier acht Auflagen veröffentlicht, 1929 folgte die neunte – dieses Mal im Parteiverlag der NSDAP.[6] Die Theorie der geheimen Macht der Juden, angeblich verschworene Feinde der deutschen, christlich geprägten Kultur, passte den reaktionären Propagandisten, die die Niederlage Deutschlands auf den »Dolchstoß« zurückführten, ins Konzept.

Im November 1933 brachten die israelitische Kultusgemeinde Bern und der schweizerische israelitische Gemeindebund die Vertreiber der *Protokolle* vor Gericht und gewannen den Prozess 1935 mit dem Urteil, dass es sich bei den *Protokollen* um eine Fälschung handele. Dies minderte den Eifer ihrer Vertreter allerdings nicht im Geringsten. Von Anfang an propagierten die Nationalsozialisten die Verschwörungstheorien. Hitler war von der Echtheit der *Protokolle* überzeugt, Julius Streicher propagierte sie in seinem antisemitischen Hetzblatt *Der Stürmer*, nach der »Machtergreifung« wurden sie offizieller Lehrstoff in den deutschen Schulen und dienten während des Zweiten Weltkriegs als Rechtfertigung für den Völkermord an den Juden.

Auch in Japan, wo kaum Juden lebten und leben, stießen die *Protokolle* auf Interesse. Interessanterweise sahen die Japaner, denen die Nazis nicht nur militaristische Ideen, sondern auch ihre Philosophie der jüdischen Weltherrschaft zu verkaufen suchten, in der »verschwörerischen internationalen Gemeinschaft der Juden« nichts Negatives. Ganz im Gegenteil: Wer fähig sei, eine internationale Verschwörung ins Leben zu rufen, so die Meinung dieser Japaner, sei zu bewundern. Die Gründe für diese Haltung liegen in der japanischen Geschichte. In der zweiten Hälfte des 19. Jahrhunderts beschloss der Kaiser Meiji, Japan zu modernisieren, aus der Isolation zu befreien und das 250 Jahre alte Shogun-Regime abzuschaffen, um selbst die Macht zu übernehmen. Die Revolution wurde quasi von oben vollzogen, da es der Kaiser selbst war, der sein Land revolutionierte, sich dem Westen öffnete und eine moderne Industrie aufbaute. In diesem Land gab es eine Revolution ohne Gewalt und Widerstand, die weder von Verschwörern noch vom Volk ausgelöst wurde. Verschwörung war Japanern in modernen Zeiten per se unbekannt, insofern sahen manche in der angeblichen Verschwörung der Juden nichts Negatives, sondern hätten gern selbst diese Methode gekannt, mit der ein kleines Volk die ganze Welt beherrschen könnte.[7]

Seit dem Ende des Zweiten Weltkriegs stellen die *Protokolle der Weisen von Zion* in den meisten zivilisierten Ländern nur noch ein Kuriosum dar. In Europa oder Amerika werden sie höchstens von rechtsextremen Kreisen propagiert. In vielen arabischen Staaten von Saudi-Arabien bis Syrien aber wurden und werden die *Protokolle* publiziert und gedruckt, sind Lehrstoff in Schulen und gehören zur Medienberichterstattung.[8] Die 29-teilige Fernsehserie *Al-Schattat* – Die Diaspora –, die über den libanesischen Satellitensender der Hisbollah *Al-Manar* im Nahen Osten im Oktober und November 2003 ausgestrahlt wurde, stellt die Geschichte des Zionismus als einen Kampf finsterer Gesellen – die mit schwarzen Hüten, Bärten und Schläfenlocken als orthodoxe Juden zu erkennen sind – um die Weltherrschaft dar. In Folge 20 der Serie wird die mittelalterliche Ritualmordlegende wiederbelebt, der Film zeigt die Schächtung eines christlichen Knaben – sein Blut läuft in einen Bottich und wird später zu Matzen verbacken.

Terroristische Untergrundbewegungen wie auch die islamistische Hamas berufen sich explizit auf die *Protokolle*. Die Hamas schreibt in Artikel 32 ihrer *Charta der islamischen Widerstandsbewegung*: »Nach Palästina streben die Zionisten nach weiteren Eroberungen vom Nil zum Euphrat, wenn sie die übernommene Region verdaut haben, betreiben sie weitere Expansion und so fort. Ihr Plan ist konkretisiert in den *Protokollen der Weisen von Zion*, und ihr gegenwärtiges Verhalten ist der beste Beweis für das, was wir sagen.«[9] Aber auch dem Terrorismus fernstehende, bedeutende islamische Intellektuelle und Geistliche berufen sich auf die *Protokolle* und interpretieren sie als »Beweis« für eine zionistische Weltverschwörung. Muhammad Sayyid Tantawi, Großscheich der Al-Azhar-Universität von Kairo und höchste religiöse Autorität des sunnitischen Islam, der heute als liberal gilt, machte beispielsweise in seinem weitverbreiteten Buch *Das Volk Israels im Koran und in der Sunna* von 1968 die Juden nicht nur für die Französische und russische Revolution verantwortlich, sondern beschuldigte sie zugleich, »sich um die Zerstörung von Moral, Religionen und geistigen Werten zu bemühen«.[10]

Arabische Spitzenpolitiker nehmen die *Protokolle* ebenso ernst. Der ägyptische Präsident Gamal Abdel Nasser verbürgte sich seinerzeit öffentlich für ihre Echtheit. Im Juni 2003 ließ der damalige malaysische Premierminister Mohamad Mahathir auf dem Kongress seiner UMNO-Partei die *Protokolle der Weisen von Zion* und Henry Fords Buch *Der Internationale Jude* verteilen. Als sich Mitte Oktober 2003 die Staats- und Regierungschefs von 57 islamischen Staaten in Kuala Lumpur in Malaysia zu ihrer zehnten Gipfelkonferenz trafen, verkündete Mahathir in seiner Eröffnungsrede: »Die Europäer haben sechs von den damals zwölf Millionen lebenden Juden getötet. Dennoch regieren die Juden heute die Welt durch Strohmänner. Sie sorgen dafür, dass andere für sie kämpfen und für sie sterben.«[11]

Mahathir beklagte die Schwäche von 1,3 Milliarden Muslimen, die unterdrückt und beherrscht würden von den Europäern – und insbesondere von Juden. »Wir stehen gegen ein Volk, das denkt. Sie überlebten nicht 2000 Jahre Pogrome, indem sie zurückschlugen, sondern indem sie nachdachten. Sie erfanden und förderten den Sozialismus, den Kommunismus, die Menschenrechte und die Demokratie, damit es so schien, als sei ihre Verfolgung falsch, damit sie sich gleicher Rechte wie die anderen erfreuen könnten. Damit haben sie die Kontrolle über die meisten mächtigen Länder gewonnen, und sie, diese winzige Gemeinschaft, sind eine Weltmacht geworden. Wir können sie nicht allein durch Stärke besiegen. Wir müssen ebenfalls unser Hirn benutzen.«[12]

Mahathir steht mit seinen Ansichten nicht allein. Tausende von Konferenzteilnehmern reagierten auf seine Rede mit Standing Ovations, und zahlreiche arabische Repräsentanten stimmten ihr zu. Der jemenitische Außenminister

Abu Bakr Al Qirbi befand, Mahathir habe »die Fakten benannt«. Der iranische Präsident Mohammed Chatami bewertete die Rede als »brillant«, während der ägyptische Außenminister und Vorsitzende der *Arabischen Liga*, Ahmed Maher, die westlichen Kritiker Mahathirs als Leute beschimpfte, »die Probleme erfinden, die es nicht gibt«[13]. Während vor Ort das islamische Publikum applaudierte, lösten Mahathirs Äußerungen in den USA, Israel und bei den Regierungschefs der Europäischen Union scharfe Kritik aus. Für Mahathir war dies jedoch nur ein erneuter Beweis, dass die Juden die Welt kontrollierten.

Für die Theorie einer jüdischen Weltverschwörung musste selbst der 11. September 2001 herhalten. Welch widersprüchliche Stimmung in der arabischen Welt herrscht, zeigte sich, als Teile der islamischen Bevölkerung Osama Bin Laden als Volkshelden feierten, der die frustrierten und gedemütigten Muslime gerächt habe. Zur gleichen Zeit verbreitete sich in islamischen Ländern das Gerücht, der israelische Geheimdienst *Mossad* stecke hinter dem Anschlag auf das World Trade Center und habe die Attentäter zur Ausführung ihres Plans angestiftet. Diese Behauptung kursierte nicht etwa nur auf der Straße, sondern wurde auch – selbst in einem proamerikanischen Land wie Pakistan – öffentlich in Zeitungen von Intellektuellen und geistlichen Führern verbreitet. Der Beweis sei, dass sich unter den Opfern keine Juden befunden hätten, da sie im Voraus von ihren Brüdern vor dem Attentat gewarnt worden seien.[14] Da Teile der Muslime die Juden aufgrund des Nahostkonflikts als Feinde betrachten, betreiben sie eine Propaganda, die in den alten antisemitischen Mythen Europas wurzelt.

Die *Protokolle der Weisen* haben viel Schaden angerichtet. Bis heute sind sie der Treibstoff für Antisemitismus. Dennoch gibt es anscheinend keine schlechte Nachricht, die nicht auch einen Vorteil mit sich bringt. Diese mysteriöse Macht, die Juden in aller Welt besitzen, müsse man, denkt mancher Politiker, in Kauf nehmen und nutzen, so wie die Amerikaner es in dem pragmatischen Sprichwort ausdrücken: »If you can't beat them, join them« (Wenn du sie nicht besiegen kannst, dann schließe dich ihnen an). Im Laufe der Wirtschaftsverhandlungen zwischen Israel und der Bundesrepublik meinte Konrad Adenauer am 21. März 1966 auf dem Bundesparteitag der CDU, er hoffe, dass die Verhandlungen einen guten Verlauf nähmen und zu einem guten Ende kämen. Er ergänzte, dass er dies aus moralischen Gründen, aber auch aus Gründen der praktischen Politik wünsche, denn das jüdische Volk sei außerordentlich mächtig. Adenauer, der keinesfalls ein Antisemit war, betrachtete Israel als eine Weltmacht, obwohl es ein winzig kleines Land mit 2,5 Millionen Einwohnern war. In diesem Fall hat der Staat Israel von der Einstellung, die Juden seien ein mächtiges Volk, profitiert.

Das Vorurteil von einer »internationalen jüdischen Macht« war auch in Afrika verbreitet. Als Israel nach dem Friedensschluss mit Ägypten Anfang der 1980er-Jahre die abgebrochenen diplomatischen Beziehungen zu den afrikanischen Ländern wiederaufnehmen wollte, zeigten sich Regierungschefs wie Mobutu von Zaire, heute Kongo, verhandlungsbereit, weil sie sich vom Einfluss der Juden in Amerika und Europa Hilfe für ihre eigenen Länder versprachen.

Wie absurd der Gedanke ist, Juden seien eine verschwörerische, international agierende Gemeinschaft, wird offensichtlich, wenn man weiß, wie Juden leben und was ihre Werte und Kriterien sind. Hier bewahrheitet sich das schöne Sprichwort: »Wenn drei Juden zusammensitzen, gibt es vier verschiedene Meinungen.« Wer eine Verschwörung plant, braucht eine Struktur, eine hierarchische Organisation. Einer der Hauptcharakterzüge der jüdischen Gesellschaft und Religion ist es jedoch, keine Hierarchie zu haben. Geistliche Hierarchien wie im Katholizismus mit Papst, Kardinälen, Bischöfen, Priestern und Laien sind im Judentum unbekannt. Bei den Juden hatten – und haben heute noch – alle Rabbiner, selbst der Oberrabbiner, den gleichen Rang. Keiner kann dem anderen etwas befehlen oder vorschreiben. Was zählt, ist nur das Gesetz. In Zeiten der alten jüdischen Königreiche in Israel, die vor 2000 Jahren von Rom endgültig zerstört wurden, gab es ein Gremium, den Sanhedrin, der aus 71 Geistlichen, hauptsächlich den Ältesten, zusammengesetzt war. Der Sanhedrin hatte die Macht, das religiöse Gesetz zu ändern. Aber er konnte niemandem einen geistlichen Befehl geben, es auszuüben. Mit der Zerstörung der politischen Existenz der Juden durch die Römer verschwand dieses Gremium, und von nun an gab es weder eine Hierarchie noch eine zentrale Macht.

Nur kurzfristig wurde der Sanhedrin wiederbelebt – als der französische Kaiser Napoleon I. die Gleichberechtigung aller Bürger umsetzen wollte. Zu seiner Überraschung reagierten die Juden ablehnend auf sein Vorhaben. Da er ihre Integration nicht erzwingen wollte, verfasste er am Vorabend der Schlacht von Jena, in der Nacht vom 13. zum 14. Oktober 1806, in seinem Zelt den Grundsatz zur Wiedereinrichtung des »Hohen Rats«, der obersten jüdischen Gerichtsbehörde in Jerusalem.[15] Im Laufe des Jahres 1807 nahm er Kontakt mit allen prominenten Juden Europas auf. Die bekanntesten Geistlichen, die mächtigsten Unternehmer, die berühmtesten Intellektuellen und die offiziellen Vertre-

ter der jüdischen Gemeinden versammelten sich und kons-
tituierten sich zum Sanhedrin unter der Präsidentschaft des
pfälzischen Rabbiners David Sintzheim. Im Jahr 1808 billigte
dieser Sanhedrin alle Vorschläge Napaoleons zur Gleichberechtigung und Integration der Juden. In dem Augenblick,
da Napoleon von der Bildfläche verschwand, löste sich auch
der Sanhedrin auf. Wie alle Völker, die in ihrem eigenen
Land leben, erkannten die Juden – solange sie in ihrem
eigenen politischen Rahmen lebten – ihre Obrigkeit an. Was
aber noch bis vor 2000 Jahren gegolten hatte, war danach
nicht mehr relevant. Seit sie als Minderheit in vielen Ländern verstreut waren, lag es nicht in der Natur des jüdischen
Lebens, sich einem obersten Gremium zu unterstellen, selbst
wenn es, wie in diesem Falle, nützlich war. Es war nur eine
äußere Macht, die die Juden unter einem politischen und
juristischen Dach zusammenführte, nämlich die Napoleons,
und deshalb konnte der Sanhedrin nur so lange bestehen,
wie es Napoleon gab.

Neunzig Jahre später, als Theodor Herzl die *Zionistische Bewegung* ins Leben rief, glaubte er, den Juden mit der Gründung eines eigenen Staates die ideale Lösung unterbreitet zu
haben. Schnell musste er feststellen, dass er überall auf
Widerstand stieß. Die Mehrheit der Juden vertrat die Meinung, der neu erfundene rassische Antisemitismus sei nur
eine Kinderkrankheit, und im Laufe der Zeit würden sie von
ihren Mitbürgern als echte Gleichberechtigte akzeptiert
werden. Sie wollten von einem Judenstaat nichts wissen. Vor
allem zahlreiche Ultraorthodoxe aller Gruppierungen bekämpften den Zionismus unerbittlich, weil sie die Auffassung vertraten, dass die Erlösung von Gott kommen und
nicht »künstlich« – von Menschen – gezimmert werden
sollte.

Auch nach der Gründung des Staates Israels 1948 herrschte und herrscht unter den Juden nach wie vor Unstimmigkeit. In den ersten Jahren der Unabhängigkeit Israels gab es immer noch eine beachtliche Zahl von jüdischen Gemeinden in den Vereinigten Staaten, die sich vehement gegen einen jüdischen Staat aussprachen. Neben den Ultraorthodoxen, die ihn aus religiösen Gründen ablehnten, befürchteten hochrangige Juden in Amerika, dass die Entstehung eines jüdischen Staates ihre Treue und Zugehörigkeit zur amerikanischen Nation infrage stellen könnte. Heute gibt es nur noch wenige, die das glauben. Zweifellos aber identifizieren sich die Juden in den USA vorrangig mit den Vereinigten Staaten, und sie unterstützen den Staat Israel nur so lange, wie er im Einklang mit der amerikanischen Regierung steht. Die Vielfalt des jüdischen Lebens sieht man auch heute noch in Amerika, wo 51 verschiedene jüdische Hauptorganisationen existieren, die überhaupt nicht daran denken, sich zu vereinigen.

Nach wie vor gibt es ultraorthodoxe Gruppierungen, die sich weigern, den Staat Israel anzuerkennen. Als der Internationale Gerichtshof in Den Haag im Juli 2004 den Verlauf der Mauer, die der Staat Israel in den besetzten Gebieten baut, verurteilte und damit die meisten Juden in aller Welt empörte, demonstrierten zahlreiche Ultraorthodoxe vor dem Internationalen Gerichtshof. Sie kritisierten die israelische Regierung und stellten die Existenz des jüdischen Staats grundsätzlich infrage.

Die israelische Nation selbst ist in viele Gruppierungen gespalten. Da sind die religiösen Extremisten, die mit Bürgerkrieg drohen, wenn ihnen eine israelische Regierung aus politischen oder religiösen Gründen nicht passt. Es gibt Spaltungen zwischen europäischstämmigen Juden und Juden aus den islamischen Ländern, Meinungsverschiedenheiten zwischen den säkularen und den religiösen Juden, und es gibt erhebliche Auseinandersetzungen zwischen den verschiedenen Synagogen: den Orthodoxen, den Liberalen und den Reformjuden. Nichts ist weiter von dem Inhalt der *Protokolle der Weisen von Zion* entfernt als die jüdische Realität.

Leiden Juden heute unter einem öffentlich spürbaren Antisemitismus?

Nein. Außer vielleicht in manchen islamischen Staaten wie dem Iran. In großen Teilen der islamischen Welt gibt es gar keine Juden mehr, im Iran hingegen lebt noch eine kleine Gemeinde. Dann ist da noch eine winzige Gemeinde in Damaskus und eine in Marokko. Vielleicht herrscht in diesen Ländern tatsächlich mehr als nur ein latenter Antisemitismus. Hinsichtlich der demokratischen westlichen Länder würde ich das nicht behaupten. Allerdings weiß ich nicht, wie es diesbezüglich in Osteuropa aussieht. Ob zum Beispiel in Polen, einem Land mit langer antisemitischer Tradition, bis heute mehr Vorurteile bestehen geblieben sind als anderswo, kann ich nicht wirklich einschätzen. Ein Land, das mich mit seinem Antisemitismus sehr überrascht hat, ist Spanien. Es ist unglaublich, wie viele antijüdische Vorurteile es in der spanischen Bevölkerung gibt. Sie stammen aus dem dunkelsten Mittelalter. Das aber bedeutet nicht, dass die Spanier Juden angreifen oder dass man in Spanien keine Juden haben will. Zwischen der Realität des Alltags und den traditionellen Vorurteilen besteht eine Kluft.

Was meinen Sie damit?

In Spanien habe ich selbst einmal eine seltsame Geschichte erlebt. Das war in den 1960er-Jahren, als es dort noch sehr wenige Touristen gab. Ich war zufällig mit meiner Frau dort, weil wir mit der spanischen Fluggesellschaft Iberia nach Amerika geflogen sind und uns entschieden hatten, unterwegs einen touristischen Stopp in Spanien zu machen. Am Flughafen hat man uns ein Hotel empfohlen. Es war Winter, sonst waren kaum Touristen da, und wir waren wahrscheinlich die Einzigen, die auch in diesem Hotel gegessen haben. Der Maître d'Hotel hat französisch mit uns gesprochen, und irgendwann fragte er uns, aus welcher

Gegend in Frankreich wir kämen. Wir sagten ihm, wir seien keine Franzosen. »Doch, ihr seid Franzosen, aber woher?« »Nein, wir sind keine Franzosen.« »Ihr sprecht Französisch!« »Wir sind aber keine Franzosen.« »Woher seid ihr?« »Aus Israel.« Das kannte er nicht. Er hatte nie von Israel gehört. Da dachte ich, dass ich »Israel« vielleicht so ausgesprochen hatte, dass man es auf Spanisch nicht versteht. Ich zeigte ihm also meinen Pass, damit er das Wort »Israel« geschrieben sehen konnte. Es hatte immer noch keine Bedeutung für ihn. Da habe ich ihm erklärt: Das ist das Land der Juden. Zufällig wusste ich, wie man das auf Spanisch sagt und sagte: »Nous sommes ›judíos‹.« Und da sprang er zurück, als hätte er plötzlich eine Schlange gesehen, und sagte: »Nein, sagen Sie das nicht! Warum behaupten Sie so etwas?« Wir haben gelacht, ein wenig verlegen. Daraufhin versuchte er uns zu beschwichtigen und sagte: »Wissen Sie, das ist nicht so gemeint. Wir haben ein Sprichwort in Spanien: Es gibt Christen, die jüdischer sind als die Juden.« Dass er damit seine Vorurteile, mit denen er aufgewachsen war, nur bestätigte, war ihm anscheinend nicht klar. In seinem Alltag konnte er diese nicht mit wirklichen Juden, denen er begegnete, verbinden. Solche Ignoranz gibt es überall, nur nicht so verbreitet wie in Spanien und Portugal, wo es seit Jahrhunderten keine Juden mehr gibt. Das Klischee vom mittelalterlichen Juden ist dort bis heute im kulturellen Gedächtnis verankert.

Ist die Gründung des Staates Israel die Ursache für den arabischen Antisemitismus?

Die Gründung des Staates Israel hat den arabischen und islamischen Antisemitismus verstärkt. Natürlich gibt es hier Nationenhass, weil der Nahostkonflikt im Grunde genommen ein Konflikt zwischen Nationen und nicht zwischen Religionen ist. Und zu einem Konflikt beziehungsweise Krieg zwischen Staaten gehören immer auch Hasspropaganda und die Verteufelung des Feindes. Die Juden wurden jedoch von den Arabern seit den Anfängen des Islams verachtet und als zweitklassige Menschen betrachtet. In vielen Teilen der arabischen Welt ist ein Jude bis heute weder in juristischer noch in gesellschaftlicher Hinsicht gleichberechtigt. Zwar trifft es zu, dass man in den arabischen Ländern den Juden mehr Toleranz entgegengebracht hat als in den christlichen Ländern vor 1789. Aber die in der Französischen Revolution angestrebte Gleichberechtigung der Juden wurde von Napoleon in Frankreich und in den von ihm eroberten europäischen Ländern umgesetzt. Bei den Arabern aber, die historisch gesehen den Juden gegenüber offener eingestellt waren als die Christen, blieb es bei relativer Toleranz, wobei es gelegentlich auch zu einem Toleranzschwund kam. Erheblich schlimmer ist jedoch, dass man sich in manchen Teilen der arabischen Welt noch purer Nazipropaganda bedient, wenn man Israel verteufelt. Es werden zwar keine Hakenkreuze oder andere Nazisymbole benutzt. Doch die Hassparolen und Vorurteile gegen Juden in Medien mancher arabischer und islamischer Staaten, wie sie beispielsweise in Karikaturen zu sehen sind, scheinen oft aus dem *Völkischen Beobachter* kopiert zu sein. Wie wir gesehen haben, gehören auch die *Protokolle der Weisen von Zion* noch immer zum selbstverständlichen Gedankengut modern ausgerichteter Führer des Islam.

VORURTEIL 2

Hinter jedem Meinungsmacher steht ein Rabbi

Man muss schon ein großer Detektiv sein, um weltweit bedeutende Medien zu entdecken – Zeitungen, Radio, Fernsehen etc. –, die Juden gehören. Abgesehen von den Medien in Israel oder von Gemeindeblättern und -sendern gibt es nur eine wichtige Zeitung, die tatsächlich einer jüdischen Familie gehört.

Wenn vom angeblich dominierenden Einfluss der Juden auf die Medien die Rede ist, so meint man vor allem die *New York Times*, deren Besitzer die deutschstämmige jüdische Familie Sulzberger ist. Das Blatt wird gern als jüdisches Sprachrohr bezeichnet. Im April 2005 wurde das Buch *Buried by The Times: The Holocaust and America's most important Newspaper* in den Vereinigten Staaten zum Bestseller. In ihrer eindrucksvollen Studie untersucht die amerikanische Journalistikprofessorin Laura Leff die Rolle der *New York Times* in den Jahren 1939 bis 1945. Sie zeigt, wie das Blatt die Bedeutung des Nationalsozialismus und Antisemitismus herunterspielte. Erst 1941 nach Pearl Harbour, als die Achsenmächte Amerika den Krieg erklärten, begannen die *New York Times* und auch andere amerikanische Medien gegen die Aggressoren Position zu beziehen. Aber auch in diesen Jahren erachtete die *New York Times* weder die Judenverfolgung noch den Massenmord als berichtenswert. Zwischen

1940 und 1945 wurden die Pogrome und die Vernichtung der Juden insgesamt nur sechsmal in einer kleinen Meldung auf Seite eins erwähnt.

Buried by The Times schildert Redaktionskonferenzen mit dem Herausgeber Arthur Sulzberger. Auf seinem Schreibtisch lagen ausführliche Korrespondentenberichte über die Konzentrationslager und Gettos. Der große jüdische Zeitungsverleger Sulzberger weigerte sich, dieses Material zu veröffentlichen. Seine Begründung: Die Judenfrage habe keine essenzielle Bedeutung für den Zweiten Weltkrieg.[16] In seinem Selbstverständnis als amerikanischer Patriot ging es ihm darum, dass sein Land den Krieg gewann, und entsprechend seinem journalistischen Selbstverständnis wollte er vermeiden, auch nur irgendwie in den Verdacht zu geraten, er würde jüdischen Themen einen besonderen Platz in seiner Zeitung einräumen. Deshalb wurde der Holocaust von Sulzberger als eine Nebensächlichkeit behandelt, der für ihn allenfalls eine kleine Meldung wert war.

Eine inhaltliche Parallele, allerdings mit ganz anderem Hintergrund: Viele Jahre später sagte Jean-Marie Le Pen, Vorsitzender des rechten *Front National* in Frankreich, am 13. September 1987 in einer *RTL*-Radiosendung – »Les chambres à gaz étaient un détail de l'histoire de la Seconde Guerre Mondiale«[17] (»Die Gaskammern waren eine Nebensächlichkeit in der Geschichte des Zweiten Weltkriegs«). Für seine Äußerung, mit der er den Holocaust herunterspielte, wurde er vor Gericht gestellt und verurteilt. Le Pen zeigte sich dadurch nicht irritiert: Seine Äußerung wiederholte er zehn Jahre später, im Dezember 1997, in München bei einer Versammlung der *Republikaner* – und wurde erneut verurteilt.

Im Jahr 1943 machte *der Jüdische Weltkongress* in seinem Bericht *Hitler's Ten-Year War on the Jews* die Ermordung von 3,3 Millionen Juden sowie den Raub an jüdischem Privatvermögen in Höhe von 129,8 Milliarden Dollar[18] öffentlich. Danach war es zwar unmöglich, die Verfolgung und Ermordung der Juden in Europa weiter herunterzuspielen. Doch die Veröffentlichung beeinflusste weder die amerikanische Regierung, noch erregte sie Aufmerksamkeit in der amerikanischen Öffentlichkeit – auch deshalb, weil die »jüdische« *New York Times* sie nicht für berichtenswert hielt. *Buried by the Times* kann auch eine Antwort auf die Frage geben, die sich Historiker immer wieder stellen: Warum haben die Alliierten während des Krieges nie die Gaskammern der Konzentrationslager bombardiert oder – eventuell unter jüdischem Druck – die Bahngleise dorthin? Zur Gleichgültigkeit der Alliierten hat das Leitmedium *New York Times* entscheidend beigetragen, indem es die Berichterstattung zum Holocaust unterdrückte. Heute zählt die *New York Times* zu den Zeitungen, die die israelische Politik in den besetzten Gebieten am meisten kritisieren.

Eine derartige Haltung einer Zeitung, die einer jüdischen Familie gehört, ist nichts Neues. Im Habsburgerreich galt die *Neue Freie Presse* als wichtigste Zeitung. Sie hatte im österreichischen Kaiserreich genauso viel Einfluss wie die *New York Times* in Amerika. Die *Neue Freie Presse* gehörte zwei jüdischen Familien, die gleichzeitig auch die Chefredakteure stellten. Am Ende des 19. Jahrhunderts galt der Gründer der *Zionistischen Bewegung*, Theodor Herzl, als der größte und wichtigste Auslandskorrespondent dieser Zeitung in Paris und als bedeutendstes Mitglied der Redaktion in Wien. Selbst er konnte die Eigentümer der Zeitung nicht davon überzeugen, seine *Zionistische Bewegung* in irgendeiner Form zu erwähnen. Jüdische Themen waren größtenteils aus dieser Zeitung verbannt. Herzl musste mit dem Eigentum seiner Familie eine Wochenzeitung der *Zionistischen Bewegung, Die Welt,* gründen, obwohl er nach wie vor bei der wichtigsten Zeitung in Wien arbeitete.

Wenn vom Einfluss der Juden auf die amerikanischen Medien die Rede ist, so meint man nicht nur die *New York Times,* sondern auch Hollywood, da die Besitzer der größten Studios wie *Metro-Goldwyn-Mayer* oder *Paramount Pictures* vornehmlich Juden waren. Dennoch gab es bis zum Kriegseintritt der USA keine Filme, die den Nationalsozialismus thematisierten, da Deutschland der größte ausländische Markt für Hollywoodfilme war. Daher fand Charlie Chaplin 1939 für seinen Film *Der große Diktator* keine Produktionsfirma und war gezwungen, unter großem persönlichem Risiko sein eigenes Geld in die Satire auf Hitler zu investieren. Als Amerika 1941 in den Krieg eintrat, produzierte Hollywood antideutsche, proamerikanische Filme. Die Judenverfolgung und der Holocaust waren kein Thema. Weder in *The Watch on the Rhine* (1943, dt. *Die Wacht am Rhein,* 1977) noch in *Casablanca* (1942, dt. 1952) oder in *Lifeboat* (1944, dt. *Das Rettungsboot,* 1974) spielen jüdische Flüchtlinge oder Juden im Allgemeinen eine Rolle. Die amerikanisch-jüdischen Hollywoodproduzenten waren so sehr amerikanische Patrioten, dass der Massenmord an den europäischen Juden und die qualvolle Mühsal derer, die ihn überlebten, keinerlei Relevanz hatten. Erst in den 1960er-Jahren, nach dem Eichmann-Prozess, wurde die Nazibarbarei gegenüber Juden zum Filmstoff. Rod Steigers *The Pawnbroker* (1964, dt. *Der Pfandleiher,* 1967) war der erste Hollywoodfilm, der die Judenverfolgung im Nationalsozialismus in den Mittelpunkt stellte. 1978 folgte die Fernsehserie *Holocaust.*

Die Vorstellung, Juden würden die Medien kontrollieren, ist auch heute noch eine weitverbreitete Meinung. Ob sie wirklich Hand und Fuß hat, müsste sich z. B. anhand der Kommentierung Israels und der israelischen Politik durch die Medien zeigen. Der »große Einfluss der zionistischen Lobby«, behauptete jedenfalls der seinerzeitige nordrhein-westfälische Landtagsabgeordnete Jamal Karsli im Mai 2002, sei auf folgenden Grund zurückzuführen: »Sie hat den größten Teil der Medienmacht in der Welt inne und kann jede auch noch so bedeutende Persönlichkeit ›kleinkriegen‹.«[19]

In Israel löst diese Behauptung Befremden aus. Die meisten Israelis sind der festen Überzeugung, dass die Weltpresse – insbesondere die europäische, aber auch Teile der amerikanischen – Israel und der israelischen Politik äußerst kritisch, wenn nicht sogar feindlich gesonnen sei. Nicht anders fällt die Einschätzung vieler europäischer Juden über die Presse ihres Heimatlandes aus. Der Schweizer Jude beschwert sich über die antiisraelische Haltung der Schweizer Presse, der holländische über die der niederländischen Medien, ein kanadischer Jude über die in der kanadischen Presse verbreitete Israel-Ablehnung und so fort. Selbst in Deutschland, wo aufgrund der Vergangenheit die Medienberichterstattung mit ihrer Kritik gegenüber der gegenwärtigen israelischen Politik in den besetzten Gebieten zurückhaltender ist, wird die deutsche Berichterstattung von den jüdischen Deutschen als einseitig, als antiisraelisch und propalästinensisch verurteilt. So hat das Berliner Büro des *American Jewish Committee* versucht, in einer, wenn auch von den deutschen Medien einhellig als einseitig kritisierten Studie nachzuweisen, dass in der Nahost-Berichterstattung zur zweiten Intifada deutlich werde, »dass ›antisemitische Diskurselemente immer auch die deutsche Vergangenheit aufrufen. Dies geschehe häufig in Gestalt von Projektionen, durch die Kritik am

48

Faschismus auf Juden und Israel übertragen wird (Vergleich von Scharon mit Hitler). Hierdurch werde gleichzeitig eine Relativierung der deutschen Vergangenheit vorgenommen.‹ Hinzu kämen ›negative Charakterisierungen der Israelis‹, in deren Folge der Konflikt unzulässig personalisiert würde.«[20]

Mit Ausnahme der deutschen sind die meisten Auslandskorrespondenten in Israel Juden. Und gerade sie sind es, die besonders heftig die israelische Politik kritisieren, insbesondere die Besatzungs- und Siedlungspolitik. Den meisten Juden in Europa ist die Berichterstattung dieser Journalisten zu kritisch. Der französische Korrespondent des öffentlich-rechtlichen Programms *France 2*, Charles Enderlin, ist Jude und überzeugter Zionist. Er erhielt den Posten in Israel, weil er sich dort endgültig niederlassen wollte. Angesichts seiner kritischen Berichterstattung über die Behandlung der Palästinenser in den besetzten Gebieten wurde er derart persönlich in Israel angegriffen, dass sogar seine Kinder in der Schule darunter zu leiden hatten. Sein Sender bot ihm daraufhin einen interessanten Posten in Paris an. Trotz der Beförderung lehnte er die Rückkehr mit der Begründung ab, dass er vonseiten der jüdischen Gemeinde in Frankreich noch schärfere Anwürfe befürchte.

Auch *CNN*-Starjournalist Wolf Blitzer erhält regelmäßig Protestschreiben von Fernsehzuschauern wegen seiner angeblich unausgewogenen Berichte, die Israel schadeten. Blitzer ist Jude, er lebte jahrelang in Israel, seine Karriere hat er bei der konservativen Tageszeitung *Jerusalem Post* begonnen.

Und auch die *New York Times*, für die tatsächlich viele jüdische Journalisten und Kommentatoren arbeiten, pflegt eine kritische Berichterstattung gegenüber Israel. Abgesehen von dem zweitwichtigsten Blatt in den USA, der *Washington Post*, gibt es wenige Zeitungen in Amerika, die so oft und so heftig die israelische Regierung angreifen, insbesondere in den Leitartikeln. Das geht so weit, dass ein amerikanischer Rabbi die *New York Times* boykottieren wollte, da sie seiner Ansicht nach über die Intifada allzu freundlich berichtete.[21]

Auch vor und lange Zeit nach dem Einmarsch der Amerikaner in den Irak galt die Haltung von Journalisten, die sich gegen diesen Krieg aussprachen, als antiamerikanisch und antiisraelisch. Der einzige Leitartikel in der amerikanischen Presse, der sich vor der amerikanischen Invasion gegen den Krieg aussprach, erschien ausgerechnet in dem angeblich »jüdischen Propagandablatt« *New York Times*.

Jüdische Medieneigentümer kann man in der Welt kaum finden. Selbst die *New York Times* wird wegen finanzieller Schwierigkeiten von der jüdischen Gründerfamilie Sulzberger demnächst verkauft werden. Auch in Hollywood ist die Zeit der einflussreichen jüdischen Eigentümer von Filmgesellschaften schon längst vorbei. Medien mit jüdischen Eigentümern oder mit bedeutenden jüdischen Journalisten bedeuten darüber hinaus nicht, dass sie unbedingt jüdische oder israelische Propaganda betreiben. Wie wir oben gesehen haben, ist oft sogar das Gegenteil der Fall. Die Legende von den »die Medien beherrschenden Juden« wird aber wahrscheinlich noch lange nicht verschwinden. Es ist bequemer für Antisemiten wie auch für die feindselige arabische Propaganda, die Medien zu beschuldigen, unter jüdischem Einfluss zu stehen, als sich mit den Fakten und der Realität auseinanderzusetzen.

Selbst diejenigen, die an die Legende des jüdischen Einflusses auf die Weltmedien glauben, wissen, dass die Lage im Nahen Osten unabhängig davon äußerst kompliziert ist. Anders als die meisten Beobachter äußern Sie die Meinung, dass es eine Lösung zur Beilegung des Konflikts gibt.

Seit dem Jahr 2000, das heißt seit dem Scheitern der Verhandlungen zwischen Israelis und Palästinensern in Camp David und seit dem Ausbruch der zweiten, sehr blutigen Intifada, wurden mehrere Friedensentwürfe veröffentlicht. Es begann damit, dass der damalige amerikanische Präsident Bill Clinton einen Plan namens *The Clinton Parameter* veröffentlichte. Danach gab es einen saudi-arabischen Vorschlag, einen Bush-Plan, einen europäischen Entwurf, eine Strategie des Nahostquartetts. Überdies gab es einen Plan der israelischen und palästinensischen Zivilgesellschaft namens *Genfer Vereinbarung*, einen von den palästinensischen Insassen israelischer Gefängnisse entworfenen palästinensischen und einen von dem damaligen israelischen Ministerpräsidenten Ehud Olmert veröffentlichten Plan. Alle diese Überlegungen wiederholen dieselben Prinzipien: Um einen Frieden zwischen Israelis und Palästinensern zu begründen, muss ein unabhängiger Palästinenserstaat entstehen, der mit Israel in Frieden lebt, Israel anerkennt und mit Israel kooperiert. Um einen Palästinenserstaat ins Leben zu rufen, müssen sich die israelischen Besatzungstruppen aus den palästinensischen Gebieten zurückziehen und die Siedlungen geräumt werden. Alle Pläne beinhalten, dass Israel diese Gebiete räumen muss, ohne sich ganz genau auf die alten Grenzen von 1967, das heißt auf die Zeit vor der Eroberung dieser Gebiete, zurückzuziehen. Aber die Palästinenser – das fordern ebenfalls alle Pläne – müssen von Israel genauso viel Boden zurückbekommen, wie sie 1967 verloren haben. Also ein Landaustausch.

Wie soll das vonstatten gehen?

Dieser Landtausch soll auf der demografischen Realität beruhen. Der Staat Israel soll jene Territorien umfassen, in denen Israelis leben, also auch Teile des Westjordanlands. In den Gebieten des Westjordanlands, in denen Palästinenser leben, soll der Staat Palästina entstehen. Damit nicht alle Siedler ihre Häuser räumen müssen, gibt es die Möglichkeit eines Territoriumsaustauschs von 1:1, das heißt im Gegenzug erhalten die Palästinenser Land im Kernland Israel.

Und was geschieht mit Jerusalem, der heiligen Stadt, die beide Seiten für sich beanspruchen?

Für Jerusalem soll ebenfalls die demografische Teilung gelten. Die Hauptstadt des Staates Israel soll jene Teile der Stadt umfassen, die von Israelis bewohnt sind. Die von Palästinensern oder Nichtjuden bewohnten Teile der Stadt, also Ostjerusalem, sollen Hauptstadt des Palästinenserstaates werden. Glücklicherweise oder leider – je nach Sichtweise – ist es so, dass die Bevölkerungen nicht miteinander vermischt sind und es eine klare geografische Trennlinie zwischen den verschiedenen Segmenten der Bevölkerung in der Stadt gibt.

Ein großer Streitpunkt ist das Rückkehrrecht der palästinensischen Flüchtlinge.

Das palästinensische Flüchtlingsproblem soll dadurch gelöst werden, dass die Flüchtlinge individuell wählen können, ob sie sich im zukünftigen Staat Palästina niederlassen, sich in ihren heutigen Gastländern voll integrieren oder in ein anderes Land ihres Wunsches auswandern wollen – nicht aber in den Staat Israel. Alle Flüchtlinge sollen entschädigt werden, was immer sie auch wählen. Die Hauptsache ist, dass sie rehabilitiert werden und souverän, also als gleichberechtigte Bürger eines Staates, leben können. Das sind die Überlegungen, die von der Mehrheit der Bevölkerung auf beiden Seiten grundsätzlich akzeptiert werden.

Warum wird der Friedensplan dann nicht umgesetzt?

Er wird von den Israelis nicht als realisierbar betrachtet, weil das Hauptelement – Garantien für ihre Sicherheit – fehlt. Der durchschnittliche Israeli sagt sich: Wir haben den Gazastreifen und unsere Siedlungen dort geräumt, unsere Soldaten sind abgezogen. Und was ist das Ergebnis? Wir werden Tag für Tag aus diesem geräumten Gebiet heraus mit Raketen beschossen.

Es war ein unilateraler Abzug. Scharon hat einseitig agiert, das Tor abgeschlossen und den Schlüssel ins Mittelmeer geworfen. Als die Hamas im Januar 2006 die palästinensischen Parlamentswahlen gewonnen hat – Parlamentswahlen, die im arabischen Raum die einzigen demokratischen waren –, hat Israel mit Unterstützung der USA und Europa die Hamas gleich nach den Wahlen in die Isolation getrieben. Israel hat die Grenzen geschlossen, man hat Palästinenser nicht mehr in Israel arbeiten lassen. Selbst der Abgesandte des Nahostquartetts, James Wolfensohn, dem man als amerikanischem Juden sicherlich keine antijüdische Haltung vorwerfen kann, kritisierte Israels Abriegelungspolitik und schmiss seinen Job, den Gazastreifen wirtschaftlich aufzubauen.

Ich halte die Abriegelung des Gazastreifens für falsch. Der durchschnittliche Israeli interessiert sich jedoch nicht für das Leben und Leiden der Palästinenser, weder im Gazastreifen noch im Westjordanland. Ihn interessiert seine eigene Sicherheit, die durch die täglichen Raketenangriffe der Hamas bedroht wird. Die Palästinenser aus dem Gazastreifen lässt man nicht in Israel arbeiten, weil man Angst hat, dass sich unter den Arbeitern Selbstmordattentäter der Hamas verstecken könnten. Diese Angst bedeutet aber nicht, dass man den Gazastreifen ganz abriegeln muss. Israel wäre in der Lage, sicherzustellen, dass dort keine Waffen durchkommen.

Wie sehen Israelis die Besatzung des Westjordanlandes?
Für uns, aber auch für unsere Nachbarn, die Palästinenser, ist der Nahostkonflikt ein nationaler Konflikt. Es ist ein Streit zwischen zwei Nationen, in dem es um Land geht. Dies ist ein Krieg um Territorien, wie Europäer ihn Hunderte von Jahren gegeneinander geführt haben. In diesem Kontext hält die Mehrheit der Israelis die Besatzungspolitik für falsch – nicht nur, weil wir kein Recht haben, über eine andere Bevölkerung zu herrschen, und damit Menschenrechte verletzen. Besatzungspolitik verursacht unvermeidlich Unrecht und führt zur Brutalisierung der israelischen Gesellschaft.

Der unabhängige amerikanische Präsident ist nur eine jüdische Tarnung

Die Vorstellung, dass die amerikanische Unterstützung für Israel in jedem Bereich – politisch, wirtschaftlich, militärisch – dank der amerikanischen Juden ein Naturgesetz sei, bestimmte zumindest bis vor Kurzem nicht nur in Europa und den USA, sondern auch in Israel selbst die öffentliche Meinung. In der arabischen Welt wird das noch weiter auf die Spitze getrieben: Die Weltmacht USA werde gesteuert von jüdischen Kräften. Ein Blick zurück auf die amerikanisch-israelischen Beziehungen zeigt zunächst einmal das Gegenteil: keine politische Unterstützung oder nennenswerte Lobbyarbeit der amerikanischen Juden und überhaupt keine Unterstützung durch eine US-Regierung von 1948, der Entstehung des unabhängigen Staates Israel, bis in die 1960er-Jahre. Entsprechend distanziert war das Verhältnis der beiden Staaten zueinander. In den letzten Jahrzehnten dagegen ist es üblich geworden, den israelischen Regierungschef alle paar Monate als Ehrengast im Weißen Haus zu sehen. Seit 1993 haben sechs israelische Ministerpräsidenten vor dem Kongress und dem Senat gesprochen, mehr als aus jedem anderen Land.

David Ben Gurion, der die Unabhängigkeit des Staates Israels verwirklichte, besuchte im Laufe seiner 15 Jahre als Regierungschef nur zweimal als Privatmann die Vereinigten Staaten, und nur einmal während dieser Reisen wurde er im Weißen Haus empfangen – als Privatperson. Sein politisches Anliegen, materielle und militärische Hilfe zu bekommen, wurde vom amerikanischen Präsidenten Harry Truman abgelehnt, befürchtete die Truman-Administration doch, dass dies die arabisch-amerikanischen Beziehungen stören und – als Folge dessen – die Öllieferungen beeinträchtigen könnte. Darüber hinaus ging es um den Machtkampf zweier Weltmächte, in dem Israel kaum zählte, die arabischen Länder hingegen eine wichtige Rolle spielten. Im Laufe von Ben Gurions Amtszeit haben sich die Amerikaner nur einmal, 1956, unmittelbar in den Nahostkonflikt eingemischt, allerdings nicht, um Israel zu unterstützen. Im Gegenteil, nach dem sogenannten Sinai-Krieg haben die Amerikaner im Schulterschluss mit der Sowjetunion Israel gezwungen, die eroberten Sinai-Gebiete fast bedingungslos an Ägypten zurückzugeben.

Von der Unabhängigkeit 1948 bis zum Sechstagekrieg 1967 hat Amerika also keine besonders freundschaftlichen Beziehungen zu Israel gepflegt und ihm politische und diplomatische Unterstützung nur sehr bedingt gegeben, wirtschaftliche und militärische Hilfe jedoch gänzlich verweigert. Die USA waren verbunden mit den prowestlichen Staaten im Nahen Osten und mit der Türkei sowie mit Saudi-Arabien, Irak, Jordanien, Libyen, den Golfstaaten und dem Iran des Schahs. Erst mit dem Sechstagekrieg hat sich die Realität im Nahen Osten aus dem Blickwinkel der Amerikaner geändert. Israel erwies sich – allerdings mit französischen Waffen – als eine große Militärmacht der Region. Überdies waren Ägypten und Syrien mit der Sowjetunion verbunden. Nach dem Sechstagekrieg entwickelte sich eine antiamerikanische Stimmung im Nahen Osten, die mit der islamischen Revolution 1979 ihren Höhepunkt erreichte. Amerika änderte 1967 seine außenpolitische Strategie und verbündete sich mit Israel, um einen stabilen strategischen Stützpunkt im Nahen Osten zu haben – seinen einzigen absolut verlässlichen Verbündeten in der Region.

Richtig ist, dass Israel von den USA jährlich 2,6 Milliarden Dollar Auslandshilfe erhält – in Form von Waffenlieferungen und Ersatzteilen –, ohne dass die Summe an irgendwelche Bedingungen geknüpft wäre. Auch als »Waffentester« ist Israel dem US-Militär hochwillkommen. Die Finanzhilfe aus den USA beläuft sich dennoch nur auf etwas mehr als ein Prozent des israelischen Bruttosozialprodukts, das um die 250 Milliarden Dollar beträgt. Das bedeutet: Die Existenz Israels und seine Politik – nicht die wirtschaftliche Stärke des Staates – sind von den Vereinigten Staaten abhängig. Wie diese Politik seit der Besetzung der palästinensischen Gebiete im Jahr 1967 bis heute betrieben wird, könnte sie ohne die USA nicht durchgesetzt werden. Die Besatzung sowie insbesondere der Siedlungsbau in den besetzten Gebieten wären ohne die stillschweigende Zustimmung von amerikanischer Seite nicht möglich gewesen. Der Bau von Siedlungen ist international rechtswidrig, denn auf militärisch besetzten Gebieten darf nach der *Genfer Konvention* grundsätzlich keine Zivilbevölkerung angesiedelt werden. Für die Siedler aber und deren Unterstützer in Israel gelten diese Gebiete als wiedereroberte und befreite Gebiete des jüdischen Volkes und nicht als besetzte Gebiete.

Während der zweiten Intifada besetzte Israel im Frühling 2002 erneut alle Städte und Dörfer, die seit dem Inkrafttreten der *Osloer Verträge* von der autonomen palästinensischen

Regierung verwaltet wurden. Im Gegensatz zu diesen Verträgen setzt Israel seither den Ausbau seiner Siedlungen fort. 1993, zur Zeit der Unterzeichnung der *Osloer Verträge* und der gegenseitigen Anerkennung Israels und der PLO, lebten in den besetzten Gebieten 120 000 Siedler. Im Jahr 2009 waren es 300 000. Die internationale Gemeinschaft versuchte zu intervenieren, und hätten die USA nicht gedroht, ihr Veto einzulegen, hätte der Weltsicherheitsrat längst Sanktionen gegen Israel verhängt. Diese diplomatische Unterstützung durch Amerika ebenso wie die permanente Lieferung neuester und zahlreicher Waffen war also von 1967 an die Grundvoraussetzung der israelischen Politik auch in den besetzten Gebieten.

Dennoch: Hinter der israelisch-amerikanischen Beziehung steckte keine jüdische Lobby in den USA, sondern das amerikanische Interesse – wie die verschiedenen US-Regierungen es verstanden haben –, seine Weltmachtpolitik durch einen Verbündeten strategisch zu stützen in einer Region, in der der amerikanischen Politik kein gleichermaßen zuverlässiger Partner zur Verfügung steht.

Im Jahr 1990 kam es zu einer Krise in den Beziehungen zwischen der amerikanischen Regierung von Bush senior und der israelischen Regierung unter Jitzchak Schamir und seinem Minister Ariel Scharon. Die Amerikaner, die die Siedlungspolitik der israelischen Regierung eindämmen wollten, wurden immer wieder durch den Bau neuer Siedlungen provoziert. Nachdem der amerikanische Außenminister James Baker während einer Besprechung im Weißen Haus Maßnahmen gegen die Schamir-Regierung empfohlen hatte, meinte er auf die Frage eines Beraters des Präsidenten, was denn die amerikanischen Juden dazu sagen würden, so kurz wie lapidar: »Fuck the Jews.« Niemand kann Bush senior oder seinen damaligen Außenminister des Antisemitismus bezichtigen. Baker meinte ganz einfach: Was interessieren mich die Juden? Die sind ohnehin nicht unsere Wähler. Der Großteil der amerikanischen Juden wählt traditionell – und in aller Regel sogar mit überwältigender Mehrheit – die Demokraten. Im November 2008, bei der letzten Präsidentschaftswahl, votierten 78 Prozent der amerikanischen Juden für den demokratischen Kandidaten Obama[22]; in der Geschichte der amerikanischen Präsidentschaftswahlen ist das kein ungewöhnlich hoher Prozentsatz.

Als die amerikanische Regierung 2003 den Krieg gegen den Irak begann, waren dieser Entscheidung Erwägungen von George W. Bush vorausgegangen, die schon Jahre zurücklagen. Bereits in den 1990er-Jahren hatten George W. Bush und seine Freunde, die Falken und sogenannten Neocons – Dick Cheney, George Tenet, Donald Rumsfeld und Richard Perle, später unter Bush Vizepräsident, CIA-Chef, Verteidigungsminister und Direktor des Defense Policy Board –, vom damaligen demokratischen Präsidenten Bill Clinton gefordert, dass er den Irak angreifen müsse. Bush dachte dabei nicht an die jüdischen Wähler, die ohnehin dem demokratischen Lager treu waren. Als er dann selbst im Januar 2001 an die Macht kam, traf er sofort die Vorbereitungen zum Krieg und wartete nur auf eine günstige Gelegenheit. Dazu brauchte er weder die Juden noch die Israelis. Die Stimmung, die der 11. September in den USA erzeugt hatte, reichte völlig aus.

Die Mehrheit der Bevölkerung in Amerika empfindet Sympathie für den jüdischen Staat. Für Februar 2008 kam Gallup auf eine zu 71 Prozent positive Einschätzung der amerikanischen Bevölkerung gegenüber Israel.[23] Dagegen zeigten in dieser Meinungsumfrage 75 Prozent der Amerikaner eine ablehnende Haltung gegenüber der palästinensischen Autonomiebehörde unter Führung von Präsident Mahmud Abbas in Ramallah, dieselbe Behörde, die von Washington als friedensstiftend und proamerikanisch bezeichnet wird. Nur 14 Prozent äußerten Sympathie für sie. Die Palästinenser zählten für die Amerikaner laut dieser Umfrage zu den unbeliebtesten Völkern der Welt, schlechter schnitten nur noch Nordkorea mit zwölf und Iran mit acht Prozent ab. Eine Meinungsumfrage des Instituts Harris aus dem Jahr 2006 ergab, dass 75 Prozent der Amerikaner der Meinung sind, dass Israel »ein verlässlicher Verbündeter der USA im Kampf gegen den Terrorismus ist«[24]. Die Amerikaner haben am 11. September 2001 ein Trauma erlitten und neigen seither und bis noch vor Kurzem dazu, die Welt schwarz-weiß zu sehen. Wie in einem Western-Film gab es die Guten und die Bösen, eine Denkschablone, die in der Welt allerdings auch sonst gern verwendet wird. Die Bösen waren in der Vorstellung des »Mannes auf der Straße« pauschal Araber und Moslems. Die Guten waren diejenigen, die die Bösen bekämpfen. Entsprechend dieser Lesart steht Israel an der Frontlinie, und nachdem es bis vor zwei Jahrzehnten den Einfluss der Sowjetunion im Nahen Osten eingedämmt hat, bekämpft es nun das neue Böse, die Terroristen. Aus diesen ideologischen Gründen identifizierte sich Bush mit Israel, und aufgrund seines eigenen außen- und innenpolitischen Machtkalküls unterstützte er das Land. Die knapp sechs Millionen Juden in Amerika waren dabei nicht entscheidend, zumal sie ohnehin nur zwei Prozent der amerikanischen Gesamtbevölkerung ausmachen. Anders verhält es sich mit dem christlich-fundamentalistischen Lager, das zu Bushs Zeiten rund 75 Millionen Anhänger hatte, immerhin ein Viertel der amerikanischen Bevölkerung. Die christlichen Fundamentalisten sind die Basis der republikanischen

Partei, und sie waren unverzichtbar für Bush. Sie sind noch deutlich entschiedener als ihre nichtfundamentalistischen Landsleute proisraelisch eingestellt, denn ihrem Glauben nach muss das heilige Land wiederhergestellt werden wie zu biblischen Zeiten. Ausschließlich Juden – und nicht Palästinenser – werden Palästina bewohnen. Diese sollen den vor 2000 Jahren zerstörten Tempel wieder genau dort aufbauen, wo er ursprünglich gestanden hat. Das wird allerdings nicht so einfach sein, denn an der Stelle befinden sich seit dem siebenten Jahrhundert die Omar- und die Al-Aqsa-Moschee, was aus dem Tempelberg das weltweit drittwichtigste Heiligtum des Islam macht. Schließlich, so die christlichen Fundamentalisten, wird Jesus Christus auf die Erde zurückkehren. Auf diesem ideologischen Hintergrund unterstützen sie die extremistischen Nationalisten in Israel und natürlich die Siedler. Diese Wähler, die Bush zum Wahlsieg verholfen hatten, sind entscheidendere Israel-Lobbyisten als die amerikanischen Juden: Sie sind bei Weitem mächtiger und einflussreicher.

In der Frage, ob der Irak-Krieg rechtens und richtig sei, äußerten im Jahr 2004 30 Prozent der amerikanischen Juden Zustimmung – gegenüber etwa 60 Prozent der gesamten amerikanischen Bevölkerung.[25] Trotzdem wird immer wieder behauptet, dass es eine mächtige Israel-Lobby gebe, die die Nahostpolitik Amerikas bestimme. Mit ihrem Buch *Die Israel-Lobby* stießen die amerikanischen Professoren Stephen Walt und John Mearsheimer 2008 eine Debatte dazu an. Es eroberte sofort die Bestsellerliste der *New York Times*, und die Thesen des Buches lösten einen Sturm der Entrüstung aus. »Inspiriert von den Nürnberger Gesetzen« schrieb die *Los Angeles Times*[26], die *Anti Defamation League* meinte darin eine Verschwörungstheorie zu erkennen, und Harvard-

Professor Alan Dershowitz bezeichnete die Veröffentlichung gar als »Neonazi-Propaganda«[27]. Dieser Pawlowsche Reflex, mit dem manche Juden reagierten, kann angesichts der zweitausendjährigen Verfolgung des jüdischen Volkes und des schon so oft wiederholten Stereotyps, die Juden seien die heimlichen Drahtzieher hinter allen möglichen Aktivitäten und Entwicklungen, verständlich sein. Tatsächlich ist das Buch weder antisemitisch noch antiisraelisch, noch greift es die Berechtigung einer Israel-Lobby in Amerika an. Ganz im Gegenteil. Mearsheimer und Walt schreiben: »Die Israel-Lobby ist das Gegenteil von einem Geheimbund oder einer Verschwörung.«[28] Sie sei eine unter vielen Interessengruppen, und die wiederum seien ein zentrales Element der demokratischen und pluralistischen Gesellschaft der USA, so amerikanisch wie der Apple Pie: »Sie beteiligt sich an der guten, alten Interessenpolitik von Lobbygruppen, wie sie eben in Amerika üblich ist.«[29] Denjenigen, die den Juden mangelnden Patriotismus vorwerfen, weil sie Israel treu seien, widersprechen die Autoren: Die Loyalität amerikanischer Juden gegenüber Israel sei nicht zu kritisieren, genauso wenig wie die anderer ethnischer Gruppen zu ihrem Herkunftsland. Vielmehr sei es »legitim, wenn ein Amerikaner sich einem anderen Land besonders verbunden fühlt«; in Amerika arbeiteten »die verschiedensten ethnischen Gruppen hart daran, die US-Regierung und ihre Mitbürger davon zu überzeugen, das Land zu unterstützen, dem sie sich besonders verbunden fühlen«[30]. Die jüdischen Interessengruppen hätten also jedes Recht, ihre Positionen zu verfechten. Sie seien im Übrigen weit davon entfernt, die Medien zu kontrollieren. Ganz im Gegenteil, sie müssten sich sehr bemühen, ihre Argumente in der Öffentlichkeit durchzusetzen, weniger in der Boulevardpresse oder einem Sender wie *Fox News*, sehr wohl aber in Zeitungen wie der *New York*

Times, der *Washington Post* oder der *Los Angeles Times,* die für ihre kritische Berichterstattung über Israel bekannt sind. Darüber hinaus bezeichnen sich die Autoren als »proisraelisch« und betonen: »Wir stellen weder das israelische Existenzrecht noch die Rechtmäßigkeit des jüdischen Staats infrage… Wir glauben, die Geschichte des jüdischen Volks und der Grundsatz der nationalen Selbstbestimmung sind Rechtfertigung genug für einen jüdischen Staat.«[31]

Wenn Walt und Mearsheimer behaupten, dass die Israel-Lobby, zum Beispiel die *AIPAC* (American Israel Public Affairs Committee), ein Sprachrohr der israelischen Regierung und eine mächtige Organisation sei, kann man dem nur zustimmen. Ebenso ist richtig, dass die *Anti Defamation League* (ADL) eine einflussreiche jüdische Organisation ist. Es stimmt, dass die *Conference of Presidents of Major American Jewish Organizations,* ein Dachgremium von einundfünfzig verschiedenen jüdischen Interessenverbänden in den USA, Einfluss auf die Behörden in Washington ausübt. All diese Organisationen unterstützen die offizielle Politik der jeweils amtierenden israelischen Regierung. Dort geben ganz überwiegend die Hardliner den Ton an, die nicht von der Notwendigkeit einer Zweistaatenlösung überzeugt sind, auch wenn sie diese Politik offiziell gutheißen. Unter dieses Dach passen aber keineswegs alle amerikanisch-jüdischen Organisationen, sowohl rechts wie links davon ist hinreichend Platz für andere Positionen: auf der rechten Seite etwa für die *American Orthodox Synagogue* oder *Zionist Organization of America,* auf der gemäßigten und linken Seite für *The Israel Policy Forum, New Israel Fund* oder *Peace Now.* Im Hinblick auf den Nahostkonflikt gibt keinen einheitlichen Standpunkt der jüdischen amerikanischen Organisationen, und wenn auch die Repräsentanten der zuerst Genannten, *AIPAC* und *ADL,* deutlich näher an den israelischen und amerikanischen Schaltzentren der Politik sitzen, so können sie doch andererseits die Mehrheit der durch ihre Organisationen vertretenen Mitglieder nicht für ihre Position gewinnen.

Im April 2008 wurde die traditionelle, einheitlich proisraelische Lobby *AIPAC* durch die Gründung einer konkurrierenden Israel-Lobby namens *J-Street* überrascht. Diese neue Lobby, die ausdrücklich eine moderate Politik im Nahen Osten anstrebt und Washington in diesem Sinn beeinflussen will, verdankt ihre Entstehung interessanten Meinungsumfragen, die bestätigen, was viele Juden in den USA seit geraumer Zeit beteuern: dass sie sich nicht ehrlich von den rechten Lobbyisten vertreten sehen. Sie stehen nicht hinter der Hardliner-Politik des rechten Lagers in Israel und befürworten auch nicht die Siedlungs- und Besatzungspolitik. Die Umfragen von *J-Street* ergaben, dass 76 Prozent der Juden in Amerika Friedensverhandlungen mit den »schlimmsten Feinden Israels« unterstützen. 58 Prozent befürworten die Rückgabe der Golanhöhen für den Frieden mit Syrien. 59 Prozent sprechen sich für die Räumung des Westjordanlands aus. Der Rest ist gegenteiliger Meinung oder unentschieden.[32]

Wie üblich, sind die Hardliner aktiver als die Gemäßigten. Hat *J-Street* dennoch eine Chance gegen die etablierten rechten jüdischen Organisationen und besonders *AIPAC*? Der Erfolg einer Lobby in Washington wird am Spendenaufkommen und an den Wahlergebnissen gemessen. Seit ihrer Gründung konnte *J-Street* mehrere Millionen US-Dollar vor allem an kleinen Spenden sammeln und damit den Wahlkampf von 41 Kandidaten für Kongress und Senat unterstützen. 35 von ihnen haben die Wahlen gewonnen. Nichts ist erfolgreicher als der Erfolg, sagt man in Amerika.

Wie schon erwähnt: Die Mehrheit der sechs Millionen Amerikaner jüdischen Glaubens ist liberal, wählt traditionell die Demokraten, befürwortet einen palästinensischen Staat und den Abzug der israelischen Siedler aus den besetzten Gebieten.[33] Wie oben gezeigt, unterstützten sie weder die Bush-Politik noch den Einmarsch im Irak. Das rechtsnationale Lager jedoch, das unter keinen Umständen die besetzten Gebiete aufgeben und auf den Siedlungsbau verzichten will, ist nicht nur in Israel, sondern auch in Amerika äußerst militant. Mit der Rückenstärkung der christlichen Fundamentalisten, die die Siedler auch finanziell unterstützen, gewannen die ultrarechten Parteien in Israel im Laufe der Jahre erheblichen Einfluss auf einen Teil der amerikanischen jüdischen Lobby und ebenso auf einen Teil der aktiven Mitglieder der jüdischen Gemeinden in den USA. Wegen dieser Verbindungen fiel es den Neokonservativen in der Bush-Regierung nicht schwer, Repräsentanten der jüdischen Lobby für ihre außenpolitischen Ziele zu gewinnen.

Walt und Mearsheimer erklären den Irakkrieg damit, dass die Israel-Lobby die amerikanische Regierung zum Irakkrieg gedrängt habe, um Israel mehr Sicherheit zu verschaffen.[34] Ohne die Lobby hätte es ihrer Ansicht nach wahrscheinlich keinen Krieg gegeben. In Wirklichkeit lagen, wie oben erwähnt, die Pläne der Berater von Bush, in den Irak einzumarschieren, schon in den Neunzigerjahren auf dem Tisch – lange bevor sie an die Macht kamen. Sie befürworteten den Krieg aus drei Gründen: Zunächst ging es ihnen darum, die Öllieferungen angesichts schwindender Reserven zu sichern. Zweitens sollte das »Versagen« von Bush senior, der Saddam Hussein im Irakkrieg 1991 nicht gestürzt hatte, ausgebügelt werden. Hinzu kam der imperial-messianische Ehrgeiz der Neocons, die Welt, vor allem die des Nahen Ostens, nach ihren amerikanischen Werten und

Kriterien zu gestalten. Natürlich war es nicht schwer, die Israelis dafür zu begeistern, einen gefährlichen, blutrünstigen Diktator in der unmittelbaren Nachbarschaft, der sie mit Raketen beschossen hatte, zu beseitigen. Aber es waren dennoch nicht die Israelis, die die Idee des Krieges initiiert hatten, und jüdische Lobbys spielten keine Rolle in diesem Entscheidungsprozess. Die amerikanische Regierung traf den Beschluss aus den gerade genannten eigenen Interessen. Ihr Problem war, die öffentliche Meinung auf ihre Seite zu ziehen. Dabei kamen den Neokonservativen die Anschläge vom 11. September 2001 sehr gelegen, denn sie gaben der amerikanischen Bevölkerung den entscheidenden Motivationsschub dafür, dass Amerika als Repräsentant der westlichen Freiheit nun einen Krieg gegen den Weltterrorismus zu führen habe. Die amerikanische Regierung propagierte, dass Saddam Hussein ein Verbündeter der *Al Qaida* sei, damit den Terrorkrieg unterstütze und über Massenvernichtungswaffen verfüge. Dem konnte jedermann entnehmen, dass in kurzer Zeit islamistischen Terroristen diese Waffen zur Verfügung stehen würden. Und einsetzen würden sie die natürlich gegen den freien Westen. All dies überzeugte die amerikanische Bevölkerung so nachhaltig, dass sie mehrheitlich den Krieg gegen den Irak befürwortete. Die jüdische Lobby musste dafür keine Überzeugungsarbeit leisten.

Das Bekenntnis zu Israel gilt in den USA als Selbstverständlichkeit und wird von allen Politikern erwartet. In ihren Reden im Präsidentschaftswahlkampf 2008 haben beide Kandidaten, McCain und Obama, Israel der unverbrüchlichen Unterstützung durch die USA versichert. Die Zusammenarbeit zwischen beiden Staaten in Sachen Verteidigung sei ein »Erfolgsmodell« (Obama), und »unsere gemeinsamen

Interessen und Werte sind zu bedeutend, … um einer anderen Politik zu folgen« (McCain).[35] Im Fernsehduell zwischen Sarah Palin und Joe Biden hatten die beiden Vizepräsidentschaftskandidaten bei allen Themen heftige Meinungsverschiedenheiten. Nur zum Thema Israel konkurrierten sie mit Lobesbezeugungen gegenüber Israel, dem »unentbehrlichen Freund« Amerikas. Es ist richtig, dass in den letzten vier Jahrzehnten die amerikanischen Regierungen so gut wie bedingungslos die israelischen Regierungen und deren Politik unterstützen. Walt und Mearsheimer schreiben dies der Arbeit der Israel-Lobby zu. Tatsächlich aber neigt ein erheblicher Teil der amerikanischen Bevölkerung dazu, die Geschichte Israels mit der eigenen zu vergleichen, der Geschichte der heroischen Pioniere, die im Kampf gegen »die Wilden« einen Staat gründeten. Mit dem islamistischen Terrorismus, der am 11. September 2001 zum ersten Mal in ihrem eigenen Land gewütet hatte, wuchs die Ablehnung gegenüber den Arabern und den Muslimen. Umso mehr fühlte man sich mit einem Land in einer engen Schicksalsgemeinschaft, dessen Existenz von Beginn an durch die Konfrontation mit den Arabern und dem Islam gekennzeichnet war. Nach Meinung vieler Amerikaner stehen die Israelis an der Frontlinie, um den gemeinsamen Feind, den Weltterrorismus, zu bekämpfen. Auf Plakaten und Anzeigen in amerikanischen Zeitungen schlug einem der Slogan entgegen: »Schulter an Schulter stehen die USA und Israel gegen den Weltterrorismus« – als gäbe es einen Schulterschluss zwischen einem Elefanten und einer Fliege. Die Bannerträger und Aktivisten dieser Haltung und teils auch die Geldgeber dieser Anzeigen sind die christlichen Fundamentalisten.

Wenn der Präsident der Vereinigten Staaten der Meinung ist, Israel oder besser: die herrschende israelische Politik bedingungslos unterstützen zu müssen, dann braucht er keine jüdische Lobby, die ihn in diese Richtung drängt. Walt und Mearsheimer beschreiben hingegen ausführlich die effizienten Methoden der jüdischen Lobbys, Politiker zu beeinflussen, indem sie den Wahlkampf von Abgeordneten mitfinanzieren. Ein Abgeordneter, der für das Repräsentantenhaus kandidiert, braucht rund eine Million Dollar. Im Repräsentantenhaus sitzen 435 Abgeordnete und im Senat 100. Für diese Sitze bewerben sich viermal so viele Kandidaten. Demnach bräuchte man alle zwei Jahre – in diesem Rhythmus werden die Abgeordneten des Repräsentantenhauses neu gewählt – ein paar Hundert Millionen Dollar, um genügend Abgeordneten zu »kaufen«. Mehr als 60 Millionen Dollar haben proisraelische Gruppen seit 1990 für Parteien und Kandidaten ausgegeben und somit alle zwei Jahre jeweils sieben Millionen Dollar als Wahlkampfhilfe zur Verfügung gestellt. Mit diesem Betrag kann man allenfalls einige Kandidaten unterstützen, eine »Lenkung des politischen Prozesses«, wie Mearsheimer und Walt behaupten, ist so nicht möglich.[36]

Wie stark oder schwach die Einflussnahme einer Israel-Lobby auch immer sein mag, richtet man den Blick auf Israel selbst, dann bleibt die Frage entscheidend: Nützt die bedingungslose Unterstützung durch die jeweilige US-Regierung Israel wirklich? Die Mehrheit der Israelis ist zwar der Meinung, dass die amerikanische Unterstützung einer jeglichen israelischen Politik und einer jeglichen israelischen Regierung ein Segen sei. Allerdings ist eine beachtliche Minderheit auch überzeugt, dass diese an keinerlei Konditionen geknüpfte Unterstützung Israel daran hindert, Frieden mit seinen Nachbarn zu schließen. Langfristig könne sie sogar die Existenz des Staates Israel gefährden. Angesichts der komplizierten Struktur der politischen Landschaft in Israel werde nämlich keine israelische Regierung auf absehbare Zeit eine Mehrheit gewinnen, die hinreichen würde, um den Nachbarn die erforderlichen Zugeständnisse zu machen und so einen Frieden schließen zu können. Allmählich, so die Befürchtung, wird sich das Kräfteverhältnis im Nahen Osten so verschieben, dass Israel nicht in dem bestehenden Kriegszustand wird überleben können. Erst wenn sich die USA entschlössen, auf eine israelische Regierung genügend Einfluss auszuüben und ihr gleichzeitig Rückenstärkung zu gewähren, sodass sie sich die erforderlichen Zugeständnisse leisten kann, erst dann sei ein Frieden zu erzielen.

Zu den Befürwortern dieser These gehört der ehemalige israelische Außenminister Shlomo Ben-Ami. Im Jahr 2000 fanden im amerikanischen Camp David Verhandlungen zwischen dem israelischen Premierminister Ehud Barak und dem Palästinenserpräsidenten Jassir Arafat statt. Diese Verhandlungen haben die größten Hoffnungen geweckt – und sie enttäuscht. Die beiden Kontrahenten wurden vom amerikanischen Präsidenten Bill Clinton eingeladen und fast ununterbrochen zwei Wochen lang in ihren Verhandlungen von ihm begleitet. Dass der amerikanische Präsident einer ausländischen Angelegenheit – und dabei nicht der allerwichtigsten der Welt – so viel Zeit widmete, zeigt, wie sehr ihm daran lag, zwischen Israelis und Palästinensern Frieden zu stiften. Nach dem Scheitern der Verhandlungen meinte Shlomo Ben-Ami, das Problem bei den Verhandlungen sei gewesen, dass Bill Clinton zu liebenswürdig gewesen sei. Hätte er auf beide Seiten Druck ausgeübt, so hätte er trotz aller Schwierigkeiten das angestrebte Ziel erreichen können. Das hätte, so Minister Ben-Ami, den Interessen der Israelis wirklich gedient.

So klug wie Ben-Ami war Bill Clinton natürlich auch. Wenn er dennoch nicht auf den Tisch gehauen hat, dann nur, weil er wusste, dass die amerikanische Bevölkerung in dieser Sache nicht hinter ihm stehen würde. Wiederholte Meinungsumfragen seit 1998 zeigen, dass etwa drei Viertel der amerikanischen Bevölkerung der Meinung sind, dass die USA sich nicht direkt in den Nahostkonflikt einmischen sollen.

Seit Januar 2009 hat Amerika einen neuen Präsidenten, der in mehreren Bereichen eine Wende verspricht. Barack Obama vertritt zweifellos eine neue Weltanschauung und eine neue Stimmung, die das Amerika der letzten Jahrzehnte verwandeln soll. Israel und dem Nahostkonflikt hat Obama im Laufe seines Wahlkampfes wie bereits erwähnt die erforderliche Aufmerksamkeit gezollt und mehrfach seine Verbundenheit mit Israel zum Ausdruck gebracht. Allerdings hat er auch im Mai 2008 in einem in der monatlich erscheinenden US-Zeitschrift *The Atlantic* veröffentlichten Interview mit Jeffrey Goldberg anderes über den schwelenden Konflikt im Nahen Osten gesagt: »Was ich denke ist, dass diese konstante Wunde, diese konstante offene Wunde, unsere gesamte Außenpolitik infiziert. Das Fehlen einer Lösung zu diesem Problem liefert antiamerikanischen Dschihadisten eine Ausrede dafür, unverzeihliche Aktionen zu unternehmen, und so haben wir ein nationales Sicherheitsinteresse an seiner Lösung. Und ich glaube auch, dass Israel ein Sicherheitsinteresse hat, es zu lösen, weil ich glaube, dass der Status quo nicht aufrechtzuerhalten ist.«[37] Im Nachhinein hat sich erwiesen, dass diese Erklärung – und nicht unbedingt seine Äußerungen während des Wahlkampfs – die tatsächliche Meinung des Präsidenten zum Ausdruck bringt. In seiner Außenpolitik widmete sich Obama schleunigst den Versöhnungsbemühungen mit der arabischen und der islamischen Welt. Seine Reisen in die arabische Welt und seine Treffen mit arabischen Staatsoberhäuptern, vor allem sein Besuch in Kairo und seine Rede in der Kairoer Universität am 4. Juni 2009, haben die Welt und besonders die islamische Welt beeindruckt. Er übte Druck auf die neue israelische Regierung unter Ministerpräsident Netanjahu aus, um von ihm und seinem Lager zu erwirken, die stets strikt abgelehnte Zweistaatenlösung sowie die Einstellung des Siedlungsbaus offiziell zu akzeptieren.

Im Gegensatz zur arabischen Welt beehrte Obama Israel lange Zeit nicht mit einer Visite. In Israel gab dies Anlass zu der Befürchtung, man werde die amerikanische Unterstützung verlieren, ohne die man gar nicht existieren kann. All dies schien die jüdische öffentliche Meinung in Amerika zunächst nicht zu betrüben. Meinungsumfragen zufolge votierten 78 Prozent der Juden in den letzten Wahlen für Obama. Sechs Monate später wurde Obama laut Meinungsumfragen sogar von 80 Prozent der Juden in Amerika unterstützt, die sich überdies und im Gegensatz zu Ergebnissen von Umfragen in der Vergangenheit eine energischere amerikanische Haltung im Hinblick auf die Durchsetzung eines Friedens zwischen Israelis und Palästinensern wünschten. Die offiziellen jüdischen Organisationen und deren Sprecher, die bedingungslos hinter jeder israelischen Regierung stehen – obwohl sie dies im Falle einer linken israelischen Regierung nur widerwillig tun –, verschanzten sich wie auch die israelische Regierung selbst hinter Bemühungen und Hoffnungen, die Meinungsverschiedenheiten zwischen Washington und Jerusalem glätten zu können.

Wie bereits erwähnt, kann Israel sich keinen Widerstand gegen eine amerikanische Entschiedenheit in der Nahostpolitik leisten. Diese Resolutheit wollten oder konnten amerikanische Präsidenten bisher nicht zeigen, was an der bedingungslosen Unterstützung seitens der amerikanischen, nicht nur der jüdischen Bevölkerung lag. Obama ist offensichtlich entschieden, kann aber auch von einer Wende in der amerikanischen öffentlichen Meinung profitieren. Nicht nur bei den Juden hat sich die Gemütslage in Bezug auf den Nahostkonflikt geändert, sondern auch in der allgemeinen amerikanischen Öffentlichkeit. Selbst unter den christlichen Fundamentalisten, die ausgerechnet die extremistischen Elemente in Israel leidenschaftlich unterstützen, kam es seit Anfang 2009 zu wesentlichen Meinungsverschiedenheiten. Die Frage ist, wie viel Zeit und Energie der Präsident dem Nahen Osten widmen kann oder können wird angesichts des Drucks der für Amerika wichtigeren und vor allen Dingen dringenderen Probleme, die ihn belasten. Sollte der Präsident auf die entscheidenden Fragen nach der Wirtschaftskrise und der Reform des Gesundheitssystems und ebenso zum Irak, Iran und Afghanistan nicht innerhalb kurzer Zeit hoffnungsbringende Antworten geben können, wird er so geschwächt sein, dass die bedingungslosen amerikanischen Unterstützer des extrem rechten Lagers in Israel wieder aggressiv werden und ihm seinen Nahostweg blockieren können.

*Geht es nicht auch um einen religiösen Konflikt, wenn die Sied-
ler Palästina als ihre biblisch-historische Heimat beanspruchen?*
Die Ultranationalisten, die von göttlicher Verheißung
sprechen und das Westjordanland als biblische Heimat der
Juden sehen, auf die wir niemals verzichten dürfen, befinden
sich in der Minderheit. Die meisten Israelis, dies zeigen auch
Meinungsumfragen, wollen die Besatzung nicht und sind
für eine Zweistaatenlösung. Zwar meint auch diese Mehrheit, dass das Westjordanland aus historischen und biblischen Gründen uns gehört, doch ist sie bereit, die Realität
anzuerkennen. Und das heißt, sich mit der Tatsache abzufin-
den, dass dort eine andere Bevölkerung lebt. Infolgedessen
ist die Mehrheit der Israelis auch gegen die Siedlungen. Nur
wird sie nicht gegen diese kämpfen, solange deren Räumung
keine Sicherheit verspricht. Die vorherrschende Meinung
ist: Solange eine Gefahr besteht, aus diesen Territorien heraus angegriffen zu werden, müssen wir dort bleiben, um
uns zu verteidigen.

*Solange das Sicherheitsproblem nicht gelöst ist, kann eine
extremistische Minderheit der Mehrheit der Israelis ihre militante Siedlungspolitik aufzwingen? Wie soll man aus dieser
Zwickmühle herauskommen?*
Man muss ein Mittel finden, um die Israelis davon zu
überzeugen, dass ihnen der Frieden mit den Palästinensern,
die Anerkennung eines unabhängigen Palästinenserstaats Sicherheit garantiert. Dass die Israelis grundsätzlich bereit
sind, für einen sicheren Frieden Gebiete bis zum »letzten
Zentimeter« zu räumen, zeigen die Friedensschlüsse mit
Ägypten 1979 und mit Jordanien 1994. Saddat konnte garan-
tieren, dass von seinem Territorium kein Krieg mehr gegen
Israel geführt wird. Der jordanische König Hussein ebenso.
Doch bei den Palästinensern sehe ich niemanden, der dies
kann. Mahmud Abbas …

... der Präsident der Palästinensischen Autonomiebehörde und führende Politiker der Fatah-Partei ...

... gilt zwar als ehrlich und wohlwollend, aber ihm stehen nicht die Mittel zur Verfügung. Er selbst kann ja noch nicht einmal die eigene Sicherheit in Palästina gewährleisten, da die Palästinenser – Fatah und Hamas – in einer Art Bürgerkrieg verstrickt sind. Die Frage ist, wer kann uns Sicherheit gewährleisten, nachdem wir die Gebiete geräumt haben werden?

Die verheerenden ökonomischen und sozialen Verhältnisse im Gazastreifen werden von der Hamas genutzt, die dortigen Einwohner, die in einer schwierigen Situation leben, durch Versprechungen und Zuwendungen zu beeinflussen. Dadurch vergrößert sie die Schar ihrer Anhänger. Müsste es nicht in Israels Interesse sein, die Blockade aufzuheben, da diese die Hamas und damit auch den Terror stärkt? Was wäre Ihre Empfehlung an die israelische Regierung?

Die Abriegelung des Gazastreifens aufzuheben, die Grenzen in Richtung Israel zu öffnen. Ich weiß nicht, ob ich das auch den Ägyptern empfehlen kann, die ebenfalls eine gemeinsame Grenze mit Gaza haben. Sie wollen keine Öffnung zum Gazastreifen hin, weil die Hamas mit der fundamentalistischen Muslimbruderschaft in Ägypten verbunden ist. Ich bin mir auch nicht sicher, ob man sich darauf verlassen könnte, dass die Ägypter keine Waffen durchließen. Auf die Israelis jedenfalls kann ich mich verlassen.

In Gaza wurde die Hamas demokratisch gewählt. Sollte man mit ihr verhandeln?

Hamas ist zwar eine fundamentalistische, terroristische Bewegung, doch hat sie im Gegensatz zur *Al Qaida* gezielte und dringende nationale Interessen. Sie stellt heute eine Regierung, die über ein bestimmtes Territorium herrscht und eine Bevölkerung von anderthalb Millionen Menschen zu verwalten hat. Und man könnte erwarten, dass – wie oft in der Weltpolitik – die Ideologie zumindest vorübergehend von der Staatsräson überwunden wird. Deshalb sollte man die Hamas – wie man es auch mit der *PLO* getan hat – in der Zukunft in die Verhandlungen miteinbeziehen.

Viele Israelis befürworten jedoch eine Beseitigung des Hamas-Regimes.

Israel hat dies auch mehrfach unter Anwendung verschiedener Methoden versucht. Die Versuche waren jedoch vergeblich. Heute glauben an diese Möglichkeit auch nur die wenigsten israelischen Politiker – und unsere Streitkräfte und Geheimdienste schon gar nicht. Selbst der ehemalige Chef des *Mossad* und des Nationalen Sicherheitsrats Efraim Halevy plädiert schon, seitdem die Hamas die Wahlen im Januar 2006 gewonnen hat, für Verhandlungen, da dies im Interesse beider Seiten läge. Fortdauernde militärische Aktionen gegen die Hamas werden nicht nur erfolglos bleiben, sondern auch Israels fundamentale Interessen gefährden – zunächst dem unentbehrlichen Partner Ägypten gegenüber, aber auch weltweit. Deshalb sollten wir die palästinensische Regierung in Ramallah dazu ermutigen, eine Art Föderation mit der Hamas-Regierung im Gazastreifen einzugehen. Im Rahmen dieser Kooperation könnte die Autonomiebehörde im Namen aller Palästinenser mit Israel verhandeln. Damit könnte eine Friedensvereinbarung mit uns realisierbar sein.

Allerdings ist damit das Sicherheitsproblem noch immer nicht gelöst.

Es wird keine Lösung ohne die Intervention der internationalen Gemeinschaft geben. Sie muss Truppen in das Westjordanland entsenden, die israelische Besatzungstruppe im Rahmen des Friedensvertrags ablösen und in Kooperation mit der palästinensischen Regierung für Sicherheit sorgen, wenn nötig mit Gewalt. Eine Truppe, entsandt von der internationalen Gemeinschaft, mit dem Mandat, islamisti-sche Terroristen, die Israel oder auch die *PLO* angreifen, zu bekämpfen.

Und wer soll diese robuste Truppe stellen?

Amerika, osteuropäische Länder, manche islamische Län-der. Ich würde besonders Türken begrüßen, Marokkaner vielleicht, Indonesier. Es ist besser, wenn dieses Kontingent auch Muslime umfasst. Man braucht keine große Truppe, weil das Gebiet klein ist. Es ist nur etwa doppelt so groß wie das Saarland. Die Mehrheit der palästinensischen Bevölke-rung wird diese internationale Armee, die sie von der Besat-zung erlöst, mit Begeisterung begrüßen, sie wird als Befreier angesehen werden. Die Frage ist nur, wer die Truppe stellt und die politische Verantwortung für deren Mission über-nimmt. Die Amerikaner? Sie besitzen die besten Trumpfkar-ten dafür: Erstens sind die Amerikaner mehr als jede andere Nation der Welt im Nahen Osten involviert, zweitens haben sie im Mittleren Osten Kampftruppen stationiert. Drittens werden sie, mit US-Präsident Obama im Amt, den Frie-densprozess im Nahen Osten leiten. Sollten sie diese Sache nicht übernehmen wollen, so bleibt nur die Europäische Union, allerdings mit Unterstützung der USA und der ara-bischen Welt unter der Führung Saudi-Arabiens und in enger Zusammenarbeit mit den israelischen und palästinen-sischen Behörden.

VORURTEIL 4

Alle Juden sind so reich wie Rockefeller

1986 führte der *Kölner Express* ein Interview mit dem innenpolitischen Sprecher der Bonner CSU-Landesgruppe Hermann Fellner über Wiedergutmachungszahlungen an jüdische Zwangsarbeiter.[38] Fellner bezeichnete diese Forderung als haltlos, habe sie doch »weder eine rechtliche noch eine moralische Grundlage«. Er konnte sich bei seiner Aussage sicher sein, tief verwurzelte antisemitische Klischees zu bedienen – das vom »tückischen« und jenes vom »raffgierigen Juden«. Fellner wollte mit dieser harschen Kritik wohl die Empfehlung des Frankfurter Juristen Robert Kempner, einem der Ankläger in den Nürnberger Prozessen, an den damaligen Vorstandssprecher der *Deutschen Bank*, Friedrich Wilhelm Christians, zurückweisen: Vor einem Ankauf des Flick-Konzerns möge die *Deutsche Bank* das Unternehmen vom Stigma der Nichtzahlung von Wiedergutmachungsbeiträgen befreien. Erst nach monatelangem öffentlichem Druck rang sich die Deutsche Bank zur Überweisung gerade eines Tausendstels vom Kaufpreis des Flick-Imperiums an die *Claims Conference* durch: Die ehemalige Flick-Firmengruppe *Feldmühle Nobel AG* zahlte mit Zustimmung ihres neuen Besitzers lediglich fünf Millionen Mark für mehr als 40 000 Zwangsarbeiter, die der Konzern bis Ende 1944 beschäftigt hatte. Solange Friedrich Flick, den das Nürnberger

Tribunal im Anklagepunkt »Sklavenarbeit« ausdrücklich schuldig gesprochen hatte, selbst das Unternehmen geleitet hatte, zahlte er keinen Pfennig an die von der SS zur »Vernichtung durch Arbeit« vermieteten Kräfte.

Die Unterstellung, dass Juden ihre Leiden unter der NS-Verfolgung heute dazu nutzen, um sich zu bereichern, verbindet sich mit dem jahrhundertealten Stereotyp vom »geldgierigen, betrügerischen und ausbeuterischen Juden«. Auch der Bonner Dominikanerpater und Berater von Bundeskanzler Kohl Heinrich Basilius Streithofen holte dieses Klischee aus der Mottenkiste, als er 1992 auf einem Vortrag in Meppen die Juden als »mit die stärksten Ausbeuter des deutschen Steuerzahlers«[39] bezeichnete.

Die Bereicherung Einzelner aber ist überall zu finden, ohne dass deswegen gleich eine ganze Gruppe von Menschen pauschal verurteilt würde. Als gute Katholiken kennen Hermann Fellner und Heinrich Basilius Streithofen beispielsweise sicherlich die Geschichte des riesigen Bauvorhabens um den Petersdom des Vatikan im Spätmittelalter. Im Jahr 1517 zog der Dominikanermönch Johannes Tetzel im Auftrag des Mainzer Erzbischofs Albrecht II. durch die Kirchenprovinz Magdeburg und verkaufte Ablässe mit dem Slogan »Wenn das Geld im Kasten klingt, die Seele in den Himmel springt«. Mit den Ablassgeldern wurde die Fertigstellung des Petersdoms in Rom finanziert, und natürlich kamen sie auch dem Fürsten und dem »Sünden-Händler« zugute. Tetzels marktschreierischer Ablasshandel war es, der Martin Luther zum Thesenanschlag an den Wittenberger Dom veranlasste, was wiederum den Stein der Reformation ins Rollen brachte.

Luther stellte aber nicht nur die katholische Kirche an den Pranger, sondern auch die Juden. Sie waren es, denen er »Geldgier« unterstellte. In seiner 1543 veröffentlichten Schmähschrift *Von den Jüden und iren Lügen* verdammt er den »diebischen Geist« der Juden und ihren angeblichen Willen, das Land und die Städte »auszuwuchern«. Das Vorurteil, Juden seien geldgierig, ist jedoch viel älter und stammt im Grunde schon aus biblischen Zeiten. Erzählt uns nicht das Neue Testament, dass Judas Iskariot für dreißig Silberlinge Jesus verraten hat? Seither ist Judas zum Inbegriff für den raffgierigen Juden geworden, der für Geld sogar seinen besten Freund opfert. Wenn Antisemiten die Geschichte des Judas exemplarisch sehen, sollten sie in Betracht ziehen, dass auch Jesus und seine Apostel Juden waren – und sie ebenso der Geldgier bezichtigen.

Warum aber wurde und wird heute noch ausgerechnet den Juden die negative Eigenschaft unterstellt, geldgierig zu sein? Die Antwort ist in der besonderen Geschichte der Juden zu suchen. Juden waren bis ins 19. Jahrhundert hinein eine Minderheit, die auch öffentlich auf dieser Existenz beharrte, weil sie unter allen Umständen ihrer Religion treu blieb und nicht, wie manch andere Minderheit, im Laufe der Zeit mit der Mehrheit verschmolzen ist. Diese Haltung wurde für sie in den Ländern des Christentums zu einem einzigartigen Problem. In Europa – anders als in Asien oder sogar in den Ländern des Islam – herrschte eine Geisteshaltung, die mit religiösem Eifer alle Nichtchristen zum »einzigen wahren Glauben« bekehren wollte. In den Ländern des Buddhismus, Shintoismus oder Hinduismus wurde Andersgläubigen gegenüber weitgehend Toleranz praktiziert; in den islamischen Ländern waren ihre Rechte als religiöse Minderheit geschützt. In den christlichen Ländern des Mittelalters hingegen lebten Juden unter dem Regime unbegrenzter Willkür, weil sie sich weigerten, die christliche Botschaft anzuerkennen. In den ersten Jahrhunderten des Christentums sahen sich Minderheiten unter dem Druck der Mehrheit gezwungen, ihre Religion und ihre Tradition letzten Endes vollkommen aufzugegeben und zu konvertieren. Andere, wie die Muslime in Spanien, wurden bekämpft und vertrieben. Die beinahe einzige Minderheit, die es ablehnte, sich zu assimilieren, waren die Juden. Ihre Exklusivität, die Einhaltung der 613 Regeln, die sich aus aus Thora und Talmud ergeben, das Verbot der Fremdheirat, solange man sich nicht zum Judentum bekehren ließ, die strenge Beachtung des Sabbat und die Reinheitsgebote grenzten die Juden in den Augen der Christen aus und machten sie verdächtig.

Diese Menschen, die nur an das Alte Testament und nicht an Jesus glaubten und sich nicht zum Christentum bekehren ließen, waren der missionarischen katholischen Kirche ein Dorn im Auge. Abgesehen von wiederholten Massakern, Vertreibungen und Pogromen während der Kreuzzüge setzte man die Juden auch im Alltagsleben unter Druck. Schritt für Schritt entzog man ihnen die Überlebensgrundlage, sodass sie materiell zunehmend in Schwierigkeiten gerieten. Seit 1215 nahmen Kirchengesetze wie jene, die das Vierte Laterankonzil verabschiedete – hier beanspruchte Papst Innozenz III. das Verhältnis von Juden und Christen verbindlich zu regeln –, den Juden fast jede Möglichkeit, ihren Lebensunterhalt zu verdienen. Man untersagte ihnen die Ausübung der meisten Berufe und schloss sie von allen Handwerkszünften aus. Sie waren nicht zum Heeres- und Staatsdienst zugelassen, sie durften kein Land und auch keine Herden besitzen und keinerlei Feld- oder Hirtenarbeit mehr leisten. Mehr und mehr mussten sich Juden, die ursprünglich in ihrem eigenen Land, Palästina, Bauern und Viehzüchter gewesen waren, in den Städten oder Dörfern niederlassen. Dort wurden sie durch eine Kleiderordnung –

Judenhut, gelber Fleck – gegenüber anderen Bewohnern kenntlich gemacht.

Wie aber sollten sie ihren Lebensunterhalt bestreiten und die vom jeweiligen Landesherrn geforderten Steuern bezahlen? In den meisten Fällen blieb der Handel, zum Teil der internationale Handel. Auf diesem Gebiet kam der jüdischen Gesellschaft ihre besondere Erziehungstradition zugute. Seit biblischen Zeiten durften Nachkommen nicht als Arbeitshilfe ausgenutzt und für die Ernährung der Familie eingesetzt werden. Vielmehr gehörte es zur Pflicht eines jeden Juden, seine Kinder zu erziehen, zu belehren und aufzuklären und ihnen vor allem das Lesen und Schreiben beizubringen. Die Tatsache, dass jedes jüdische Kind lesen und schreiben konnte, war oft ein Grund für Neid und sogar für Verleumdung; für den Handel auf internationaler Ebene erwies sich dies jedoch als Vorteil. Des Lesens und Schreibens mächtig, konnten Juden auf dem europäischen Kontinent, der viele gemeinsame historische und kulturelle Nenner hatte, relativ problemlos reisen und mithilfe der verstreuten jüdischen Gemeinden in der Fremde verhältnismäßig schnell Kontakte knüpfen, was Geschäftsabschlüsse erleichterte. Im 13. Jahrhundert erließ die Kirche für Christen das Verbot, Geld zu verleihen, und überließ diesen in ihren Augen unehrenhaften »Wuchererberuf« den »unwürdigen« Juden. Der Beruf des Pfandleihers, Geldwechslers und Zinsnehmers wurde den Juden nicht untersagt, weil er notwendig und Christen aufgrund des sogenannten kanonischen Zinsverbots bis 1435 nicht erlaubt war.

Die christlichen Händler und Unternehmer umgingen das Berufsverbot, indem sie jüdische Geldverleiher offiziell zu ihren Partnern machten. Auf diese Weise war auch der christliche Geschäftsmann an dem Handel beteiligt und erhielt den ihm zustehenden Gewinnanteil an den Zinsen.

Diese Praxis funktionierte auf der Handelsebene, nicht jedoch im privaten Bereich. In vielen Fällen brauchten auch Privatleute wie verarmte Ritter, Bürger und Bauern Geld – nicht um Handel zu treiben oder Geschäfte zu führen, sondern für dringende persönliche Notwendigkeiten. Aufgrund der Berufsbeschränkungen war das Finanzgeschäft vom 13. bis zum 15. Jahrhundert für die Mehrheit der Juden in ganz Europa die wichtigste Einkommensquelle – und das einzige Mittel, um überhaupt überleben zu können, zumal ihre jeweiligen Landesherren sie mit immer mehr Abgaben überhäuften: Sie mußten Steuern zahlen für das Gehen und Kommen, für das Kaufen und Verkaufen, für das Recht des gemeinschaftlichen Gebets, für die Verehelichung, für ein neugeborenes Kind und auch für die Toten. Interessanterweise waren trotz des kirchlichen Verbots die Juden nicht die Einzigen, die sich auf den Beruf des Geldverleihs spezialisiert hatten. Die christlichen Einwohner der Region Cahors in Südfrankreich und die Lombarden lebten ebenso davon. Später wurden entsprechend dieser Wurzeln auch ohne regionale Bindung Geldwechsler oft pauschal als Cahorsins, Lombards oder Kawertschen bezeichnet. Da sie keine verhasste »heidnische« Minderheit waren, wurde ihr Ansehen als Wucherer anders als bei den Juden nicht verallgemeinert, mithin keiner Gemeinde, Gruppe oder Nation ein Stempel aufgedrückt.

Man könnte meinen, die Juden hätten zu beliebig hohen Zinsen Geld verliehen. Doch das ließen die Behörden und Feudalherren gar nicht zu. Schließlich wollten sie ja selbst ihren Anteil kassieren und an den Wuchergeldern verdienen, allerdings ohne offiziell in Erscheinung zu treten. Die Höhe der Zinsen war willkürlich und hing von der Phantasie des jeweiligen Fürsten, vom Kaiser oder Stadtrat ab. Oft zogen sie den größten Teil des Gewinns aus dem Geldverleih ein. Dass Juden an Kaiser, Fürsten und Städte ungeheure Summen weiterleiten mussten, war den meisten Nichtjuden jedoch nicht bewusst. Als Pfandleiher waren sie verhasst und galten als Ausbeuter. Dies führte oft zu einem derartigen Zorn auf die »Wucherer«, dass der jeweilige Herrscher beschloss, alle Juden zu vertreiben und ihren Besitz zu konfiszieren. Mit diesem Schritt konnte er dann noch ein letztes Mal von ihnen profitieren. Seinen christlichen Untertanen erließ er die sogenannten »Judenschulden«, natürlich gegen die Bezahlung einer niedrigen Summe an ihn selbst.

Nur sehr selten kam es während des Mittelalters vor, dass Juden sich durch den Geldverleih bereichern konnten. In Wahrheit konnten Juden dadurch nicht reich werden – vielmehr verarmten sie oft. Das Risiko war unermesslich hoch, konnten sie doch nie wirklich wissen, ob sie das Darlehen irgendwann zurückerhalten würden. Der Rechtsstatus der Juden war völlig unsicher, sie konnten jederzeit vertrieben werden und waren auf die willkürliche Gunst des jeweiligen Landesherrn angewiesen. Wenn man sich die Geschichte der Juden in Europa im Mittelalter vor Augen führt, stellt man fest, dass die Entwicklung zu einer deutlichen Verschlechterung ihrer Lebenssituation führte. Schritt für Schritt aus der Landwirtschaft, aus der Verwaltung, aus den Zünften der Handwerker hinausgedrängt, bildeten sie eine randständige und verachtete Gruppe, die von allen wesentlichen Aktivitäten der christlichen Gesellschaft ausgeschlossen war. Die von der Kirche erzwungene Berufsstruktur mündete in eine wirtschaftlich begründete Judenfeindschaft, in der die Juden als Wucherer und Betrüger gebrandmarkt wurden.

Die Einschränkungen der jüdischen Arbeitsmöglichkeiten endeten keineswegs mit dem Mittelalter. Im 15. und 16. Jahrhundert waren Juden vorwiegend Trödler, Pfandleiher, Lumpensammler, Geldwechsler und Hausierer. Eine kleine Gruppe von Hofjuden, die im Dienst der absolutistischen Landesfürsten des 17. und 18. Jahrhunderts stand und für die Kreditbeschaffung zuständig war, musste nicht mehr im Getto leben und durfte gegen die Entrichtung einer Sondersteuer Häuser besitzen. Doch selbst sie waren stets auf das Wohlwollen ihres Fürsten angewiesen und seiner Willkür ausgeliefert. Selbst unter Friedrich dem Großen – in der aufgeklärtesten deutschen Stadt des 18. Jahrhunderts, in Berlin – waren die Rechte der Juden eingeschränkt: Sie durften keine Landwirtschaft betreiben, kein Handwerk ausüben und nicht mit Wolle, Holz, Tabak, Leder und Wein handeln. Etwa 3000 Juden lebten in Berlin, und die meisten von ihnen waren arm. Nur einige wenige Unternehmer – die Generalprivilegierten – waren den christlichen Kaufleuten gleichgestellt. Ihnen gestattete Friedrich zur Ankurbelung der preußischen Wirtschaft, »Handel, Commerce, Manufakturen, Fabriquen und dergleichen«[40] zu betreiben.

Ein berühmtes Beispiel dafür, dass Privilegien jederzeit verliehen und willkürlich entzogen werden konnten, ist der Fall des Joseph Süß Oppenheimer, der später im Nationalsozialismus für den antisemitischen Hetzfilm *Jud Süß* von Veit Harlan herhalten musste. Oppenheimer, 1698 geboren, war Geheimer Finanzrat am Hof von Herzog Carl Alexander von Württemberg. Er modernisierte das württembergische Finanzwesen und sanierte den Staatshaushalt. Vor allem schaffte er die Privilegien der Ständevertreter ab, was ihm viele Gegner bescherte. Als der Herzog 1737 starb, schlugen seine Feinde zu. Man machte ihm den Prozess, und obwohl ihm keinerlei finanzielles oder politisches Vergehen nachgewiesen werden konnte, wurde er zum Tode verurteilt. Begründung: Er sei ein »lüsterner Verführer« und ein »kaltblütiger Geschäftsmann«, ein »Freidenker« und »Jude«. Unter den Augen von 12 000 Schaulustigen starb er in Stuttgart am 4. Februar 1738 am Galgen, nach seiner Hinrichtung wurde sein Leichnam sechs Jahre lang in einen Käfig gehängt und ausgestellt.

Weniger tragisch war das Schicksal des Hofjuden Veitel Heine Ephraim, dem der von Friedrich dem Großen verordnete Münzbetrug in die Schuhe geschoben wurde. Da der Siebenjährige Krieg den preußischen Staat an den Rand des Ruins gebracht hatte, verlangte Friedrich von seinem Münzpächter und Bankier, österreichische, deutsche und russische Taler aufzukaufen und sie mit verringertem Silber- oder Goldgehalt neu zu schlagen.[41] Die Untertanen empörten sich jedoch nicht über ihren König, sondern über den »Hofjuden«: »»Von außen schön, von innen schlimm, / von außen Fritz, von innen Ephraim!«[42], dichtete der Volksmund.

Mit der Emanzipation, der Gleichberechtigung der Juden, die sich schrittweise seit der Französischen Revolution durchsetzte, begann eine Ära, in der sich die Juden entfalteten, besonders in den Bereichen der Wissenschaften und der Wirtschaft. Am bekanntesten wurde die aus dem jüdischen Getto in Frankfurt stammende Familie Rothschild, die sich binnen zweier Generationen als erfolgreiche Bankiersfamilie etablierte und zwischen 1815 und 1914 die mit Abstand größte Bank in Europa besaß. Sie prägte das Image des reichen Juden. Dabei hatten die Juden überhaupt nur eine Chance in der Großstadt, wo die Bevölkerung aufgeklärter und infolgedessen toleranter war – Landwirte konnten sie noch immer nicht werden. Als Juden in den Wissenschaften, im Bankwesen und Unternehmertum und in den freien Berufen als Ärzte, Rechtsanwälte und Verleger namhaft wurden, richtete sich besonders auf sie das Augenmerk – obwohl sie unter den hauptsächlich armen Juden nur eine kleine Minderheit darstellten.

»In ihrem Besitz sind die Geldadern, Bank und Handel«[43], predigte der evangelische Pfarrer Adolf Stoecker 1879 in Berlin. Im 19. Jahrhundert erhielt die volkstümliche Vorstellung vom reichen, Wucher treibenden Juden Auftrieb durch wirtschaftliche und politische Krisen. Nach dem Börsenkrach von 1873 erklärte die in bürgerlichen Kreisen weitverbreitete Zeitschrift *Die Gartenlaube* das »jüdische Finanzkapital« zur Ursache der Wirschaftskrise. Wurzel allen Übels sei das jüdische »raffende Kapital« im Gegensatz zum »schaffenden Kapital« der deutschen Industrie und Agrarwirtschaft, die »wirklich« arbeite und produziere. Kostprobe eines Beitrags von Otto Glagau aus dem Jahr 1874: »Der Jude arbeitet nicht, sondern läßt die anderen arbeiten; er spekuliert und macht Geschäfte mit den Produkten der Handarbeit und der geistigen Arbeit von anderen. Das Zentrum seiner Aktivitäten ist die Börse ... Dieser fremde Stamm hat sich dem deutschen Volk eingenistet, um es bis aufs Mark auszusaugen.«[44] Diese Einstellung setzte sich fort und gipfelte 1919 in der von dem Ingenieur und Amateurökonomen Gottfried Feder entwickelten These von der »Zinsknechtschaft« – sie wurde von Hitler in *Mein Kampf* lobend erwähnt und fand als Schlagwort bereits 1920 Eingang in das *25-Punkte-Programm* der NSDAP.

Tatsächlich gab es in der Weimarer Republik Branchen, in denen Juden besonders stark vertreten waren. Dazu gehörten der Viehhandel, die Konfektions- und Schuhbranche sowie einzelne Bereiche des Metallhandels, der Elektro-, der chemischen und der Porzellanindustrie.[45] Die meisten Warenhäuser – Tietz, Wertheim, Israel, Schocken – waren jüdische Gründungen. Doch bei dieser von der völkischen Propaganda als »jüdische Hochfinanz« bezeichneten Gruppe von reichen jüdischen Großbürgern handelte es sich um nicht mehr als hundert Familien, die darüber hinaus oft der jüdischen Religion seit Generationen nicht mehr angehörten oder sich ihr nicht mehr zugehörig fühlten.

Die Nazis erweiterten die bestehende Liste der Vorwürfe: Angeblich steckten die Juden als Börsenspekulanten, Bankiers und Finanzmagnaten hinter dem amerikanischen Kapitalismus (»Wallstreet-Judentum«), andererseits seien sie aber auch die Drahtzieher des Kommunismus (»jüdischer Bolschewismus«). Das Nazikampfblatt *Der Stürmer* hetzte unter der Schlagzeile »Judas Greueltaten« im April 1933: »Bis herein in unsere Tage knechten sie als Spekulanten, Schieber, Börsengauner und Wucherer die Völker der Erde. Häufen das Gold bergehoch in ihren Banken an, verteilen die von anderen erzeugten Produkte, bestimmen darüber, welches Volk hungern und welches aus ihrer Gaunerhand leben soll.«[46]
Natürlich klingen diese Behauptungen in heutigen Ohren lächerlich, doch es bleibt festzuhalten: Wer hat sich wirklich bereichert? Das macht der systematische und von den Nazis legalisierte Raub an jüdischem Eigentum im Zuge der Arisierung beeindruckend deutlich. Obwohl in der Geschichte Europas oft Massenmord an Juden begangen worden war, gab es keinen Präzedenzfall für diesen industriell organisierten Völkermord, der die vollkommene Ausrottung aller Juden zum Ziel hatte. Zuerst sollte Deutschland und dann Europa »judenrein« gemacht werden. Doch das war nur ein Teil des Plans. Der andere Teil, der genauso akribisch ausgearbeitet worden war, war die »Arisierung«, die erzwungene Enteignung von Geschäften und Wohnungen sowie die Übertragung jüdischer Unternehmen in deutsche Hände.

Innerhalb weniger Jahre wurden etwa 100 000 Firmen liquidiert oder wechselten ihren Besitzer. Daran beteiligten sich
Millionen von Deutschen mittelbar als Akteure und Profiteure, indem sie die Arisierung zu einer sprudelnden Ein-
nahmequelle machten: Rechtsanwälte und Makler, vor allem
jedoch Banken, die entsprechende Provisionen kassierten
und Erwerbern Kredite zur Verfügung stellten. Die Waren-
lager der liquidierten Betriebe wurden zum Spottpreis
verramscht. Die Enteignung der Juden war eine überaus at-
traktive Beute für große deutsche Firmen, einzelne Nationalsozialisten, aber auch für gewöhnliche Deutsche. Ärzte
kamen billig an Praxen, Ladenbesitzer konnten günstig Wa-
renbestände von enteigneten jüdischen Geschäftsinhabern
aufkaufen, und unbescholtene Bürger ersteigerten zu Nied-
rigpreisen Sessel, Sofas und Porzellan von deportierten Nachbarn. In zahlreichen deutschen Städten wurden Depots eingerichtet, in denen jüdisches Eigentum, vor allem Möbel
und Einrichtungsgegenstände – aus ganz Europa zusammen-
geraubt –, an die Bevölkerung zu lächerlichen Preisen ver-
steigert wurde. Allein in Hamburg und seiner unmittelbaren
norddeutschen Umgebung nahmen mehr als hunderttausend Menschen an solchen Versteigerungen teil. Ein ehemaliger Auktionator erklärte nach 1945, dass insbesondere
Möbel, Teppiche und Pelze aus jüdischem Besitz »meist zu
Schleuderpreisen weggegangen«[47] seien. »Die Deutschen
sind immer zur Stelle, wenn in den jüdischen Kassen Geld
klingelt«, hätte ein Jude in diesen Zeiten sagen können, als
die deutsche Bevölkerung vor den Depots der enteigneten
jüdischen Güter stundenlang Schlange stand.

Nach Auschwitz ist es in Deutschland verpönt, öffentlich
Judenfeindschaft zu zeigen. Wer dieses Tabu bricht, verliert
Amt und Ansehen oder muss sich wie Pater Basilius Streit-

hofen zumindest entschuldigen. Gegen den Geistlichen wurde aufgrund seiner Behauptung, dass Juden die größten Ausbeuter des deutschen Steuerzahlers seien, Anzeige wegen Volksverhetzung erstattet. Im Mai 1993 stellte die Osnabrücker Staatsanwaltschaft das Verfahren zunächst ein. Die absurde Begründung: Die Äußerungen Streithofens erfüllten den Tatbestand der Volksverhetzung nicht, da die Strafbestimmung nur den »inländischen Teil der Bevölkerung«[48] betreffe – als wären deutsche Juden kein Teil der inländischen Bevölkerung. Nach Protesten des *Landesverbandes der Jüdischen Gemeinden* von Niedersachsen wurde das Verfahren wiederaufgenommen und mit einem Vergleich beendet: Streithofen zahlte eine Geldbuße für einen wohltätigen Zweck.

Auch wenn man in Deutschland nicht mehr offen von der »Geldgier« der Juden spricht, ist das Bild der Juden bei den Deutschen nach wie vor stark durch das klassische Stereotyp geprägt. Das Vorurteil, Juden hätten einen ausgeprägten Geschäftssinn, hat sich bis heute gehalten. Laut einer *Forsa-Studie*, die das Magazin *Stern* im Jahr 2003 in Auftrag gab, sind 78 Prozent der Bundesbürger der Meinung, dass Macht und Einfluss der Juden in der Geschäftswelt in keinem Verhältnis zu ihrem Anteil an der Gesamtbevölkerung stehen, dass Juden also besonders geschäftstüchtig sind.[49]

Richtig ist, dass sich Juden in Israel auf dem Gebiet der wissenschaftlichen und technologischen Innovationen als besonders phantasiereich erweisen, was dazu geführt hat, dass das Land im Bereich der Hochtechnologie zur Weltspitze gehört. Wenn man sich die allgemeine Wirtschaftslage in Israel anschaut, kann man das Urteil, Juden seien besonders geschäftstüchtig, jedoch ganz und gar nicht bestätigen. Das *International Institute for Management Development* (IMD) veröffentlicht jährlich das *World Competitiveness Yearbook* – eine Rangliste der Staaten nach ihrer internationalen Wettbewerbsfähigkeit. Analysiert werden wirtschaftliche Leistung, Effizienz der staatlichen Behörden, Effizienz von Unternehmen und Infrastruktur. Danach steht Israel im Jahr 2009 auf Platz 24 – die USA auf Platz 1, Deutschland auf Platz 13.[50]

Wenn wir über Antisemitismus reden: Wird der Holocaust in Israel politisch instrumentalisiert, wenn Siedler, die gegen die Räumung ihrer Häuser protestieren, sich den Judenstern anheften?

Ich glaube, das ist das politische Mittel einer Minderheit. Zum ersten Mal haben wir Anfang der 1980er-Jahre Siedlungen auf ägyptischem Boden geräumt und im Jahr 2005 dann im Gazastreifen. Die Siedler haben sich dagegen gewehrt. In beiden Fällen wollten sie die israelische Bevölkerung davon überzeugen, dass das erzwungene Aufgeben der Siedlungen ein Unrecht sei. Sie haben die Räumung mit der Vertreibung der Juden unter den Nazis verglichen, wohl wissend, dass Juden sehr sensibel auf dieses Thema reagieren. In Israel hat man diesen Vergleich aber als Zynismus betrachtet, und die Mehrheit hat negativ darauf reagiert.

Dieser Vergleich ist polemisch und verbietet sich angesichts der Ermordung der Juden im Dritten Reich.

In Israel hat man den Vergleich scharf kritisiert. Man sagte, man mache damit den Holocaust billig, man entwerte ihn damit. So argumentierte die Mehrheit der Bevölkerung. Diese banalisierende Verwendung von Naziparolen macht selbst vor der höchsten Regierungsspitze nicht halt. Anfang Juli 2008 besuchte der damalige Außenminister Frank-Walter Steinmeier Israel. Das aktuelle Gesprächsthema war damals der Druck, den die Amerikaner auf die israelische Regierung ausübten, um sie zu veranlassen, jeglichen Siedlungsbau in den besetzten Gebieten sofort zu stoppen und letztendlich die Räumung der Siedlungen zu erwirken. Da Steinmeier die amerikanische Haltung unterstützte, erklärte Netanjahu in einer anschließenden gemeinsamen Pressekonferenz, dass das Westjordanland nicht »judenrein« sein werde. Am nächsten Morgen wurde ich in einem Radiointerview zu dieser Äußerung Netanjahus befragt. Ich hatte drei

Einwände: Zunächst, sagte ich, unterstelle man dem Vertreter der Bundesrepublik – des Landes, das mehr als irgendein anderes in der Welt Gewissenserforschung betreibt – indirekt Nazigedankengut. Zweitens hege niemand, weder die Amerikaner noch die Europäische Union und schon gar nicht die Deutschen, den Wunsch eines »judenreinen« Westjordanlandes. Es gehe nur darum, dass die Siedler nicht im Westjordanland herrschen sollten. Würden sie im Rahmen eines Palästinenserstaates unter entsprechenden Gesetzen als palästinensische Bürger oder als Ausländer dort leben wollen, würde keiner, auch nicht die meisten Mitglieder der palästinensischen Regierung in Ramallah, Einwände dagegen haben. Und drittens ist meiner Meinung nach die Bagatellisierung der präzedenzlosen Naziverbrechen durch Vergleiche ein gravierender Fehler, der vor allem uns selbst schadet.

VORURTEIL 5

Auschwitz ist ein profitables Unternehmen der Juden

Viele Deutsche meinen, dass die Juden bereits unmittelbar nach Ende des Zweiten Weltkriegs Entschädigungsgelder von Deutschland erpressen wollten. Kaum hatten die Zahlungen begonnen, wurden schon Stimmen laut, die Juden schlügen aus dem Holocaust Profit und beuteten den deutschen Steuerzahler materiell aus. Dieser Tenor setzt sich bis heute fort.

Der Ansatz mag für jene durchaus schlüssig sein, die der Überzeugung sind, 1949 sei ein »anderes Deutschland« entstanden, wie Ben Gurion sich lobend über die Bundesrepublik geäußert hat. Es existiere auf den Trümmern eines Staates, mit dessen Zielen es keinerlei Übereinstimmung gebe, und somit auch gegenüber den Opfern des Nationalsozialismus keinerlei moralische Verpflichtung. Aber selbst in den Reihen derer, die meinen, dass eine solche Schuld durchaus bestehe, ist die Ansicht, die Deutschen zahlten zu viel Geld an zu viele Menschen und zu lange, durchaus keine Ausnahmeerscheinung. (Siehe dazu die Ergebnisse der Meinungsumfragen im Kapitel »Der antisemitische Phönix steigt wieder aus der Asche«, S. 247 ff.)

Durch eine sorgfältige Betrachtung der deutschen »Entschädigungsmaschinerie« einschließlich des sogenannten

»Wiedergutmachungsvertrags« und der umfangreichen Gesetzgebung zu diesen Zahlungen lässt sich auf Basis von Fakten erhellen, wie viel der deutsche Steuerzahler tatsächlich aus seiner Tasche zahlt und an wen. Entschädigt im Sinne eines gleichwertigen Ersatzes für den Verlust aber wurde sicher niemand, und eine Wiedergutmachung als Beseitigung der Folgen des begangenen Unrechts bleibt stets unvollständig. Bevor wir uns der Frage der »Ausbeutung« des deutschen Steuerzahlers zuwenden, wollen wir zunächst klären, um wen es im Zentrum der Debatte ging.

Über die Zahl der Holocaust-Überlebenden wurde nicht wenig debattiert. So warf zum Beispiel Norman Finkelstein den jüdischen Organisationen vor[51], sie hätten sich an Entschädigungsgeldern bereichert, indem sie die Zahl der Opfer überhöht hätten. Es seien nämlich nicht nur solche Menschen eingerechnet worden, welche die Konzentrationslager oder die Todesmärsche überlebt hätten. Wir wissen, dass während des Holocaust etwa sechs Millionen Juden ermordet wurden. Vor dem Krieg lebten in den vom Deutschen Reich besetzten Teilen Europas neun Millionen Juden.[52] Darf man die drei Millionen, die nicht ermordet wurden, wirklich nicht insgesamt als Shoah-Opfer anerkennen?

Bei dieser Debatte bewegen wir uns auf Glatteis. Ist Michael Blumenthal, der derzeitige Präsident des Jüdischen Museums von Berlin und ehemalige amerikanische Finanzminister, ein Holocaust-Überlebender? Seine jüdische Familie verließ 1938 Berlin, ihre Heimatstadt, als eine Flucht noch möglich war. Ihr Weg führte sie über Sibirien bis ins chinesische Shanghai. Unterwegs litt die Familie mitunter so große Not, dass sie in akute Lebensgefahr geriet. Sie musste zahllose Schwierigkeiten überwinden, darunter nicht zuletzt den Überlebenskampf in einem japanischen Internierungslager –

all dies ist Lichtjahre von einem »normalen« Leben entfernt. Der Familienbesitz wurde derweil in Berlin von den Nazis konfisziert, ein erheblicher materieller Schaden. Sicherlich, der junge Blumenthal war in keinem Konzentrationslager interniert. Aber auch fünf Jahre voller Not und Leid, der Verlust von Heimat, kulturellem Hintergrund und den in Berlin zurückgebliebenen Angehörigen fallen ins Gewicht.

Gilt zum Beispiel die Autorin Inge Deutschkron, die während des Krieges in Berlin »untergetaucht« war, als Shoah-Überlebende? Ihr war es nicht mehr gelungen, Berlin zu verlassen. Vier Jahre lang war sie gezwungen, unter einer falschen Identität von einem Versteck ins andere zu wechseln, stets begleitet von der Angst, die Gestapo könne sie entdecken. Etwa 15 000 Juden versuchten, auf diese Weise im nationalsozialistischen Berlin zu überleben, nur einem Zehntel davon gelang es letztlich, den Fängen der Nazischergen zu entkommen. Auch Inge Deutschkron entging der Deportation in ein Konzentrationslager. Muss sie nicht dennoch als Holocaust-Überlebende gelten?

Nehmen wir als letztes Beispiel Jack Kagan, der sich nach seiner Flucht aus dem Getto Novogrodek in den Wäldern versteckte und dort wie ein gejagtes Tier lebte, nachdem er seine Familie und seine gesamte Habe verloren hatte. Auch er nahm seinen Weg nicht über die Konzentrationslager. Ist er kein Holocaust-Überlebender?

Bei oberflächlicher Betrachtung scheint es einfach zu behaupten, die Juden hätten die Zahl der Überlebenden übertrieben. Tatsächlich hat niemand zu irgendeinem Zeitpunkt der Debatte die Position bezogen, jeder, der der Ermordung der Nazis entkommen sei, müsse automatisch als Überlebender gelten. Doch ein Gültigkeitsbereich für mögliche Entschädigungen musste in jedem Vertrag, jedem Gesetz, jeder Forderung und jedem Angebot festgelegt werden.

Allgemein herrscht die Überzeugung vor, die Entschädigungszahlungen seien eine jüdische Idee gewesen. Mit der Realität hat dieses Vorurteil jedoch nichts gemein. Die erste Körperschaft, die erklärte, sie würde Deutschland nach dem Krieg auf Reparationen und Rückerstattung von Besitz verklagen, war die polnische Exilregierung in London, und das bereits im Jahr 1940. Weitere Exilregierungen folgten dem Beispiel der Polen und gaben ähnliche Erklärungen ab. Im Januar 1943 erhielten die Forderungen mit der *Londoner Deklaration* internationale Gültigkeit, da 17 Regierungen und das französische Nationalkomitee die nationalsozialistischen Enteignungen in den besetzten Gebieten als nicht zulässig und damit für ungültig erklärten. In diesem Rahmen und zu diesem Zeitpunkt spielten spezifisch jüdische Belange überhaupt keine Rolle. Die Juden hatten niemanden, der ihre Partei vertrat, keiner fragte sie und keiner sprach in ihrem Namen. Sie wurden im Zusammenhang mit möglichen Entschädigungen nicht gesondert erwähnt.

Die erste Forderung der Juden als Kollektiv erfolgte durch Nahum Goldmann, dem Präsidenten des *World Jewish Congress*, 1941. Unmittelbar nach Kriegsende, am 20. September 1945, wandte sich Dr. Chaim Weizmann, der Präsident der *Jewish Agency* und spätere erste Staatspräsident Israels, mit einem Brief an die vier alliierten Siegermächte. Er forderte eine Berücksichtigung des jüdischen Volkes bei den Reparationsverhandlungen. Über die Tatsache hinaus, dass die Alliierten nun die Herrschaft über Deutschland besaßen und somit auch für deutsche Entschädigungsleistungen zuständig waren, entsprang dieser Antrag an die Siegermächte und nicht an die Deutschen dem jüdischen Wunsch, sich durch keinerlei Kontakt mit den Mördern zu beschmutzen. Sechs weitere Jahre sollten verstreichen, bis der Staat Israel diese von Weizmann eingeschlagene Vermittlungsstrategie aufgab. Weizmann forderte in seinem damaligen Schreiben eine Entschädigung von zwei Milliarden Pfund Sterling, etwa sechs Milliarden Dollar.[53] Was seinen Antrag zum Scheitern brachte, bevor dieser überhaupt debattiert wurde, war der lautstarke und grenzübergreifende Protest antizionistischer jüdischer Gruppierungen wie zum Beispiel der Ultraorthodoxen. Sie verwahrten sich gegen den Versuch der *Zionistischen Bewegung*, im Namen des gesamten jüdischen Volkes zu sprechen und Forderungen zu stellen.

Auf der Basis einer Reihe von Sonderregelungen, die die amerikanischen Besatzungsbehörden veröffentlichten, erfolgten 1946 die ersten Klagen auf Rückerstattung konfiszierten jüdischen Besitzes – frühe Knospen jenes Phänomens, das später zum Problem »persönliche Entschädigungen« werden sollte. Schon damals reagierten die deutschen Medien auf diese Forderungen mit einer Welle öffentlicher Entrüstung, die auch eines direkten antisemitischen Untertons nicht entbehrte.

Der Großteil der Juden in der westlichen Welt aber wollte damals überhaupt keine Entschädigungsanträge einreichen – zumindest nicht als Juden, sondern als vom nationalsozialistischen Unrecht betroffene europäische Bürger. Viele von ihnen wollten nicht länger die Rolle des jüdischen Opfers spielen. Sie zogen es vor, sich wieder in ihre ehemaligen Heimatnationen zu integrieren, von denen die Nazis sie gewaltsam getrennt hatten. So verhielt es sich zum Beispiel mit den Juden Frankreichs: 75 Prozent von ihnen waren von ihren französischen Mitbürgern gerettet worden – und das obwohl die Vichy-Regierung mit den Nazis kollaborierte – und wollten als französische Opfer betrachtet und auch als solche entschädigt werden. In den Jahren 1959 bis 1964 unterzeichnete die Bundesrepublik Deutschland globale Entschädigungsabkommen mit zwölf souveränen westeuropäischen Staaten – in einer Größenordnung von insgesamt 971 Millionen DM.[54] Die Holocaust-Opfer der westlichen Welt wurden somit in ihren eigenen Heimatländern nach allgemeinen Kriterien entschädigt, jedoch nicht als Juden.

In Israel herrschte während der ersten Jahre nach der Staatsgründung 1948 ein öffentlicher Konsens darüber, niemals irgendeinen Kontakt zu den Deutschen zu unterhalten, geschweige denn Beziehungen zu pflegen oder gar »Blutgeld« von diesen anzunehmen. Um zu verstehen, warum der Staat Israel dann doch knapp drei Jahre nach seiner Unabhängigkeitserklärung direkte Verhandlungen mit der Bundesrepublik aufnahm, muss man die Umstände seines Entstehens näher beleuchten.

Israel entstand während eines Krieges. Dieser brach aus, unmittelbar nachdem die UN-Vollversammlung 1947 eine Beendigung der britischen Kolonialherrschaft über Palästina beschlossen und einen Teilungsplan abgesegnet hatte. Das Gebiet sollte fortan in zwei etwa gleich große Teile geschieden werden – eines für die arabischen Einwohner Palästinas, die dort ihren souveränen Staat gründen sollten, das andere für die Juden des Landes zum selben Zweck. Nicht alle waren mit dieser Lösung zufrieden. Die meisten Juden aber, die endlich eine eigene nationale Heimstätte bekommen wollten, selbst wenn diese nicht alle Gebiete ihres biblischen Besitzes umfassen sollte, waren glücklich. Am größten war die Freude darüber, dass die Holocaust-Überlebenden, deren Einwanderung die Briten bis dato verhindert hatten, endlich einen Zufluchtsort fanden und frei ins Land einreisen konnten.

Die einheimischen Araber definierten sich damals noch nicht als Palästinenser, sondern betrachteten sich als eine Art arabischer Patrioten – mit dem Ehrgeiz, die ganze Region in einen panarabischen Staat zu verwandeln. Dieser sollte sämtliche arabischen Staaten und den gesamten Nahen Osten umfassen. Dass auf solch »arabischer Erde« keine fremde Identität und schon gar kein jüdischer Staat existieren durften, war klar. Noch vor seiner offiziellen Unabhängigkeit am 14. Mai 1948 wurde der eben erst aus dem Ei schlüpfende jüdische Staat von einheimischen Arabern angegriffen, sehr bald jedoch bekamen diese Verstärkung aus den Nachbarstaaten. Sie alle hatten ein offen erklärtes Ziel: den jüdischen Staat im Keim zu ersticken. Als ihnen das nicht gelang und sich Israel im Unabhängigkeitskrieg behauptete, hielt die arabische Welt den Kriegszustand aufrecht und griff zu einem umfassenderen Mittel, um das Land zu zerstören: durch wirtschaftlichen und politischen Boykott. Der junge Staat, der noch an den Wunden seines Unabhängigkeitskrieges litt, befand sich in einer schweren Lage. Hinzu kam, dass die Briten die Devisen, welche die *Jewish Agency*, die de facto autonome Behörde der Juden im britischen Palästina, in England vor der Unabhängigkeitserklärung angelegt hatte, konfiszierten. Da es keine Handelsbeziehungen zu den Nachbarstaaten gab, befand sich Israels nationale Wirtschaft praktisch im Belagerungszustand. Die Landwirtschaft allein reichte nicht aus, Industrie war kaum vorhanden. Wie sollte sich dieser Staat verteidigen, auf welche Weise Waffen für seine Verteidigung importieren, und vor allem, wie sollte er ohne minimale Basis einer eigenen funktionierenden Ökonomie die Flüchtlinge aufnehmen und ohne jegliche Investitionen eine Wirtschaft aufbauen? Weder ausländische Investoren noch Regierungen waren bereit, in dieses labile Land zu investieren. Fast alle Regierungen der Welt, einschließlich der Vereinigten Staaten, hielten auf Distanz. Diese internationale Haltung war nicht zuletzt dem Druck der verärgerten Briten zu verdanken. Letztere konnten den Juden Palästinas nicht verzeihen, dass ihr hartnäckiger Widerstand letztlich zum Ende der britischen Kolonialherrschaft geführt hatte. Hauptursache der allgemeinen Abgrenzung von Israel jedoch war der Einfluss, der von den zahlreichen, oft erdölreichen und somit ökonomisch bedeutenden arabischen Staaten ausgeübt wurde.

Der Judenstaat war dringend auf Investitionen angewiesen, um ein wirtschaftliches Fundament aufzubauen. Die schlichte Tatsache, dass so viele der entwurzelten Juden in Israel Zuflucht suchten, machte die Notwendigkeit einer Basis noch viel dringlicher. Diese Menschen brauchten eine neue Heimat, denn die Shoah-Überlebenden konnten nicht nach Hause zurückkehren, weil es dieses Zuhause nicht mehr gab. So entstand die Idee, in Form von Entschädigungszahlungen nach deutschen Investitionen zu suchen. Wie jedoch sollte dies vonstatten gehen, wenn man grundsätzlich nicht zu Beziehungen irgendwelcher Art mit Deutschland bereit war und wenn völlig klar war, dass die Bevölkerung keinerlei Kontakte dieser Art dulden würde? Nicht nur eine bilaterale Beziehung zwischen dem jüdischen Staat und den Deutschen wurde von der Öffentlichkeit rigoros abgelehnt, auch auf individueller Ebene waren die Juden – nicht nur Israels, sondern der ganzen Welt – emotional zu einer solchen Verständigung nicht bereit. Die israelische Regierung und die jüdischen Organisationen mussten eine Lösung finden.

Ein potenzieller Weg war die Wiederaufnahme jener Strategie, die Weizmann schon 1945 ohne Ergebnis verfolgt hatte. Also wandten sich die Israelis am 12. März 1951 zum zweiten Mal an die vier Besatzungsmächte mit der Bitte, sie möchten doch für Entschädigungen vonseiten Deutschlands sorgen.[55] Die Summe, die Israel diesmal nannte, war allerdings bedeutend niedriger und belief sich nur noch auf anderthalb Milliarden Dollar. Frankreich, Großbritannien und die Vereinigten Staaten antworteten im Juni 1951, man werde sich bemühen, empfehle jedoch dringend, mit den Deutschen selbst zu reden. Die Russen hielten es übrigens für unnötig, auf diese Bitte überhaupt zu reagieren. Sie waren viel zu sehr damit beschäftigt, die von ihnen besetzte Zone zu ihrem eigenen Vorteil auszubeuten. Als Ergebnis dieser Haltung zahlte die DDR überhaupt keine Entschädigungsleistungen – selbst eine Entschuldigung gegenüber Israel ließ bis zum April 1990 auf sich warten.[56] Während des Zeitraums zwischen dem zweiten Antrag und der Antwort der Großmächte hatte Israel allerdings bereits damit begonnen, sich deren ursprüngliche Empfehlung zu Herzen zu nehmen, und führte erste Vorfühlgespräche zwischen »inoffiziellen« Vertretern. Dass diese streng geheim gehalten wurden und man dennoch weiter versuchte, mit den Alliierten voranzukommen, lag natürlich an der feindseligen öffentlichen Meinung in beiden Ländern. Was die Gespräche dennoch ermöglichte, war die erhebliche Kluft zwischen dieser öffentlichen Meinung und der Haltung, für die sich die Führer der beiden betroffenen Staaten entschieden. Schon 1949 erwähnte Adenauer in einem Interview mit dem jüdischen Wochenblatt *Allgemeine Wochenzeitung der Juden in Deutschland* die Möglichkeit, dass Westdeutschland die Juden mit zehn Millionen Mark – rund zwei Millionen Dollar – entschädigen würde.[57] Trotz der Lächerlichkeit der genannten Summe war also der Gedanke einer finanziellen Entschädigung Adenauer nicht fremd, und das noch bevor irgendein Ersuchen seitens der Juden oder Israels erfolgt war. Sein israelischer Amtskollege David Ben Gurion vertrat eine Einstellung, die im krassen Gegensatz zu der seiner einheimischen Öffentlichkeit stand. Er bestritt die allgemeine

Haltung, man müsse Deutschland für alle Zeiten aus dem Bewusstsein löschen, und vertrat den Standpunkt, Israel dürfe sich nicht gegen einen realpolitischen Ansatz sperren: Deutschland stelle innerhalb der Völkergemeinschaft nach wie vor ein zentrales Element dar und werde dies voraussichtlich auch bleiben.

Am meisten beeindruckte Ben Gurion die Gründung der Bundesrepublik. Den Protesten seiner Landsleute zum Trotz erklärte er, ein »anderes Deutschland« sei geboren. Er ergänzte dies sogar mit dem Gedanken, Israel habe die moralische Pflicht, dieses Deutschland weitmöglich zu unterstützen, damit es wirklich danach strebe, anders zu sein und auch seine Jugend anders zu erziehen. Aber auch die Deutschen hatten seiner Meinung nach eine moralische Pflicht. Es sei nicht realistisch, erklärte Ben Gurion, von den Deutschen zu verlangen, die Juden für jeden ihrer ermordeten Brüder oder für all die Erniedrigungen, Folterungen und den Raub ihrer Menschenwürde zu entschädigen. Weiter sagte er, sogar die Rückerstattung des geraubten jüdischen Besitzes könne von den Deutschen nicht erwartet werden. Es sei jedoch deren moralische Pflicht, jenen zu helfen, die den Holocaust überlebt hatten, abgrundtief verwundet an Leib und Seele, damit diese sich in Israel ein neues Heim schaffen könnten. Mit dem Aufbau eines neuen Heims für die Überlebenden meinte Ben Gurion in erster Linie die Unterstützung des Staates Israel, das Schaffen einer nationalen wirtschaftlichen Infrastruktur, die diesem ermöglichen würde, die Flüchtlinge und Überlebenden der Konzentrationslager zu integrieren, die Israel innerhalb von wenigen Monaten überstürzt aufnahm. Völlig mittellos kamen Hunderttausende ins Land. Ihnen zu helfen hieß schlicht dem Staat Israel zu helfen, dessen Bevölkerungszahl sich im Lauf von zwei Jahren verdoppelt hatte[58], ohne dass der Staat für deren Unterstützung die Mittel besaß.

Am 27.9.1951 war Ben Gurion beeindruckt von einer Erklärung des deutschen Kanzlers vor dem Bundestag. Adenauer erkannte die Verantwortung an, die das deutsche Volk aufgrund der »in seinem Namen« verübten Verbrechen gegen das jüdische Volk trug, und rief zu einer historischen Versöhnung auf.[59] Das Parlament bestätigte die Erklärung des Kanzlers durch eine stille Gedenkminute für die Opfer des Nationalsozialismus. Am 13. Dezember gelang es Ben Gurion, in der Regierungspartei *Mapai* den Vorschlag durchzusetzen, mit der Bundesrepublik Verhandlungen über ein Entschädigungsabkommen für die Holocaust-Opfer zu »eröffnen«[60]. Bis Monatsende wurde der Antrag auch von der Regierung abgesegnet und zur Debatte an die Knesset weitergeleitet, wobei diese Debatte sich als eine der stürmischsten und gewalttätigsten in der Geschichte Israels erweisen sollte. Die Mehrheit der Bevölkerung war empört, dass die Regierung mit den Deutschen verhandelte. Entschädigungszahlungen waren absolut unpopulär, man wollte das »Blutgeld« nicht. Am 9.1.1952 wurde der Vorschlag vom israelischen Parlament angenommen, und am 20.3.1952 begannen im holländischen Städtchen Wassenaar die offiziellen Verhandlungen zwischen den Delegationen Deutschlands, Israels und der *Claims Conference*, einer Organisation der Juden außerhalb Israels, die zu diesem Zweck gegründet worden war.

Die Verhandlungen verliefen zweigleisig. Die Israelis sprachen über Reparationen für das jüdische Volk, sprich den Staat Israel, die diesem ermöglichen würden, die Überlebenden der Konzentrationslager aufzunehmen. Israel forderte dafür eine Summe von 1,5 Milliarden Dollar – etwa 6,3 Milliarden DM –, die auf den Integrationskosten einer halben Million Überlebender basierte – 3000 Dollar pro Person. Die jüdischen Organisationen und vor allem die eigens zu diesem Zweck gegründete *Claims Conference* unter Leitung von Nachum Goldmann – im Ersten Weltkrieg noch ein deutscher Patriot in paradoxer Lage zwischen Fremdsein und Vertrautsein und später Präsident des *Jüdischen Weltkongresses* – kümmerten sich um persönliche Renten und Entschädigungen.

Israel stützte sich also nicht mehr auf die Forderung, die Weizmann an die Siegermächte gestellt hatte – sechs Milliarden Dollar als Entschädigung für den von den Nazis geraubten jüdischen Besitz –, sondern reduzierte seinen Anspruch um 75 Prozent. Die Juden forderten also von Anfang eine bescheidene Summe. Sie bezogen sich dabei nur auf die überlebenden Opfer, nicht auf die Ermordeten. Für die Ermordung von Millionen Menschen und für deren Besitz wurden keinerlei Entschädigungen verlangt. Die einfache juristische Grundregel, die Höhe des Schadensersatzes habe der Höhe des Schadens zu entsprechen, wurde hierbei nicht angewandt. Bei einer Einschätzung, die Nehemiah Robinson eine Dekade später vornahm, kam er zu dem Resultat, die Gesamthöhe des materiellen Schadens, der den Juden unter der Naziherrschaft entstanden war, habe sich zwischen 27 und 32 Milliarden Dollar bewegt.[61] Mit anderen Worten, Israel forderte als Entschädigung etwa fünf Prozent.

Gleich zu Beginn der Gespräche reduzierte Israel die verhandlungsgegenständliche Summe de facto bereits um 33 Prozent, denn von den anderthalb Milliarden Dollar sollte die DDR eine halbe Milliarde bezahlen, diese saß jedoch gar nicht am Verhandlungstisch. Diese Klausel bedeutete keineswegs, dass Israel dem Wunsch der Deutschen nach Reduktion der Entschädigungssumme nachgegeben hatte. Es fand sich ja einem Verhandlungspartner gegenüber, der erklärte, der einzige deutsche Staat zu sein, der alle Deutschen vertrete. Die Israelis hatten a priori vorgesehen, ein Drittel der Forderung abzuziehen, da die DDR nicht die leiseste Absicht hatte zu verhandeln, geschweige denn zu zahlen. So betrug die Grundforderung also lediglich eine Milliarde Dollar. Über diesen israelischen Anspruch hinaus verlangte die *Claims Conference* eine halbe Milliarde Dollar für persönliche Entschädigungen, schraubte ihre Ansprüche jedoch drastisch auf 500 Millionen DM zurück. Trotz dieser »bequemen« Ausgangsbedingungen, welche die Juden stellten, boten die Deutschen ihnen lediglich eine Summe von 750 Millionen Dollar (3,15 Milliarden DM) an, die sie später sogar noch auf 715 Millionen Dollar (3 Milliarden DM) herunterschraubten. Die sechs Milliarden Dollar (25,2 Milliarden DM), die Weizmann nach Kriegsende als angemessene Entschädigung gefordert hatte, schienen weiter entfernt zu sein denn je zuvor.

Die Israelis waren inzwischen nahe daran, die Verhandlungen scheitern zu lassen, kehrten jedoch letztendlich nach Wassenaar zurück. Die Deutschen ihrerseits fürchteten sich davor, dass ein erfolgloser Abbruch der Verhandlungen den sogenannten *Deutschlandvertrag* beeinflussen könnte. Darin ging es um die Bestimmung eines Termins zur Beendigung des Besatzungszustands, den Beitritt der Bundesrepublik zur Europäischen Verteidigungsgemeinschaft sowie die Aufnahme Westdeutschlands als souveräner Staat in die Familie der freien Völker. Die Verhandlungen mit den Opfern des Nationalsozialismus zu verlassen und die Tür hinter sich ins Schloss zu werfen – etwas Derartiges konnten sich die Deutschen nicht erlauben. Aber auch die Israelis hatten ihre, wenngleich sorgsam versteckten Ängste: Sie befürchteten, mit leeren Händen zurückzubleiben. Deutschland würde ein legitimes Mitglied Europas werden, und das Fehlen eines »jüdischen Koscherstempels« würde dabei im Laufe der Jahre keine Belastung mehr sein.

Im August 1952 kamen die Parteien schließlich zu einer Einigung, das Datum für die Unterzeichnung des Abkommens wurde auf den 10. September desselben Jahres festgelegt. Im Lauf der Zeit hatten die Deutschen jedoch zwei weitere Forderungen gestellt, die eine hochinteressante Lektion zum Thema »jüdische Raffgier« sein könnten. Aus der Episode der Forderung nach Rückerstattung beschlagnahmten deutschen Besitzes in Israel lässt sich durchaus etwas über den kleinkrämerisch-juristischen Charakter der deutschen Verhandlungsführung lernen. Es handelte sich dabei um das Eigentum von zwei deutschen Templergemeinden, die im 19. Jahrhundert aus Schwaben emigriert waren und sich in Palästina niedergelassen hatten. Mit Ausbruch des Zweiten Weltkriegs wurden sie von den britischen Landesherren als Bürger des Feindstaates betrachtet und in Haft genommen. Ihr Besitz wurde konfisziert. Im Rahmen eines Kriegsgefangenenaustauschs kehrten zahlreiche schwäbische Templer noch während des Krieges nach Deutschland zurück. Ihr Besitz blieb in Händen der Briten und ging dann automatisch, gewissermaßen als Erbe, auf den neu gegründeten israelischen Staat über. Und nun forderte Deutschland, diesen Templerbesitz in den entstehenden Entschädigungsverträgen zu berücksichtigen – und setzte sich damit durch, wenngleich diese Vermögensfrage nicht integriert im deutsch-israelischen Abkommen, sondern gesondert vereinbart wurde. Dabei muss wohl kaum erwähnt werden, dass es in diesem Zusammenhang keinerlei Problem damit hatte, im Namen aller Deutschen zu sprechen, und dass es dabei auch nicht auf jenes Drittel des Templerbesitzes verzichtete, das im Rahmen eines späteren Vertrages an Ostdeutschland zurückerstattet werden sollte. Ein Drittel der Templer war in den Dreißigerjahren Mitglied der NSDAP, deren regionaler Leiter in Palästina Ludwig Buchhalter war. Die Internetplattform *Eines*

Tages des *Spiegel* veröffentlichte am 13. Mai 2009 einen Artikel von Ralf Balke, Autor des Buches *Hakenkreuz im Heiligen Land: die NSDAP-Landesgruppe Palästina*. Balke zitierte Buchhalter, der ihm erzählt hatte, er habe von der Bundesregierung 16 000 US-Dollar für seine Wohnung in Palästina erhalten.[62] Und tatsächlich hat die Bundesregierung die israelischen Entschädigungsgelder zugunsten der Templer nicht für sich behalten, sondern sie an die Templer, auch an die Nazis unter ihnen, weitergeleitet.

Die zweite deutsche Forderung lautete, die israelischen Holocaust-Überlebenden aus dem Kreis derjenigen auszuklammern, die Anspruch auf persönliche Entschädigungen hatten. Diese Gelder sollten stattdessen Teil jener Gesamtsumme sein, die Israel im Rahmen des Abkommens bekommen werde. Selbst Franz Böhm, der die deutsche Delegation bei den Wiedergutmachungsverhandlungen leitete, zeigte sich verblüfft, als das deutsche Finanzministerium ihn mit dieser Forderung überraschte: »Diese Angelegenheit ist bei den Gesprächen in Wassenaar überhaupt nicht zur Sprache gekommen und wurde erst aufgebracht, als man bereits auseinanderging. Wer hätte gedacht, dass die israelische Regierung einer den Anspruchsberechtigten gegenüber so ungerechten Forderung zustimmt, die im letzten Moment vorgebracht worden ist?«[63] In Jerusalem jedoch vermutete man, dass es unter den ins Land gekommenen Überlebenden nicht allzu viele Behinderte gäbe, die diese individuelle Unterstützung benötigen würden und dass sich daher die Ausgaben für diese auf zwanzig Millionen Mark beschränken würden. Diese Summe war es in den Augen der Israelis nicht wert, die Diskussion hinauszuzögern. Daher ließ man sich auf die vermeintlich »geringfügige« Korrektur ein.

Nahezu fünf Jahre sollten vergehen, ehe man in Israel die Tragweite dieses Irrtums begriff.[64] 1957 wurde im Land das

Behindertengesetz für NS-Verfolgte verabschiedet, das die Entschädigung invalider Überlebender regeln sollte. Dabei stellte sich heraus, dass deren Zahl weitaus größer war, als man seinerzeit in Jerusalem und Wassenaar geschätzt hatte. 1962 war bereits klar, dass Israel für die Umsetzung dieses Gesetzes im Lauf von nur acht Jahren schon sechshundert Millionen Mark gezahlt hatte. Im Januar desselben Jahres wandte sich der israelische Fiskus an die Bundesrepublik mit der Bitte, den Paragrafen neu zu überdenken. Deutschland weigerte sich hartnäckig. Schließlich wurde nach weiteren sieben Jahren eine einmalige Zusatzleistung für die Holocaust-Überlebenden bewilligt, eine Summe von 350 Millionen Mark. Israels Ausgaben für die Behindertenrenten der Naziopfer beliefen sich zwischen 1954 und 2004 auf 3,5 Milliarden Dollar. Das bedeutet, dass Israel den Holocaust-Opfern wesentlich mehr Entschädigung bezahlt hat als Deutschland.

Sechs Monate hartnäckiger Verhandlungen waren in Wassenaar nötig, bevor die Delegationen deren Ergebnis schließlich absegnen konnten. Die feierliche Unterzeichnung fand am 10. September 1952 im Rathaus von Luxemburg statt. Adenauer selbst unterschrieb im Namen der Bundesrepublik, Israel wurde von seinem Außenminister Moshe Sharett vertreten. Die endgültige Summe belief sich auf 3,45 Milliarden DM, etwa 820 Millionen Dollar. Israel sollte dieses Geld im Lauf der folgenden zwölf Jahre erhalten, zwei Drittel davon in Form von Waren, weitere 30 Prozent zum Kauf von Rohöl.[65] Israel selbst musste davon 450 Millionen Mark an die *Claims Conference* weiterleiten, zur Entschädigung jener Shoah-Überlebenden, die nicht im Lande lebten. Der *Wiedergutmachungsvertrag* war ein bilaterales Abkommen zweier souveräner Staaten über eine kollektive Entschädigung. Die Verhandlungen über die persönlichen Entschädigungen, welche die Bundesrepublik Deutschland mit der *Claims Conference* führte, wurden von zwei Protokollen gestützt: Das *Haager Protokoll Nr. 1* stellte die Grundlage für eine zukünftige deutsche Gesetzgebung zur persönlichen Entschädigung von Opfern dar, und *Protokoll Nr. 2* verankerte die Art, wie die Gelder über Israel an die *Claims Conference* weitergeleitet werden sollten. Israel verpflichtete sich in einer gesonderten Vereinbarung, der Bundesrepublik für den Besitz der Templer 54 Millionen Mark zu zahlen, und nahm es auch auf sich, die Last der persönlichen Entschädigung jener Holocaust-Überlebenden zu übernehmen, die israelische Staatsbürger waren.

Im August 1952 waren nach einer *Allensbach-Umfrage* 44 Prozent der Deutschen der Überzeugung, dass die Zahlungen an Israel überflüssig seien, 26 Prozent hielten diese für grundsätzlich gerechtfertigt, aber überzogen, 21 Prozent hatten keine Meinung und nur 11 Prozent waren dafür.[66] Möglicherweise war es diese öffentliche Meinung, die das deutsche Finanzministerium zu jenen Veränderungen bewegte, die es in letzter Minute in die Verhandlungen einbrachte. Der Vertrag war in beiden Staaten nicht sonderlich populär, und nach seiner feierlichen Unterzeichnung in Luxemburg sollten noch sechs Monate verstreichen, bevor er im März 1953 von den Parlamenten in Jerusalem und in Bonn ratifiziert wurde.

Waren die Juden die Ersten und Einzigen, die von der Bundesregierung Entschädigungen bekamen? Nein, weder erhielten sie noch andere Völker exklusiv Gelder. Es waren die Deutschen selbst und darunter sogar Nazis, die nicht nur als Erste, sondern auch mit den höchsten Summen entschädigt wurden. Schon nach nur zwei Jahren bekamen sie vom westdeutschen Staat großzügigste Leistungen, die weit über dem lagen, was die jüdischen Opfer erhielten. Diese Zahlungen basierten auf der Haltung, dass Deutschland, wie jeder andere Staat auch, zunächst einmal für das Wohlergehen seiner eigenen Bürger zu sorgen habe. Die Bundesrepublik hat die Tatsache, dass es infolge des Krieges zahlreiche Opfer gab, die entschädigt werden müssten, niemals bestritten. Das waren jedoch ihrer Meinung nach stets Deutschlands eigene Opfer. Schon im Oktober 1950 verabschiedete der Bundestag ein erstes Entschädigungsgesetz namens *Gesetz über die Versorgung der Opfer des Krieges – BVG*. Dieses verlieh deutschen Kriegsgeschädigten einen Anspruch auf Unterstützung, Entschädigungen und monatliche Renten. Es umfasste nicht nur jene Bürger, die durch die Bombardierung oder Besatzung geschädigt worden waren, sondern auch verletzte und behinderte ehemalige Wehrmachtsangehörige und aus der Gefangenschaft zurückgekehrte Soldaten, deren Rechte bereits noch früher durch das im Juni vom Bundestag verabschiedete *Gesetz über Hilfsmaßnahmen für Heimkehrer* grundsätzlich geregelt worden waren. Voraussetzung für einen Berechtigungsanspruch war die deutsche Staatsbürgerschaft oder die deutsche Volkszugehörigkeit. Letztere umfasste auch Nichtdeutsche, die militärisch oder auf andere Weise mit Deutschland verbunden gewesen waren. Die Geschädigten-Renten wurden dem Durchschnittseinkommen angeglichen und galten nach dem Ableben eines Anspruchsberechtigten auch für die Erben. Zu der langen Reihe der Vergütungen zählten unter anderem Zahnbehandlungen und Bestattungskosten. Anträge auf solche Renten und Entschädigungen durften bis 1999 eingereicht werden, Klagen auf Besitzschäden bis Ende 1995.

Im Mai 1951 erließ die Bundesrepublik ihr zweites Entschädigungsgesetz namens *Gesetz zur Regelung der Wiedergutmachung nationalsozialistischen Unrechts für Angehörige des öffentlichen Dienstes – BWGöD.* Dieses galt Mitarbeitern des öffentlichen Dienstes, die von den Nazis geschädigt worden waren, und war somit das erste Gesetz, das Deutsche für nationalsozialistisches Unrecht »entschädigte« und nicht nur für Kriegsschäden. Das Gesetz galt zunächst nur für Bürger der BRD, später wurde es auch auf diejenigen erweitert, die aus dem ehemaligen Reichsgebiet eingewandert waren. Bei dieser Wiedergutmachung ging es nicht nur um direkte Schäden, sondern auch um nicht verwirklichtes berufliches Potenzial. Am selben Tag verabschiedete der Bundestag auch das sogenannte *131er-Gesetz,* das denjenigen Beamten Entschädigungen und Rückerstattungen versprach, die im Lauf des Entnazifizierungsprozesses ihren Arbeitsplatz oder ihre Dienststellung nach 1945, z. B. durch Auflösung der Beamtenstruktur in den besetzten Gebieten beim Rückzug der Deutschen, verloren hatten.

Die »Vertriebenen aus dem Osten« waren während der ersten Jahre der Bundesrepublik eines der größten Probleme. Schon vor Kriegsende hatten sich Tausende und Abertausende von Volksdeutschen den fliehenden Wehrmachtskräften angeschlossen und waren mit diesen in Richtung Westen gezogen. Ein ungeheurer Flüchtlingsstrom hatte sich in den ersten beiden Jahren nach dem Krieg über Deutschland ergossen. Ein Teil davon war auf eigene Initiative geflohen, der andere aus den Ländern Osteuropas vertrieben worden. Zweihunderttausend Flüchtlinge kamen aus Ungarn, fünfhunderttausend aus Jugoslawien, zweihunderttausend aus Rumänien und fast drei Millionen aus der Tschechoslowakei und dem Sudetenland. Ostpreußen existierte nicht länger und hatte eine halbe Million Flüchtlinge erzeugt, aus den annektierten und aufgegebenen polnischen Gebieten Oberschlesien, Westpreußen, Pommern, Danzig und dem Wartheland waren etwa eine Million Deutsche geflohen, und auch die ostdeutschen Gebiete, die nach dem Krieg an Polen übergeben worden waren, wurden von einer Bevölkerung von sechs Millionen Deutschen »gereinigt«. Im neuen Deutschland lebten nun elf Millionen deutscher Flüchtlinge, der Großteil davon konzentrierte sich auf die Regionen, die später zur Bundesrepublik werden sollten. Vier Millionen Menschen siedelten von der russischen in die französische, britische oder amerikanische Besatzungszone über. Im Mai 1953, nur kurze Zeit nach Unterzeichnung der Luxemburger Wiedergutmachungsverträge, wurde das *Bundesergänzungsgesetz* im Bereich der Entschädigung verabschiedet, das unter anderem Vertriebene – darunter auch sogenannte Sowjetzonenflüchtlinge – für verlorenen Besitz sowie für Einkommensverluste entschädigte. Die Definition jener Vertriebenen, die keine Bürger des Reichs gewesen waren und deren Vorfahren sich häufig bereits im 12. Jahrhundert im Osten angesiedelt hatten, erfolgte ab 1950 in der deutschen Gesetzgebung wiederholt mithilfe der verschwommenen juristischen Umschreibung »Zugehörigkeit zum deutschen Sprach- und Kulturkreis«. Dieser Begriff, der den legalen Status der ethnischen Deutschen regeln sollte, tauchte auch im Zusammenhang mit der deutschen Entschädigungsgesetzgebung immer wieder auf, zum Beispiel im Paragrafen 150 des *Bundesentschädigungsgesetzes* von 1956.

Am 9. März 2000 erklärte der Staatssekretär des Finanzministeriums Karl Diller, dass von 1949 bis Dezember 1997 den deutschen Kriegsgeschädigten 756 Milliarden DM gezahlt worden seien, während in derselben Zeitspanne die Naziopfer allesamt etwas weniger als 100 Milliarden DM erhalten haben.[67]

Eine nähere Betrachtung der deutschen Gesetzgebung demonstriert nur allzu deutlich, wie dieses verzweigte und wendige Rechtssystem funktionierte, das dafür sorgte, nahezu ausnahmslos jeden zu entschädigen, der nachweisen konnte von Deutschlands kurzfristigem nationalsozialistischem Abenteuer und dessen Nachwirkungen geschädigt worden zu sein, auch wenn er selbst an diesem Schreckensregime aktiv mitgewirkt hatte. Die Haltung war jedoch wesentlich weniger pluralistisch, umfassend und großzügig, wo es um die Entschädigung der am schwersten betroffenen Opfer der Nazis ging, und allen voran um die Juden.

So war beispielsweise das Thema der persönlichen Entschädigungszahlungen für Juden bereits im *Haager Protokoll Nr. I,* der zwischen der BRD und der *Claims Conference* geschlossenen Zahlungsvereinbarung, zur Sprache gekommen. Es sollte die Quelle sein, aus der die spätere deutsche Entschädigungsgesetzgebung ihre Inspirationen schöpfte. Grundsätzlich wurde darin verlangt, sämtliche Teile der BRD zur gesetzlichen Zahlung von Entschädigungen zu verpflichten, wie sie bis dahin nur in der amerikanischen Besatzungszone geleistet wurden. Man bestimmte genaue Kriterien für diese Entschädigungen, beispielsweise den Verlust von Eigentum, Verlust der Erwerbsfähigkeit (Existenzschaden) oder Schaden in der Berufsausbildung. Schließlich wurde ein einmaliger Entschädigungstarif von 25000 Mark festgelegt, und alternativ dazu eine monatliche Rente, welche die 500-Mark-Grenze nicht überschreiten durfte.

Im Hinblick auf ihre Herkunft boten die vom Nationalsozialismus geschädigten Holocaust-Überlebenden ein buntes Sammelsurium aus Bürgern der verschiedensten besetzten Staaten – also aus dem gesamten Bereich, in dem die Nationalsozialisten geplündert und gemordet hatten. Die schlimmsten Verbrechen gegen die größten jüdischen Bevölkerungsballungen waren in Osteuropa begangen worden, auf den Hoheitsgebieten Polens und der UdSSR. Dennoch beziehen sich fast alle Paragrafen des Protokolls auf jene

Überlebenden, die deutsche Staatsbürger gewesen waren, eine Bevölkerung von rund fünfhunderttausend Menschen, von denen ein Teil ermordet worden war und ein anderer es geschafft hatte, rechtzeitig zu fliehen und die Grenzen Deutschlands zu verlassen. »Nichtdeutsche« durften nur 75 Prozent der Entschädigung beanspruchen, eingeschränkt durch die Bedingung, dass ihr Besitz und ihr Einkommen für ihren Lebensunterhalt nicht ausreichen durften. Paragraf 12 bestimmte, wer im Sinne des Gesetzes anspruchsberechtigter »Nichtdeutscher« war – jeder, der im Rahmen der Gesetzgebung zur Vertriebenenentschädigung von Deutschen als solcher galt. Der Begriff, der das Kriterium bestimmte, lautete auch hier: »Zugehörigkeit zum deutschen Sprach- und Kulturkreis«. Dabei wurden Behinderte, Bedürftige und Personen, die über sechzig Jahre alt waren, generell bevorzugt. Eine partielle Entschädigung bekamen alle, die bis Ende 1952 nicht in Deutschland wohnhaft waren – das Stichdatum, das man auch für die deutschen Vertriebenen festgesetzt hatte. Dabei einigte man sich darauf, dass das *Vertriebenenentschädigungsgesetz* für Deutsche auch die Basis für jüdische Vertriebene darstellen sollte. Für Freiheitsberaubung, gesundheitliche Schäden und Behinderungen wurde derselbe Entschädigungssatz festgelegt wie für die deutschen Vertriebenen; was den Besitz betraf, entsprach die Entschädigung nur 60 Prozent von dem, was die Deutschen bekamen.

Eigentlich hätte die Nationalität des Opfers gar nichts mit der Höhe der von Deutschland bezahlten Entschädigungen zu tun haben dürfen. Die Bundesrepublik und die *Claims Conference* einigten sich jedoch darauf, dass zunächst das Kriterium einer deutschen Staatsangehörigkeit und danach das Kriterium einer Zugehörigkeit zum deutschen Sprach- und Kulturkreis als Index zur Berechnung der von den Deutschen zu leistenden Entschädigungssumme dienen sollte. Die Erklärung hierfür war die Sorge, dass es sowohl gegenüber der öffentlichen Meinung als auch im Bundestag schwierig sein würde, ein Gesetz durchzubringen, in dem es um die Entschädigung von Juden ging. Die terminologische Angleichung aber – deren praktische Auswirkungen auf zukünftige Entschädigungsberechtigte sich erst später zeigten – sollte das entstehende *Entschädigungsgesetz* mit der *Vertriebenenentschädigungs-Gesetzgebung* verbinden und somit dessen Bewilligung erleichtern.

Ein weiterer Punkt, in dem die Vertreter der *Claims Conference* ihren deutschen Verhandlungspartnern nachgaben und auf einen erheblichen Prozentsatz der Entschädigungen verzichteten, war Paragraf 4. Dort einigte man sich darauf, dass Zwangsarbeit als solche nicht als Verbrechen gelte, sondern vielmehr in den Rahmen einer Entschädigung wegen »Freiheitsberaubung« fallen sollte. Das wichtigere Element dieses Paragrafen war der Verzicht auf Klagen wegen Zwangsarbeit als solcher. Deutschland bestand auf dieser Klausel, um sich vor den privaten Klagen Millionen anderer Zwangsarbeiter zu schützen, und hinderte dadurch auch die Juden daran, solche einzureichen. Und tatsächlich war das Thema Zwangsarbeiter somit insgesamt bis zum Jahr 2000 vom Tisch der deutschen Entschädigungsgesetzgebung. Zu den weiteren Verpflichtungen des Protokolls gehörte, ohne Präzedenzfall dafür zu sorgen, dass dieses in der deutschen Gesetzgebung verankert werde, sowie bei der Bearbeitung der verschiedenen Anträge die Umstände des Schadens mit in Rechnung zu stellen. Die erste Verpflichtung wurde von den Deutschen untadelig erfüllt.

Auch das *Entschädigungsgesetz* bezieht sich, ganz nach dem vom Abkommen mit der *Claims Conference* ererbten Muster, in erster Linie auf Deutsche. Als *Bundesergänzungs-*

gesetz zur Entschädigung für Opfer der nationalsozialistischen Verfolgung – BErgG trat es am 1. Oktober 1953 in Kraft. Im Einklang mit der alten Angst vor einer feindseligen öffentlichen Meinung bezieht sich der Wortlaut dieses Gesetzes auf die NS-Verfolgten und erwähnt weder die Juden gesondert, noch erkennt es die Tatsache an, dass das Verbrechen diesen gegenüber beispiellos war.

Artikel 150 verlieh nur denjenigen eine partielle Anspruchsberechtigung, die dem »deutschen Sprach- und Kulturkreis« angehörten. Diese waren allerdings gezwungen, eine Sprachprüfung abzulegen, um ihren Anspruch auf Entschädigung nachzuweisen. Am niedrigsten wurden die Zahlungen eingestuft für Flüchtlinge, welche die Staaten Mittel- und Osteuropas noch vor dem Inkrafttreten des Gesetzes verlassen hatten. Sie bekamen keine monatliche, sondern lediglich eine einmalige Entschädigung. Hunderttausende von Holocaust-Überlebenden in Osteuropa aber wurden auf der politisch-pragmatischen Basis der Notwendigkeiten des Kalten Krieges aus dem Kreis der Entschädigungsberechtigten ganz ausgeschlossen. Der Artikel 150 stand unter dem Leitmotiv einer »geografischen Begrenzung« – es dürften keine Gelder hinter den Eisernen Vorhang geschickt werden. Ein osteuropäischer Jude konnte somit nur dann entschädigt werden, wenn er den Klauen des Kommunismus bereits vor Oktober 1953 entkommen war. Um den Anspruch wahrzunehmen und den Mindestrentensatz zu bekommen, mussten Berechtigte ärztliche Atteste vorlegen, die ihnen einen Behindertengrad von mindestens 30 Prozent bescheinigten.

In diesem Gesetz wurde auch die Entschädigung für Freiheitsberaubung festgelegt. Sie sollte sich pro Person auf fünf Mark für einen Tag in Gefangenschaft – Gefängnis oder Konzentrationslager – belaufen, 150 Mark pro Monat und 1800 Mark für ein ganzes Jahr Gefangenschaft. Eine der

Tausenden von Unterlagen, die die Anklage bei den Nürnberger Prozessen vorlegte, war eine Kalkulation des von Oswald Pohl geleiteten *SS-Wirtschafts- und Verwaltungshauptamtes* (WVHA) aus dem Jahr 1943, wo der »wirtschaftliche Wert« eines Zwangsarbeiters im Lager berechnet wurde[68]:

Bilanz von Ausgaben und Gewinn aus der Arbeitskraft eines Häftlings im Konzentrationslager:
Täglich von deutschen Firmen an die
Verwaltung der SS gezahlter Durchschnittsbetrag

für die Arbeit eines Häftlings	*6,oo RM*
abzüglich Verköstigung	*0,60 RM*
abzüglich Wertverlust	*0,10 RM*
Gewinn pro Häftling und Tag	*5,30 RM*

Gesamtberechnung der Einkünfte der SS-Verwaltung aus einem Häftling im Konzentrationslager auf der Grundlage einer Lebensdauer von 9 Monaten:

270 Tage (9 Monate) x 5,30 RM netto pro Tag	*1431,00 RM*

Einkünfte aus der »wirtschaftlichen« Verwendung der Leiche: Zahngold, Kleidung, Wertsachen, Silber einschl.

Nutzung der Asche	*202,00 RM*
abzüglich Verbrennungskosten der Leiche	*2,00 RM*
Nettoeinnahmen aus der Leiche	*200,00 RM*
Gesamteinnahmen pro Häftling nach	
9 Monaten = 270 Tagen	*1631,00 RM*

Schwer zu sagen, ob die Ähnlichkeit der Zahlen beabsichtigt war, im Endergebnis jedoch zahlte das »andere« Deutschland einem Juden als Entschädigung für einen Tag Freiheitsberaubung genau den Gewinn, den sein Vorläufer aus dessen »Dienstleistungen« gewonnen hatte – abzüglich einer symbolischen Summe von 30 Pfennig Bearbeitungsgebühr.

Tatsächlich wurde das Basisgesetz übereilt verabschiedet, da man es noch vor den Wahlen durchbringen wollte. Ein Teil der Parteien unterstützte es nur, weil man versprochen hatte, dass dieses Gesetz temporär sei und man daran noch Korrekturen vornehmen werde. Die Debatten darüber begannen unmittelbar nach den Wahlen. Es sollte jedoch mehr als zwei Jahre dauern, bis es dem deutschen Gesetzgeber gelang, Ende Juni 1956 den korrigierten Entwurf vorzulegen – das *Bundesgesetz zur Entschädigung für Opfer der nationalsozialistischen Verfolgung* – BEG.

Dieses Gesetz sollte rückwirkend ab Oktober 1953 in Kraft treten und enthielt gewisse Verbesserungen. Zum Kreis der deutschen Anspruchsberechtigten wurden nun auch deutsche Verfolgte gezählt, die nach 1933 in den Westen ausgewandert waren – selbst wenn sie dort eine andere Staatsbürgerschaft angenommen hatten. Entschädigungen für Deutsche oder Angehörige des deutschen Sprach- und Kulturkreises gab es für von der Verfolgung herrührende gesundheitliche, körperliche, berufliche und wirtschaftliche Schäden. Den Hinterbliebenen wurde ein sogenannter »Schaden an Leben« zuerkannt oder eine Hinterbliebenenrente, falls der Anspruchsberechtigte vor Ende 1952 gestorben war. Die einmalige Entschädigung für den Verlust von Eigentum wurde auf 75 000 Mark erhöht, die Entschädigung für Einkommensschäden von 25 000 auf 40 000 Mark. Der Mindestbehindertengrad für den Erhalt einer monatlichen Rente wurde von 30 Prozent auf 25 Prozent herabgesetzt. Wer kein Deutscher war oder keiner dem Deutschtum verwandten Bevölkerungsgruppe angehörte, hatte lediglich Anspruch auf eine einmalige Entschädigung wegen Freiheitsberaubung. Diese Definition wurde nun über einen Aufenthalt im Gefängnis, Konzentrationslager oder Getto hinaus auch auf ein Leben im Untergrund und das Tragen des Gelben Sterns erweitert. Artikel 8 negierte jeglichen Entschädigungsanspruch von Menschen, die hinter dem Eisernen Vorhang verblieben waren. Als endgültige Ablauffrist für das Einreichen von Anträgen wurde zunächst der Oktober 1957, später der April 1958 bestimmt.

Noch bevor man begriffen hatte, dass dieses Gesetz nach wie vor verbesserungsbedürftig blieb, verabschiedete der Bundestag ein weiteres, das den Naziverfolgten »Recht angedeihen« lassen sollte – das *Bundesgesetz zur Regelung der rückerstattungsrechtlichen Geldverbindlichkeiten des Deutschen Reichs und gleichgestellter Rechtsträger – BRüG*. Dieses wurde am 19. Juli 1957 verabschiedet und befasste sich mit der Rückerstattung von den Nazis konfiszierter Immobilien an deren Besitzer oder deren Erben. Gab es keine solchen Erben, so wurden – zwar nicht gesetzlich verankert, aber in der Praxis – die Besitzrechte auf die diversen in der Bundesrepublik tätigen jüdischen Organisationen übertragen. Das Gesetz galt sowohl für deutsche Staatsbürger und ehemalige deutsche Staatsbürger als auch für Berechtigte in Ländern, mit denen die Bundesrepublik zum damaligen Zeitpunkt diplomatische Beziehungen unterhielt. Weitere Berechtigungen oblagen einer Einzelfallentscheidung.

Im April 1964 hatte Deutschland seine Schulden gegenüber den israelischen NS-Opfern augenscheinlich beglichen. Zumindest wurden ab diesem Datum – und damit wie vertragsgemäß vereinbart zwölf Jahre nach dem Abschluss des *Luxemburger Abkommens* – sämtliche Entschädigungszahlungen an Israel eingestellt. Der jüdische Staat bekam seit damals keine weiteren Wiedergutmachungen.

Die Erkenntnis jedoch, dass die Realität weit von der Vorstellung, mit den Entschädigungsklagen werde es nun ein Ende haben, entfernt war, veranlasste die Bundesregierung, die Grundlage ihres Entschädigungsgesetzes ein letztes Mal zu debattieren. Am 14.9.1965 verabschiedete der Bundestag dessen endgültige Fassung. Es hieß nun *Bundesentschädigungsschlussgesetz – BEG-Schlussgesetz.* Bereits sein Name verrät, wie sehr sich die Deutschen wünschten, endlich einen Schlussstrich unter das Thema der persönlichen Entschädigungszahlungen zu ziehen und dieses nicht länger alle Jahre wieder zu korrigieren.

Dabei wurde beschlossen, das Schadensnachweisverfahren zu vereinfachen und jedem, der ein Jahr oder länger in einem Konzentrationslager gewesen war, automatisch einen Behindertengrad von 25 Prozent zuzuerkennen. Die Rentensätze wurden den Lohntarifen des öffentlichen Dienstes angeglichen, wobei der Mindestsatz einer monatlichen Rente für 25 Prozent Behinderung fortan 15 Prozent des Durchschnittgehalts eines deutschen Beamten betrug, und auch die wirtschaftliche Lage eines »Verfolgten« die Höhe seiner Rente beeinflusste. Bei Schädigung des beruflichen Fortkommens wurde eine Summe von 40 000 Mark bezahlt, die auch in Form einer monatlichen Rente bezogen werden konnte. Die Entschädigung für einen Schaden in der Ausbildung wurde von 5 000 auf 10 000 Mark verdoppelt. Da man erkannt hatte, wie problematisch die alten Fristenregelungen gewesen waren, sprach der Gesetzgeber nun nicht mehr von Monaten, sondern von Jahren und bestimmte, dass die Anspruchsberechtigten ihre Anträge bis November 1969 einreichen durften. Während dieses gesamten Zeitraums blieb der Anspruch auf eine Monatsrente jedoch Vorrecht von Staatsbürgern und Einwohnern der BRD oder solchen, die ihre kulturelle Zugehörigkeit nachweisen konnten. Um diejenigen Verfolgten zu entschädigen, die die Ostblockstaaten erst nach Oktober 1953 verlassen hatten, wurde ein Sonderfonds in Höhe von 1,2 Milliarden DM eingerichtet.[69] Sie hatten nun Anspruch auf eine einmalige Entschädigung von 1000 Mark – vorausgesetzt, sie konnten einen Behindertengrad von 25 Prozent oder eine Freiheitsberaubung von mindestens einem halben Jahr nachweisen oder dass sie gezwungenermaßen den Gelben Stern hatten tragen müssen oder im Versteck gelebt hatten. Für Hinterbliebene galt dieser Anspruch allerdings nicht. Die Höhe der Entschädigungssumme wuchs im Verhältnis zur Dauer der Verfolgungszeit oder zum Behindertengrad.

Die unterschiedliche Behandlung, die Deutschland seinen einheimischen Opfern im Gegensatz zu den anderen NS-Verfolgten angedeihen ließ, lässt sich nur bei eingehender Studie der trockenen Gesetzesdetails erkennen. »Ein System mit Lücken oder Lücken mit System«[70] – so definierte der Historiker Constantin Goschler die bundesdeutsche Entschädigungsgesetzgebung. Nachdem es sich der Verantwortung für die Überlebenden in Israel und Westeuropa durch Kollektivverträge entzogen hatte, schüttelte Deutschland nun auch die osteuropäischen Überlebenden sowie Millionen ausgebeuteter Zwangsarbeiter von sich ab – mit geopolitischen Begründungen. Den Großteil der Entschädigungsgelder gewährte es nicht etwa allen, die die Grausamkeit der Ausbeutung zu fühlen bekommen hatten, sondern nur denjenigen, die auch ihre kulturelle Verwandtschaft beweisen konnten. Die politischen, geografischen und kulturellen Vorbedingungen, die diese Gesetzgebung rundum in Watte verpackten, sorgten dafür, dass weite Kreise von Betroffenen von vornherein aus der Reihe der Antragsberechtigten ausgeschlossen wurden.

Aber auch wer seinen Antrag bereits gestellt hatte, musste noch einen qualvollen Hindernislauf überwinden. Der Historiker Christian Pross bezeichnete diesen als »Kleinkrieg« des deutschen Fiskus gegen die Opfer. Anspruchsberechtigte Holocaust-Überlebende – also diejenigen, die vom deutschen Gesetz nicht schon im Vorhinein ausgeschlossen worden waren – wurden wiederholt aufgefordert, ständig neue Unterlagen einzureichen, und das gleich bei einer ganzen Reihe von Ämtern. Der kleinste Fehler beim Ausfüllen der Formulare konnte die Chancen auf Bewilligung beeinträchtigen. Die knapp angesetzten Fristen sowie deren Verwechslung trieben zahlreiche Antragssteller oft genug in die Verzweiflung. Die Bearbeitungszeit eines Antrags dauerte zwischen drei und sechs Jahren und war von Verzögerungstaktiken sowie einem völligen Mangel an Gutwilligkeit seitens der Sachbearbeiter des deutschen Finanzministeriums gekennzeichnet. Zahlreiche Mitarbeiter dieses Apparats hatten bereits während des Dritten Reichs im selben Amt gearbeitet und zeigten sich über die Wiedergutmachung der Verbrechen nicht sonderlich begeistert. Bis Ende 1966 wurden 36 Prozent der Anträge, die sich auf Gesundheitsschäden bezogen, vollständig abgelehnt[71], und auch die Anerkennung der übrigen erfolgte fast immer partiell. Nach einem zermürbenden bürokratischen Weg akzeptierte der Großteil der Überlebenden jedoch die ihm zuerkannte Teilentschädigung und verzichtete darauf, Beschwerde einzulegen.

Juden außerhalb Deutschlands, die anspruchsberechtigt waren, konnten ihre Forderungen nur bis 1969 einreichen, während ehemalige DDR-Bürger dazu von 1990 bis 1995 oder 2000 Gelegenheit hatten. Für Letztere galten weder geografische noch politische Einschränkungen, wer in irgendeiner Form geschädigt worden war, wurde entschädigt – selbst wenn es sich dabei um aktive Nazis handelte. Und sogar die deutschen Juden, die doch augenscheinlich den Kriterien für den höchsten Entschädigungssatz entsprachen, bekamen nicht alles, was der Gesetzgeber anderen deutschen Kriegsopfern gewährte. Das galt für zahlreiche Zusatzleistungen wie für die Hinterbliebenenrente, die im *Entschädigungsgesetz für Kriegsopfer*, jedoch nicht im *Entschädigungsgesetz für NS-Verfolgte* enthalten waren. Der Überlebende eines Konzentrationslagers mit anerkannter Invalidität bekam weniger Entschädigung als ein SS-Wächter desselben Lagers mit gleichem Behinderungsgrad. Ein SS-Mann wurde zwar nicht grundsätzlich großzügiger entschädigt als ein Opfer, die Diskrepanz wird allerdings durch einen Zahlen- und Kriterienvergleich deutlich: Ein SS-Mann wurde auch aufgrund seines Ranges und der Anzahl seiner Dienstjahre eingestuft und erhielt soziale Zuschüsse, die ihm als einem Staatsbeamten zustanden. Darüber hinaus musste er seine Zugehörigkeit zum deutschen Kulturraum nicht nachweisen. All dies brachte ihm Vorteile, die ein Opfer nicht haben konnte.

Die Summen, die die BRD im Lauf von 13 Jahren für Kriegsopfer ausgegeben hatte, waren zwölfmal so hoch wie die Gesamtausgaben für die Entschädigung von NS-Opfern, die Zahlungen an Israel und die Entschädigungsgesetzgebung. Die Zahl der Lücken sowie die Problematik der Umsetzung zwangen die Bundesrepublik schon sehr bald, ihre Illusion vom *Schlussgesetz* aufzugeben.

Aufgrund des Ablaufs der Anspruchsfrist nach dem *BEG* im Jahr 1969 einigte man sich 1980 mit der *Claims Conference* über die Einrichtung eines sogenannten »Härtefonds« (Hardship Fund), aus dem bedürftigen Überlebenden, die den Ostblock erst nach Ablauf der Antragsfrist verlassen hatten, eine einmalige Entschädigung gezahlt werden sollte.

Diese belief sich zunächst auf 5000 DM, ab 1980 war die Auszahlung von maximal 10000 DM als laufende Beihilfe möglich. Was die Deutschen damals nicht bedacht hatten, war, dass der Kalte Krieg eines Tages zu Ende gehen könnte und dann aus den Staaten hinter dem Eisernen Vorhang Millionen ehemaliger Zwangsarbeiter einwandern würden, denen über lange Jahre hinweg systematisch jegliche Entschädigung verweigert worden war.

Die somit erneut in den Blickpunkt geratene Zwangsarbeiterfrage führte auch zum Wiedererwachen jener Stimmen, die sich darüber beschwerten, dass die Juden den deutschen Steuerzahler mit ständig neuen Forderungen erpressten. Nicht nur am Stammtisch hieß es: Die Juden sind doch bereits über Jahre hinweg im Überfluss entschädigt worden, warum also noch mal bezahlen? Die Wahrheit jedoch ist, dass es bei der ganzen Angelegenheit am allerwenigsten um die Juden ging. Die Entschädigung von Zwangsarbeitern betraf rund zwölf Millionen Menschen, die vom Dritten Reich als Arbeitssklaven ausgebeutet worden waren.[72] Die Frage stellte sich nach dem Zusammenbruch des Ostblocks und erforderte eine Antwort. Hier und da hatte die BRD bereits Gelder für ehemalige Zwangsarbeiter in kommunistische Staaten wie die UdSSR oder Polen überwiesen, allerdings völlig unzulängliche Summen.[73] Dieses Geld landete zudem in erster Linie in den Staatskassen der jeweiligen Regime, und keiner der wahren Betroffenen bekam davon jemals auch nur einen Pfennig zu Gesicht. In den 1990er-Jahren konnten sich diverse Organisationen in Osteuropa schließlich direkt an die Bundesrepublik wenden und Entschädigungen fordern. Dazu zählten auch Verbände ehemaliger Zwangsarbeiter, denen es gelungen war, nach dem Krieg in den Westen auszuwandern, darunter auch jüdische

Organisationen. Juden, die nicht wie der Großteil ihrer Angehörigen direkt in die Gaskammern deportiert worden waren, wurden zunächst als Zwangsarbeiter ausgebeutet, eine Methode, die die Nazis als »Vernichtung durch Arbeit« bezeichneten. In jedem Fall waren die jüdischen Sklaven letztendlich zur Vernichtung bestimmt, deshalb ist es nicht erstaunlich, dass der Großteil der überlebenden Zwangsarbeiter des Dritten Reiches nichtjüdisch war. Zu ihnen gesellten sich die Überlebenden der Konzentrationslager, die allerdings nur einen geringen Anteil ausmachten. Eineinhalb Millionen Menschen, etwa 12 Prozent jener 12 Millionen, die nach Deutschland verschleppt oder in den besetzten Ländern in deutschen Industrieunternehmen ausgebeutet worden waren, waren 1990 noch am Leben. Gespräche über Entschädigungsabkommen fanden mit Russland, der Ukraine, Weißrussland, Polen und Tschechien statt, jedoch nicht mit ehemaligen deutschen Vasallenstaaten wie der Slowakei, Ungarn, Rumänien, Italien nach 1943 etc. Weiter gab es auch Entschädigungsverhandlungen mit der *UN*, die die osteuropäischen Vertriebenen vertrat, und mit der *Claims Conference*, welche die jüdischen Zwangsarbeiter vertrat. Statt Einzelentschädigungsvereinbarungen ergriff 1998 Gerhard Schröder die Initiative zur Entschädigung von Zwangsarbeitern auf Grundlage der Arbeit einer Stiftung, und das noch vor seiner Wahl zum Bundeskanzler. Im Juli 2000 unterzeichnete man schließlich das Abkommen über die Einrichtung einer Stiftung namens *Erinnerung, Verantwortung und Zukunft,* das dazugehörige Gesetz wurde einen Monat später verabschiedet. Der Fonds enthielt 10 Milliarden Mark, von denen die eine Hälfte vom Staat und die andere von 6544 Fabriken, Konzernen und Banken finanziert wurde. Letztere begannen erst im Oktober 2001 mit der Einzahlung ihres Anteils. Die Entschädigung der Zwangsarbeiter basierte auf drei

Kategorien und wurde nach Art und Dauer der Arbeit berechnet. Zur dritten und niedrigsten Kategorie zählten landwirtschaftliche Zwangsarbeiter, die unter weniger grausamen Bedingungen gehalten worden waren. Den Zivilisten unter ihnen sollte eine einmalige Abfindung von 2556 Euro ausgezahlt werden. Wer ein Jahr lang unter KZ-Bedingungen hatte arbeiten müssen, gehörte in die höchste Kategorie und hatte Anspruch auf eine einmalige Entschädigung von 7679 Euro. Betrachten wir als Beispiel die jüdischen Überlebenden, die nach dem Krieg weder in Osteuropa noch in Deutschland geblieben, sondern in andere westliche Länder – vor allem Israel und die USA – emigriert waren und sich dort ein neues Leben aufgebaut hatten. Was konnte eine einmalige Entschädigung von 7679 Euro schon bedeuten? Zweifellos konnte diese Summe nicht gegen Erniedrigung, Leid, Folter, Sklavenarbeit sowie die tägliche Bedrohung mit dem Tod aufgerechnet werden. Und dennoch protestierte die deutsche Öffentlichkeit gegen die »Geldgier«[74] der amerikanischen Juden, welche die Verhandlungen mit der Bundesregierung und den deutschen Firmen initiiert hatten. Weiter erbosten sich nicht wenige Deutsche über die Tantiemen der amerikanischen Anwälte, die sich um die Klage kümmerten.[75] Mit welchem Recht forderten diese eine Bezahlung, die so viel höher war als die ihrer Kollegen in der Bundesrepublik? Nun ist es eben so, dass die Gebühren der Anwälte in den USA erheblich höher sind als die in Europa. Dabei muss angemerkt werden, dass die jüdischen Anwälte, die sich in den USA um die Angelegenheit kümmerten, einen wesentlich niedrigeren Tarif verlangten, als dort üblich ist. Darüber hinaus verzichteten einige von ihnen sogar völlig oder teilweise auf ihre Entlohnung und spendeten diese einem guten Zweck. Die Stiftung entschädigte weder Zwangsarbeiter aus Staaten, die mit dem Dritten Reich verbündet gewesen waren, noch kriegsgefangene Soldaten, die man als solche ausgebeutet hatte. Von den insgesamt 2 316 517 eingereichten Gesuchen wurden 1 671 517 bewilligt, darunter 158 097 von jüdischen Antragsstellern. Also zählten die entschädigten jüdischen Zwangsarbeiter weniger als 10 Prozent aller entschädigten Zwangsarbeiter.

Im Vergleich zur Handhabung der Entschädigung von NS-Verfolgten wirkte die deutsche Gesetzgebung zur Entschädigung nichtjüdischer Deutscher lückenlos und geradezu ideal. Welche Art von »Opfern« sie finanzierte, wurde bereits 1985 publik. Damals stellte sich heraus, dass die Witwe Roland Freislers, des Präsidenten des NS-Volksgerichtshofs – der, nachdem er im Zuge der 20.-Juli-Verschwörung gegen Hitler im Jahr 1944 Hunderte zum Tode verurteilt hatte, den Beinamen »Blutrichter« bekam –, ebenso wie viele andere eine Kriegsopferrente für Witwen bezog. Nach deutschem Gesetz galt der 1945 bei einem Bombenangriff der Alliierten ums Leben gekommene Freisler als »Kriegsopfer«. Marion Freisler hatte sogar die Stirn, um eine Erhöhung ihrer Rente zu ersuchen mit dem Argument, wenn ihr Mann nicht umgekommen wäre, hätte er im Justizwesen aufsteigen und zusätzliche Pensionsansprüche ansammeln können, wie es bei anderen Nazis der Fall gewesen sei. Ihrer Klage wurde stattgegeben, und sie bezog bis zu ihrem Tod eine höhere Rente. Freisler war ein ranghoher Nazi gewesen, und dass seine Witwe Rente erhielt, war nicht der einzige Fall.

Ende Januar 1997 gab es im Abstand von wenigen Tagen eine Reihe weiterer Enthüllungen. Die Schlussfolgerung war immer wieder: Das moderne Deutschland, das den Nationalsozialismus weit hinter sich gelassen hatte und sich seiner Vergangenheit Tag für Tag mutig stellte, finanzierte mit seinem guten Geld Naziverbrecher. Als Erstes griff am 30. Januar um 21 Uhr das ARD-Fernsehmagazin *Panorama* das Thema auf: Der Titel der Reportage lautete: *Steuermilliarden für Naziverbrecher: Deutsches Recht macht Täter zu Opfern.*[76] Die Sendung zeigte, wie nach dem existierenden deutschen Recht selbst Hitler eine Rente als Kriegsopfer bekommen hätte – war er doch bei einem Attentatsversuch verletzt worden. Und als ehemaliger deutscher Kanzler wäre dies eine beachtliche Rente von mehreren tausend Mark im Monat gewesen, die später auch seiner »Witwe« Eva Braun zugestanden hätte, wenn sie es nicht vorgezogen hätte, nach einer Ehe von ganzen 24 Stunden mit ihm gemeinsam den Freitod zu wählen. Heydrichs Witwe bezog jahrelang eine solche Rente, schließlich war ihr Mann 1942 dem »Terror« der tschechischen Untergrundbewegung »zum Opfer gefallen«. Die Söhne der führenden Köpfe des NS-Regimes Göring und Himmler bezogen bis zu ihrem 18. Lebensjahr eine Hinterbliebenenrente. Der im Rahmen der Reportage von Goetz und Steinhoff interviewte Militärhistoriker Gerhard Schreiber erklärte, 5 Prozent der Empfänger von »Kriegsopfer«-Renten seien Naziverbrecher gewesen, und die Gesamtsumme der jährlichen Zahlungen an diese 50 000 Kriminellen beliefe sich auf 637 Millionen Mark. Am nächsten Tag veröffentlichte *Die Zeit* eine Recherche zum Thema, und auch *Der Spiegel* zog in seiner Ausgabe 6 desselben Jahres nach. Der Sturm der öffentlichen Entrüstung schwappte auf den Bundestag über, bis der Gesetzgeber eiligst denjenigen die Kriegsopferrechte entzog, die für Verbrechen gegen die Menschheit verurteilt worden waren – und das mit einer Verspätung von mehr als fünfzig Jahren.

Dieselbe *Panorama*-Sendung brachte auch das Thema der »Kollaborateure« zur Sprache. Nachdem ihm eine monatliche Rente zugebilligt worden war, ließ sich B. Michailow, ein ehemaliger SS-Freiwilliger aus einem der baltischen Staaten, voller Dankbarkeit interviewen: »Großer Dank, deutsche Regierung, dass Sie uns nicht vergessen. Wir haben nicht gedacht, dass kommt einmal solche Zeit.« Einer der Gründe, dass Michailow der Bundesregierung nun in so bewegten Worten danken konnte, war die Tatsache, dass die SS niemals als Verbrecherorganisation definiert worden war. Während die Politik die wahren Opfer vor eine unüberwindbare Mauer von Hindernissen gestellt hatte, die viele von ihnen aus den Reihen der Entschädigungsempfänger ausschloss, gab es nichts, was den Verbrechern und Henkern auf dem Weg zur begehrten Versorgungsleistung im Weg gestanden hätte. Die Männer der bosnisch-muslimischen »Handschar«-Einheit, der 13. Waffen-Gebirgs-Division der SS, können klagen und als Kriegsopfer aus Deutschland monatliche Renten beziehen, wohingegen in Jugoslawien verbliebene bosnische Holocaust-Überlebende ebenso wie ihre Leidensgefährten in anderen osteuropäischen Ländern dazu nicht das geringste Recht besitzen, sondern maximal mit einer Einmalzahlung entschädigt wurden.[77]

Je mehr Zeit verging, desto weniger Menschen wurden mit immer größeren Summen entschädigt. 1950 wurden umgerechnet 1,2 Milliarden Euro an vier Millionen Anspruchsberechtigte ausgezahlt, 1980 6,5 Milliarden Euro an zwei Millionen Menschen, 1995 6,7 Milliarden Euro an 1,2 Millionen, und am 3.3.2002 waren es schließlich 3,3 Milliarden für 700 000 Anspruchsberechtigte. Aus Daten, die das Ministerium Mitte 2003 veröffentlichte, geht hervor, dass sich die Grundrente zwischen 120 und 658 Euro im Monat bewegte. Hinzu kam ein Behandlungs- und Pflegezusatz für Behinderte, der zwischen 71 und 440 Euro angesiedelt war. Mit sämtlichen Zusatzrenten konnte ein Empfänger somit auf eine monatliche Gesamtsumme von über 1300 Euro kommen. Die Rente der Witwe oder der Eltern eines Anspruchsberechtigten lag zwischen 300 und 600 Euro im Monat, der Maximalzusatz für Bestattungskosten belief sich auf 1500 Euro. Dienstalter und -grad, bei deren Berechnung auch der Dienst während der NS-Zeit berücksichtigt wurde, beeinflussten ebenfalls die Höhe der Rente. So konnte einem ehemaligen Wehrmachts- oder SS-Soldaten eine Monatsrente von 1500 bis 1800 Euro zuerkannt werden, im Fall eines höher gestellten Offiziers, wie es ja die meisten verurteilten Kriegsverbrecher waren, war die Summe bis um ein Dreifaches höher.

Was die Juden betraf, sah das Bild ganz anders aus. Familienangehörige oder Hinterbliebene besaßen keinerlei Entschädigungsanspruch für die Ermordung ihrer Angehörigen. In der Tat bedeutete dies, je effektiver die Vernichtungsmaschinerie der Nazis für die jeweilige Opfergruppe funktioniert hatte, desto reduzierter war die Liste der künftigen Entschädigungsempfänger. Aber die Zeit arbeitete auch nach der Befreiung des letzten Konzentrationslagers weiterhin zugunsten des Bundesbudgets, da ja das Entschädigungsrecht der Naziverfolgten nicht vererbbar war. Nahezu zwei Drittel der Holocaust-Überlebenden verstarb, ohne überhaupt jemals eine Entschädigung erhalten zu haben. Diejenigen, denen es gelang, den bürokratischen Hürdenlauf zu überwinden, bekamen eine partielle und in jedem Fall einmalige Entschädigung – ohne die zahlreichen Zusätze, die die deutschen Opfer und deren Hinterbliebene genießen durften. Die meisten Überlebenden unter den deutschen Juden haben eine Rente erhalten. Auch wurden und werden Witwenrenten in Höhe von 60 Prozent der Rente des Verstorbenen gezahlt.

Bis zur Wiedervereinigung Deutschlands wurden 93,5 Prozent der Entschädigungsgelder an solche Verfolgte bezahlt, die entweder in der BRD lebten, deren Staatsbürger waren oder dem deutschen Kulturraum angehörten. Nur 6,5 Prozent wurden an diejenigen gezahlt, die außer der Verfolgung, Ausbeutung und dem misslungenen Vernichtungsversuch mit Deutschland keinerlei Verbindung hatten. Nach der Wiedervereinigung verschwand der Eiserne Vorhang und mit ihm auch die geopolitische Beschränkung. Es gab zwar keine neuen Gesetzesentwürfe, man gründete jedoch Stiftungen, die solchen Holocaust-Überlebenden eine einmalige Entschädigung gewährten, die entweder nie zuvor etwas bekommen hatten, Zwangsarbeiter gewesen waren, oder keinerlei Verbindung zum deutschen Volk besaßen. 2004 veröffentlichte der amerikanische Richter Korman eine Studie, die alle Entschädigungszahlungen zusammenfasste, die im Lauf der Jahre an Holocaust-Überlebende ergangen waren. Daraus geht hervor, inwiefern die nach der Wiedervereinigung vorgenommenen Korrekturen das Gesamtbild verändert und wie viel die Deutschen den Juden überhaupt gezahlt haben. Von den 52,5 Milliarden Dollar – Stand des Jahres 2004 –, die Deutschland an persönlichen Entschädigungen zahlte, wurden 45,2 Milliarden – also 86 Prozent – an seine ehemaligen und derzeitigen Staatsbürger sowie an Angehörige des deutschen Sprach- und Kulturraums bezahlt. 7,3 Milliarden Dollar, etwa 14 Prozent, gingen an alle Übrigen.

Jedes Jahr veröffentlicht das Bundesfinanzministerium die Zahlen der *Wiedergutmachungsleistungen für Naziopfer*. Am 31. Dezember 2007 gab das Finanzministerium eine Summe von insgesamt 65114000000 Euro an, die seit Beginn der Wiedergutmachungszahlungen 1954 an Naziopfer einschließlich Nichtjuden und auch in den Nachbarstaaten

Deutschlands ausgezahlt worden ist.[78] Das bedeutet, dass jeder Deutsche etwas mehr als 15 Euro jährlich an die Nazi-opfer gezahlt hat. Monatlich bezahlte jeder Deutsche einen Euro und siebenundzwanzig Cent.

Sind also die Juden die größten Ausbeuter des deutschen Steuerzahlers? Der Preis von etwa einem Euro im Monat, den jeder Deutsche gezahlt hat, ist nicht zu viel verlangt, wenn man sich dafür den Titel eines Staates erwirbt, »der seine vergangenen Verbrechen sühnt«. Eine Untersuchung der Geschichte der BRD und der Entschädigung der NS-Opfer zeigt, dass niemand den deutschen Steuerzahler wirk-lich »ausgeplündert« hat. Wie jeder normale Staat zahlten die Deutschen vor allem für die Rehabilitation ihrer eigenen Bürger und ihres Staates. Allerdings mit der umfangreichen Hilfe des amerikanischen Marshall-Plans. Zudem ging der Hauptteil der Zahlungen an ihre eigenen Staatsbürger, die sich das volle Recht auf Entschädigung im Fall eines Un-rechts erworben hatten, weil sie selbst vor ihrer Beraubung und Vertreibung treue Steuerzahler gewesen waren. Es war niemals von einer Entschädigung für die Morde die Rede ge-wesen, und der Großteil der Überlebenden, die starben, ohne jemals auch nur einen Pfennig bekommen zu haben, hatte den Holocaust in Osteuropa, dem Brennpunkt seines Wütens, erlebt. Jeder Versuch, eine Verbindung zwischen dem den Juden zugefügten Schaden und jenem Bruchteil an Entschädigungsgeldern herzustellen, der an die Überleben-den gezahlt wurde, führt zu Ergebnissen, die mehr als pein-lich sind. Keineswegs alle Verfolgten des NS-Regimes haben Entschädigungsleistungen erhalten, und die Leistungen an die einzelnen Empfänger waren bescheiden. Die Schuld der Deutschen gegenüber den Opfern ist allerdings nicht in Geld zu bemessen. Das Mindeste, was die Deutschen nun tun können, ist, die Tatsachen anzuerkennen und sich von gefährlichen Vorurteilen zu befreien – wir alle, Deutsche wie Juden, wissen nur allzu gut, wohin solche führen können.

Obwohl die Entschädigung der Shoah-Überlebenden weit davon entfernt war, ideal zu sein, darf die Bundesrepublik ein in der Geschichte einzigartiges Recht für sich verbuchen: Sie hat die Verantwortung für das vergangene Verbrechen der Deutschen auf beispiellose Weise akzeptiert und sich bemüht, ihre Opfer zumindest minimal zu entschädigen. Der ehemalige Bundespräsident Johannes Rau brachte dies auf den Punkt, als er – und das bei Weitem nicht nur in finanzieller Hinsicht – meinte: »Die persönliche Schuld mag der Täter mit ins Grab nehmen. Die Folgen einer Schuld, die die Grundlagen menschlicher Sittlichkeit erschüttert hat, tragen die nach ihm kommenden Generationen.«[79] Bis zum Fall der deutschen Wiedergutmachung haben Staaten, die Kriege verloren haben, den Siegerstaaten Entschädigung geleistet. Noch nie hat ein Staat unmittelbar den Bürgern eines anderen Staates Entschädigung bezahlt. Die Bundesrepublik entschädigt nicht nur Privatpersonen, sie hat sogar einen Staat entschädigt, der während des Krieges überhaupt nicht existierte, gegen den sie also keinen Krieg führen konnte. Die deutsche Wiedergutmachung gilt nun für die Welt als juristischer Präzedenzfall. Vor allem aber haben die Bundesrepublik und ihre Bürger den quälenden Prozess einer Gewissenserforschung auf sich genommen und sollten somit als Vorbild dienen.

Wie sieht man es in Israel, dass in Deutschland wieder jüdisches Leben blüht?

Zu dieser Frage hat sich die Haltung in Israel im Laufe der Zeit erheblich verändert. In den ersten Jahrzehnten nach dem Zweiten Weltkrieg hielt man die Juden, die nach Deutschland zurückkehrten, oder Flüchtlinge, die aus Osteuropa nach Deutschland kamen, für würdelose Menschen. Man betrachtete sie nicht unbedingt als Verräter, sah in ihnen aber Menschen, die kein Selbstwertgefühl hatten. Wie konnte man sich im Land der Henker niederlassen? Wir haben diese Leute verachtet. Und nicht nur wir. Juden in anderen Ländern sahen das genauso. Dabei muss man unterstreichen, dass der zionistischen Ideologie zufolge ein Jude nur in Israel in Würde leben kann. Dennoch haben wir uns allmählich damit abgefunden, dass es – trotz der Existenz des Staates Israel – in aller Welt jüdische Gemeinden gibt. Nur mit den jüdischen Gemeinden in Deutschland konnten wir uns lange Zeit nicht arrangieren. Solange Deutschland für uns noch Feindesland war und ein Staat, mit dem man keine Beziehungen jenseits des striktesten, unentbehrlichsten Minimums haben wollte, war diese Haltung verständlich.

Und heute?

Mit der Zeit ist Deutschland nicht nur ein vertrautes Land für uns geworden, sondern unser wichtigster Partner in Europa und unser zweitwichtigster weltweit. Zunehmend haben sich die Beziehungen nicht nur politisch, sondern auch gesellschaftlich normalisiert. Es kam zu Jugendaustausch und Städtepartnerschaften. So musste man sich die Frage stellen, warum ein Jude in England leben dürfe, nicht aber in Deutschland, und wo eigentlich der Unterschied liege. Ich glaube, dass zwar nur die Wenigsten in Israel auch heute offen zugeben würden, dass es normal ist, wenn Juden in Deutschland leben. Aber man hat sich damit arrangiert. Es gab allerdings noch ein kleines Problem mit der Zuwanderung der russischen Juden nach Deutschland. Jahrzehntelang hatte sich Israel darum bemüht, die Sowjetunion davon zu überzeugen, den Juden das Auswanderungsrecht nach Israel zu gewähren. Endlich war dies nach 1990 möglich, und die meisten russischen Juden, die emigrierten, kamen tatsächlich nach Israel. Dennoch wanderte eine beachtliche Anzahl russischer Juden nach Deutschland aus. Das konnten wir nicht verstehen und haben auch versucht, das zu verhindern.

Inwiefern?

Die israelische Regierung hat Druck auf die Bundesrepublik ausgeübt, die Juden aus der Sowjetunion nicht in Deutschland aufzunehmen. Doch die deutsche Regierung hat sich dem nicht gebeugt, da sie von den jüdischen Gemeinden in Deutschland, die wachsen wollten, Rückenstärkung erhielt. Letztendlich haben wir uns damit abgefunden. Ein russischer Jude darf dort leben, wo er will, und Israel hat kein Recht, ihm vorzuschreiben, wo der angemessene Platz für ihn ist. Zwar glaube ich, dass wir theoretisch noch immer an der Idee festhalten, dass Juden in Israel leben sollten und nicht anderswo. In der Praxis aber wird vollkommen akzeptiert, dass nicht alle Juden nach Israel auswandern möchten. Auch die verächtliche Haltung der Israelis deutschen Juden gegenüber gehört der Vergangenheit an. Deutsche Reisende sind in Israel noch nie belästigt worden. Bis auf deutsche Juden oder Juden, die sich nach dem Zweiten Weltkrieg in Deutschland niedergelassen haben – sie wurden in der Vergangenheit in Israel oft beleidigt und beschimpft, jetzt aber nicht mehr.

Warum sind Juden nach allem, was ihnen die Deutschen angetan haben, nach Deutschland zurückgekehrt?

Der größte Teil der Juden, die in Deutschland leben, waren ursprünglich keine deutschen Juden. In den seltensten Fällen sind die vom Naziregime Verfolgten nach Deutschland zurückgegangen. Lediglich von den Älteren, die im Ausland kein neues Leben aufbauen konnten, kehrten einige unmittelbar nach dem Krieg nach Deutschland zurück. Aber die meisten, die nach dem Zweiten Weltkrieg in Deutschland jüdische Gemeinden gegründet haben, kamen als Flüchtlinge aus Osteuropa. Die Amerikaner haben sie in Deutschland in den sogenannten »displaced person camps« beherbergt, wo sie nur aus Not und vorübergehend bleiben wollten. Sobald sie ein Land finden konnten, das bereit war, sie aufzunehmen – und ab 1948 war das für die Mehrheit Israel –, haben sie Deutschland wieder verlassen. Eine kleine Minderheit jedoch ist geblieben. Von jüdischer Seite warf man ihnen vor, nicht einmal deutsche Juden zu sein, die ihre Heimat vermissten. Deshalb hätten sie nichts in Deutschland verloren. Durch sie entstand jedoch in Deutschland wieder eine jüdische Gemeinde.

Wie reagierte Israel auf die jüdischen Gemeinden in Deutschland?

Eher negativ. Im Januar 1996, während meiner Amtszeit in Bonn, kam der damalige israelische Präsident Ezer Weizman zum Staatsbesuch nach Deutschland. Er war bekannt dafür, immer direkt, also undiplomatisch seine Meinung kundzutun. Unser erster Termin – abgesehen von dem offiziellen Empfang am Flughafen – war ein Treffen mit Ignatz Bubis, dem damaligen Vorsitzenden des *Zentralrats der Juden* in Deutschland. Im Verlauf des Gesprächs sagte Weizman den jüdischen Repräsentanten klipp und klar: »Ich verstehe nicht, warum ihr in Deutschland lebt. Was habt ihr hier verloren?« Die Mitglieder des *Zentralrats* waren verblüfft und wussten nicht, wie sie reagieren sollten. Sie waren die Gastgeber des israelischen Präsidenten, und er beschimpfte sie, weil sie in Deutschland lebten. Auf dem Rückweg sagte ich dem israelischen Präsidenten noch im Auto: »Es ist natürlich Ihr Recht, den Juden zu sagen, was Sie wollen. Dies würde ich jedoch vor den nichtjüdischen Deutschen nicht wiederholen. Wollen Sie von den Deutschen verlangen, dass sie noch immer ein judenreines Deutschland anstreben?« Der Präsident sagte, daran habe er nicht gedacht, und stimmte mir zu. Trotzdem gab er ein Fernsehinterview und teilte mit, er habe eben den Juden gesagt, dass er nicht verstehen könne, was sie hier verloren hätten; sie sollten nicht in Deutschland leben. Am nächsten Morgen hat man mich in einem Interview gefragt, was ich dazu zu sagen hätte. Ich antwortete, dass bei uns jeder Bürger das Recht habe, seine Meinung zu äußern, selbst der Staatspräsident. Seine Äußerung sei also nicht mehr und nicht weniger als seine persönliche Meinung gewesen.

VORURTEIL 6

Schweizer Banken drücken sich um die
Rückgabe der Vermögen von Holocaust-Opfern –
israelische niemals

Sechs Millionen im Holocaust ermordete Juden hinterlie-
ßen beachtliche Gelder und Vermögenswerte. Einen erheblichen Teil davon raubten die Nazis im Zug ihres Arisie-
rungsfeldzugs, zunächst in Deutschland selbst, später in den
von ihnen eroberten Ländern. Manchen Juden gelang es
jedoch, beizeiten einen Teil ihres Vermögens ins Ausland zu
schaffen und in verschiedenen europäischen Staaten auf
Bankkonten anzulegen. Im Gegensatz zu seinen rechtmäßigen Besitzern hat dieses Geld den Zweiten Weltkrieg unver-
sehrt überstanden. Mitte der 1990er-Jahre gelangte das
Thema als Affäre um die Schweizer Banken in die Schlagzeilen. 1996 wurde unter Leitung des früheren Chefs der amerikanischen Notenbank Paul Volcker eine Kommission ernannt. Sie sollte sämtliche nachrichtenlosen Bankkonten in
der Schweiz untersuchen und herausfinden, welche davon
im Holocaust ermordeten Juden gehört hatten. Das starke
öffentliche Interesse an der Sache führte dazu, dass sich Ende
der 1990er-Jahre auch einige größere deutsche Banken einer
Überprüfung unterziehen mussten, allen voran die *Deutsche
Bank* und die *Dresdner Bank*. Der Staat Israel, der – anders
als im Fall der Wiedergutmachungszahlungen – diesmal

keine offizielle Partei darstellte, versäumte es jedoch nicht, während all dieser Vorgänge unablässig Druck auf sämtliche Beteiligte auszuüben: Man müsse historische Gerechtigkeit walten lassen und das geraubte Geld seinen Erben zurückerstatten. Kein Mensch konnte damals ahnen, dass solche Gelder auch in dem Staat zu finden waren, der es sich auf seine Fahne geschrieben hatte, seine Stimme für die Opfer zu erheben.

Diese unglaubliche Geschichte beginnt mit einem Mann und einem Schriftstück während eben jener Tage, als die ganze Welt erregt über das Verhalten der Schweizer Banken debattierte. Im Sommer 1996 war der Historiker Yossi Katz mit einer Studie über die Bodenerwerbspolitik des jüdischen Nationalfonds *KKL* beschäftigt. Im Lauf seiner Arbeit im *Jerusalemer Zionistischen Zentralarchiv* stieß er dabei auf ein *KKL*-Dokument vom 9. März. 1947. Dieses schilderte die Bemühungen des Fonds, Kapitalanlagen von Verschollenen ausfindig zu machen, die sich in den Banken Eretz Israels, also des ehemaligen britischen Mandatsgebietes Palästina, befunden hatten. Ein diesbezügliches Ersuchen des *KKL* an die damals größte Bank des Landes, die *Anglo Palestine Bank* – die heutige Bank *Leumi le-Israel* –, war von Letzterer abgewiesen worden mit der Begründung, man sei verpflichtet, das Bankgeheimnis zu wahren. 50 Jahre lang wurde die Angelegenheit unter Verschluss gehalten als Geheimnis, das wohl nie jemand lüften würde – bis Professor Katz sich der Sache annahm. Das Dokument hatte seinen Verdacht geweckt: Gab es etwa auch in Israel Vermögenswerte, die den im Holocaust ermordeten Juden gehörten? Seine Anfragen bei Banken und wissenschaftlichen Einrichtungen ergaben, dass keiner etwas über das Thema wusste und die Angelegenheit auch noch nie untersucht worden war. Schon bald brachte eine erste gründlichere Nachforschung ans Tageslicht, dass sich solches Kapital tatsächlich in den Händen des Staates und der israelischen Banken befand. In den Monaten Mai und August 1997 veröffentlichte Katz in der Tageszeitung *Ha'aretz* zwei Artikel mit seinen vorläufigen Ergebnissen über die Existenz der Gelder. Er forderte den Staat auf, der Angelegenheit nachzugehen und dafür zu sorgen, dass der Besitz den jeweiligen Erben zurückerstattet werde. Der Appell an die staatlichen Institutionen verhallte ohne Echo. Nun machte sich der Historiker selbst daran, die Sache zu prüfen. Im Dezember 1999 brachte er seine Studie unter dem Titel *Das vergessene Kapital* zum Abschluss.[80] Die Banken hatten sich während dieses gesamten Arbeitsprozesses geweigert, mit ihm zu kooperieren.

Yossi Katz zeigte in seinem Buch auf, wie es zur Einrichtung der besagten Bankkonten gekommen und was mit diesen in den Jahren des Krieges und nach der Gründung des Staates Israel 1948 geschehen war. Weiter ging er der Frage nach, wo sich das Geld heute befinden könnte. Seit Anfang des 20. Jahrhunderts hatten manche europäische Juden Geld in Palästina angelegt und dort Wertpapiere und Grundbesitz erworben. Ihre Beweggründe für diese Investitionen waren zumeist wirtschaftlicher und zionistischer Natur gewesen. Ein Teil der Anleger wollte sich dort eine materielle Basis für eine eventuelle zukünftige Einwanderung schaffen. Erst recht während der 1930er-Jahre war eine Investition im Land für die mitteleuropäischen und vor allem die deutschen Juden ein möglicher Weg, einen Teil ihres Besitzes zu retten – waren sie doch zunehmend mit Raub- und Enteignungsaktionen seitens ihres Heimatstaates konfrontiert, der sich ihnen immer weiter und stärker entfremdete.

Zwei Tage nach dem Einfall der Deutschen in Polen, am 3. September 1939, erklärte Großbritannien Nazideutschland den Krieg. In Folge davon erließ die britische Mandatsregierung in Palästina am 5. September 1939 die sogenannte *Verordnung zum Handel mit dem Feind* – »Trading with the Enemy Ordinance«. Darin wurde jeder Staat als »Feindstaat« definiert, der sich mit England im Kriegszustand befand – also Deutschland, von Deutschland annektierte Staaten und Gebiete sowie Deutschlands Verbündete. Die Verordnung begann mit Polen und erstreckte sich im weiteren Zeit- und Kriegsverlauf über einen Großteil Europas. Bis Mitte 1941 umfasste sie bereits 27 Gebiete, die zu unterschiedlichen Daten in die Liste aufgenommen worden waren: Deutschland, Österreich, die Tschechoslowakei, Danzig, Polen, Italien, Libyen, Holland, Belgien, Luxemburg, Frankreich, Französisch-Marokko, Algerien, Dänemark, Norwegen, Jugoslawien, Griechenland, Bulgarien, Ungarn, Rumänien, Bessarabien, der russische Teil Polens, die besetzten Teile der Sowjetunion, Litauen, Estland und Lettland. Sämtliche Einwohner dieser Staaten, die keine britischen Staatsangehörigen oder Bürger des Mandatsgebietes Palästina waren, galten fortan als »Bürger von Feindstaaten«.

Die Verordnung verpflichtete dazu, sämtlichen »Feindbesitz« einer eigens zu diesem Zweck ins Leben gerufenen Körperschaft zu überantworten, dem *British Custodian of Enemy Property* – Treuhänder für Feindbesitz –, Immobilien, Mobilien, Gelder und Wertpapiere, die sich im Besitz von »Bürgern feindlicher Staaten« und auf dem Territorium des Mandatsgebietes befanden. Ein Teil der in den Banken verwahrten Gelder wurde konfisziert und auf das Treuhandkonto übertragen. Andere Konten verblieben bei den Banken und wurden als »eingefroren« gekennzeichnet. Jede Transaktion auf einem solchen Konto musste vom Treuhänder bewilligt werden, und die Banken waren verpflichtet, diesem in jedem Quartal einen aktuellen Kontoauszug vorzulegen. Weder konfiszierten noch eingefrorenen Konten wurden etwaige Zinsen oder Teuerungsausgleiche gutgeschrieben. Auch die Wertpapiere von Bürgern feindlicher Staaten blieben in den Banken liegen, die dem *Custodian* sämtliche daraus resultierenden Gewinne überweisen mussten: Zinsen, Erlöse und Dividenden. Um ein konfisziertes oder eingefrorenes Konto bzw. Wertpapiere zu »befreien«, musste eine Person zunächst einen rechtskräftigen Nachweis dafür vorlegen, dass sie das von Deutschland besetzte Territorium verlassen hatte, und dann ein Ersuchen einreichen, welches den *Custodian* hinlänglich überzeugte, dass diese Person nicht mehr als »Feind« zu definieren sei. Der Antragsteller erhielt dann die Nominalsumme abzüglich drei Prozent Bearbeitungsgebühr für Vermögenspflege.

Die britische Mandatsregierung in Palästina weigerte sich, der prekären Lage der Juden im Deutschen Reich oder unter deutscher Besatzung Rechnung zu tragen. Daher fielen die NS-Verfolgten und Naziopfer in Deutschland, Polen, Sowjetrussland und den anderen genannten Staaten, die in Palästina Eigentum besaßen, unter die Definition der »Feind«-Verordnung – wegen des Krieges, den Großbritannien eben jenem Deutschland erklärt hatte, das seinerseits ihre Vernichtung beabsichtigte. Versuche führender Persönlichkeiten der jüdischen Bevölkerung jener Länder, die als Feindstaaten verzeichnet waren, die Juden als Sonderfall berücksichtigen zu lassen, scheiterten. Die Briten zogen es vor, die Opfer des Nationalsozialismus in Deutschland und Europa auch weiterhin als Staatsbürger des Feindes zu betrachten und deren Besitz einzubehalten. Als sich die Rauchwolken über dem niedergebrannten Europa 1945 allmählich verzogen, wurde klar, dass viele der Eigentümer solcher Besitzwerte dem Holocaust zu Opfer gefallen waren und niemals zurückkehren würden, um einzufordern, was ihnen gehörte.

Im Mai 1948 endete die britische Mandatsherrschaft über Palästina. Ben Gurion rief die Gründung des jüdischen Staates aus und sah sich unmittelbar darauf gezwungen, dessen Unabhängigkeit mit Waffengewalt zu erkämpfen. Allerdings hob auch der Staat Israel die *Trading with the Enemy Ordinance* nicht auf – er ersetzte lediglich den britischen Beauftragten durch einen israelischen, der der Vermögensabteilung des Finanzministeriums unterstellt war. Sehr bald schon fand der israelische Bevollmächtigte heraus, dass ein erheblicher Teil der Gelder nach London überwiesen worden war und das Land gemeinsam mit den Briten verlassen hatte. Die Regierungen Israels und Großbritanniens stritten sich lange und hartnäckig um diese Vermögenswerte. Erst im März 1950 kamen die Verhandlungen zum Abschluss: Von den 2,9 Millionen britischen Pfund Sterling, die die Briten hatten mitgehen lassen, wurden 1,4 Millionen zurückerstattet – in Gegenleistung für die Rücknahme anderer Forderungen, die die Israelis an die ehemaligen Mandatsherrscher hatten. 1968 übertrug der *Israeli Custodian of Enemy Property* sämtliche unter seiner Kontrolle befindlichen Vermögenswerte dem *Allgemeinen Vermögensverwalter* im Justizministerium.

Sowohl die Banken als auch der Staat erstatteten jahrelang – wenn auch offensichtlich widerwillig, nachlässig und zögernd – Gelder an diejenigen Überlebenden und auch die Erben der Ermordeten zurück, die von deren Existenz wussten und diese auch einforderten. Ohne Zinsen und Teuerungsausgleich hatte das Geld allerdings erhebliche Einbußen erlitten und war weit von seinem realen Wert am Tag der Einzahlung entfernt. Kleinere Konten im Wert von weniger als einhundert britischen Pfund Sterling, eine Summe, die in den 1920er- und 1930er-Jahren noch Bedeutung hatte, waren bis zum völligen Verlust aufgerieben worden. Zu keinem Zeitpunkt jedoch unternahmen der *Beauftragte für Feindbesitz*, der *Allgemeine Vermögensverwalter* oder gar die Banken irgendeine Anstrengung, Erben ausfindig zu machen und aus eigenem Antrieb Besitzwerte zurückzuerstatten. Obwohl klar war, dass ein Teil der Gelder von Menschen angelegt worden war, die den Holocaust nicht überlebt hatten, wurde darüber hinaus auch keinerlei Versuch unternommen, zwischen diesen und anderen ruhenden Konten zu unterscheiden oder für dieses Geld eine eigene Kategorie zu schaffen, die eine besondere Betreuung erforderte.

Ende 1999 hatte Katz sein Buch also beendet und beabsichtigte, dieses zu veröffentlichen. Wie er darin deutlich zum Ausdruck brachte, hoffte er, dass es über die Erhellung des historischen Sachverhalts hinaus endlich auch das Echo hervorrufen würde, das seinen Artikeln versagt geblieben war — doch noch jenen politischen Apparat in Bewegung zu setzen, der sich bis dato gleichgültig gezeigt hatten. Zur selben Zeit schloss auch die *Volcker-Kommission* ihre vierjährige Arbeit ab und reichte am 6. Dezember ihren Schlussbericht ein, der die diskreten Schweizer Banken ins grelle Licht der öffentlichen Aufmerksamkeit rückte.

Im Januar 2000 legte die Knesset-Abgeordnete Colette Avital dem israelischen Parlament einen Vorschlag vor, dessen Verwirklichung Katz schon seit über drei Jahren vergeblich gefordert hatte: Sie verlangte die Einrichtung eines parlamentarischen Untersuchungsausschusses, der sich mit dem in Israel befindlichen Kapital- und Grundbesitz von Holocaust-Opfern befassen sollte. Wie Avital später berichtete, musste sie bis kurz vor der Parlamentsdebatte über ihren Antrag dem massiven Druck des Justizministers, seines Ministeriums und natürlich auch der Banken standhalten: Alle versuchten, Avital von ihrem Vorhaben abzubringen und ihre Initiative zu torpedieren. Als die Angelegenheit der Knesset-Vollversammlung vorgetragen wurde, wagte es allerdings keiner, seine Hand zu heben und gegen die Untersuchung zur Rückerstattung der Gelder zu stimmen. Am 15. Februar 2000 wurde der Vorschlag einstimmig angenommen. Nun konnte Katz seinem bereits im Druck befindlichen Werk einen Schlussabsatz hinzufügen, in dem er seiner Hoffnung Ausdruck gab, dass dies nun vielleicht doch der Beginn einer Geschichte sein könnte, die Auswirkungen auf die Realität haben würde. Katz nahm am 14. März 2000 auch als Berater an der ersten Sitzung des Ausschusses teil.

Der *Parlamentarische Untersuchungsausschuss zur Auffindung und Rückerstattung des Besitzes von Holocaust-Opfern* war geboren. Er bestand aus neun Abgeordneten der verschiedensten Parteien, den Vorsitz führte Colette Avital selbst. Seine Gründung war ein erster Schritt auf dem langen Weg zur Rückerstattung der Vermögenswerte an ihre rechtmäßigen Erben. Der rasche Wechsel in der politischen Landschaft Israels und der Zusammensetzung seiner Regierungen und seines Parlaments, der Mangel an Kontinuität und der Widerstand der Banken haben diesen Ausschuss nahezu ab dem Tag seiner Gründung bis zur Veröffentlichung seines abschließenden Berichts am 18. Januar 2005 begleitet. Es bedurfte anfangs zäher Verhandlungen, die ein ganzes Jahr andauerten, bis sich jene Banken kooperativ zeigten, von denen man vermutete, dass sie einen Großteil des Geldes verwahrten. Erst am 19. April 2001 unterzeichnete die Knesset eine Grundsatzvereinbarung mit fünf israelischen Bankinstituten. Dieses Abkommen war das erste in der gesamten Geschichte des einheimischen Bankwesens, das eine Überprüfung durch eine externe Körperschaft zuließ – zu den vom Ausschuss festgelegten Bedingungen.

Im Juli 2001 veröffentlichte die Knesset eine Ausschreibung für Buchprüfer, und am 10. Oktober 2001 wurden fünf Kanzleien ausgewählt, die jeweils eine der Banken umfassend untersuchen sollten. Diese Kanzleien wurden autorisiert, die Konten zu überprüfen sowie Konten von Holocaust-Opfern ausfindig zu machen und festzustellen, wie mit diesen im Hinblick auf Zinsen, Bearbeitungsgebühren oder Überweisungen an Dritte, seien es britische oder auch israelische Treuhänder, verfahren worden war. Weiter untersuchten sie, was die Banken zur Auffindung etwaiger Erben unternommen hatten und wie Anträge auf Forderungen nach Identifizierung von Vermögenswerten bearbeitet worden waren. In dem Bericht, der schließlich auf dem Tisch der Vollversammlung landete, wurden die historischen Hintergründe abermals aufgerollt und die Punkte abgesteckt, die auf den 21 Sitzungen seit August 2000 debattiert worden waren. Während der gesamten Tätigkeit des Ausschusses waren dessen Buchprüfer gezwungen gewesen, mit den Rechtsanwälten der Banken über jede einzelne Akte zu streiten. Tatsächlich hatten die Anwälte der Banken nichts unversucht gelassen, um die Haftbarkeit der Banken, die Zahl der relevanten Konten und die Summe, die an jeden einzelnen Erben auszuzahlen war, so weit wie möglich einzuschränken. Nach endlosem Hin und Her sowie zahlreichen Verzögerungen und Hindernissen schloss der *Banken-Untersuchungsausschuss* seine Arbeit im Dezember 2004 ab.

Nahezu vier Jahre lang hatten die Buchprüfer in den Banken sowie beim *Allgemeinen Vermögensverwalter* Zehntausende von Akten untersucht, bevor sie ihr Resümee zogen. Was sie feststellten, war, dass auch nach Ende des Zweiten Weltkriegs Gelder und Konten in den Banken verblieben waren. Die dem Staat übertragenen Anlagen waren nicht gemäß ihrem realen Wert überwiesen worden. Dasselbe galt für die Gelder, die ihren rechtmäßigen Besitzern zurückerstattet worden waren, sei es durch den Staat oder die Banken. Überlebende oder Erben von Opfern, die Rückerstattungsforderungen eingereicht und diese auch durchgesetzt hatten, hatten nicht den realen Wert ihrer Gelder bekommen, wobei die Banken ihrerseits keinerlei Versuch unternommen hatten, selbst Erben ausfindig zu machen und die Vermögenswerte an ihre Eigentümer zurückzuerstatten. Ebenso wenig hatten sie sich bemüht, nach Konten zu suchen, selbst wenn sie von deren Besitzern oder deren Erben dazu aufgefordert worden waren. Die besagten Geldanlagen waren entweder dem Staat übertragen worden – und das, wie gesagt, nicht nach ihrem realen Wert –, oder es handelte sich dabei um Sparkonten und Wertpapiere, die in den Banken geblieben waren. Selbst als der *Allgemeine Vermögensverwalter* im Jahr 1998 und die Banken im Jahr 2000 ihre Listen veröffentlichten, wurde Akten oder Konten, die mit hoher Wahrscheinlichkeit Shoah-Opfern gehörten, kein Sonderstatus zuerkannt.

Beim *Allgemeinen Vermögensverwalter* stellten die Buchprüfer fest, dass 835 Akten geschlossen worden waren, da sich deren »Haben«-Betrag auf weniger als 100 Pfund Sterling belaufen hatte. Auch die Inflation hatte zum Wertverlust einer erheblichen Anzahl dieser Konten beigetragen: 100 britische Pfund Sterling des Jahres 1939, eine Summe, die in jenem Jahr zwanzig oder dreißig Monatslöhnen eines Arbeiters entsprochen hatte, waren 1980 nur noch zehn damalige israelische Schekel wert. Auch Bankguthaben, von denen im Lauf der Jahre Bearbeitungsgebühren abgezogen worden waren, konnten sich so weit reduziert haben, dass deren ermordeter Besitzer der Bank nun Geld schuldete. Wie der Ausschuss außerdem feststellte, handelte es sich bei einem Teil der Summe, die der Staat und die Banken den Erben auszuzahlen hatten, um Gelder, die ihren Besitzern bereits »zurückerstattet« worden waren – jedoch ohne Zinsen, Teuerungsausgleich und weit vom Realwert entfernt. Ebenso waren auch die Gelder, die im Lauf der Jahre auf Basis des Bankgesetzes an den Treuhänder überwiesen worden waren, nach ihrem Nominalwert überwiesen worden. Der Großteil des Geldes jedoch befand sich letztlich in den Händen des Staates Israel und rührte von Besitzwerten her, die vom britischen Treuhänder und dessen israelischem Nachfolger oder dem *Allgemeinen Vermögensverwalter* verwahrt worden waren. Nach 36 Sitzungen zum Thema, die ab Juni 2000 stattgefunden hatten, wurde der Abschlussbericht des Untersuchungsausschusses schließlich im Dezember 2004 der Knesset vorgelegt.

Selbst danach sollte sich zeigen, dass der Weg von den Ergebnissen des Ausschusses bis zur von Katz herbeigesehnten »historischen Gerechtigkeit« noch lang und steinig war.

Der eindrucksvolle Bericht betonte nicht zuletzt, wie anerkennenswert die Tatsache sei, dass die Banken ihre Zustimmung zu dieser Überprüfung gegeben hatten. Nicht einmal andeutungsweise erwähnte der Ausschuss die ungeheuren Schwierigkeiten, mit denen die Banken während dieser ganzen Zeit versucht hatten, seine Arbeit zu torpedieren. Dennoch sickerte die Wahrheit bereits in den ersten Tagen nach der Veröffentlichung des Berichts durch; die israelischen

Medien nannten zahlreiche Beispiele für das fragwürdige Verhalten, das die Banken im Lauf der Untersuchung an den Tag gelegt hatten. In einem auf der Nachrichten-Website *Nana* am 5. Dezember 2004 veröffentlichten Artikel wurden die Bank *Hapoalim* und die *Israel Discount Bank* angegriffen, sie hätten versucht, das Geld der Holocaust-Opfer in die eigene Tasche zu stecken. Einen Tag zuvor hatte die *Jerusalem Post* die – im offiziellen Bericht nicht erwähnte – scharfe Kritik des Ausschusses an der Bank *Leumi* zitiert, und Mitte Januar erschien in der Tageszeitung *Ha'aretz* ein Artikel darüber, welchen Hindernislauf der Ausschuss während seiner Arbeit mit den Banken bewältigen musste, allen voran den gegen die Bank *Leumi*.[81]

So beeindruckend der Bericht war, alle Beteiligten wussten, dass er allein nicht ausreichen würde, um das Rad ins Rollen zu bringen. Die Abgeordnete Colette Avital, nach wie vor engagiert, hatte sich schon vor der Veröffentlichung der Ergebnisse an den damaligen Justizminister Josef (Tommy) Lapid gewandt mit der Bitte, einen entsprechenden Gesetzentwurf auszuarbeiten. Ihr war bewusst, dass die Banken ohne ein solches Gesetz niemals zahlen würden. Parallel zu diesem Regierungsentwurf arbeitete die Abgeordnete mit einer Reihe weiterer Kollegen an einem eigenen Gesetzentwurf zum Thema. Ihre Befürchtungen waren nur allzu berechtigt. Unmittelbar nach Veröffentlichung des Berichts hatte man den Banken drei Wochen gegeben, um darauf zu reagieren. Ende des Monats ersuchten diese um einen Aufschub von anderthalb Jahren, der ihnen gewährt wurde.

Nach fast einem Jahr heftiger Debatten im Kabinett legte die Regierung der Knesset ihren Entwurf vor, der diese noch im selben Monat in erster Lesung passierte. Colette Avital wurde zur Vorsitzenden des Unterausschusses ernannt, der das Gesetz für die zweite und dritte Lesung vorbereiten sollte. Die erste Ausschusssitzung fand im Juli 2005 statt, und am 21. Dezember, kurz vor der Auflösung der 16. Knesset, bewilligte das Parlament, natürlich einstimmig, das Gesetz, das fortan den Namen *Gesetz zum Vermögen der Holocaust-Opfer* tragen sollte. Dieses neue Gesetz bestimmte die Gründung einer staatlichen Stelle, die sich um all das kümmern sollte, was eigentlich Aufgabe des *Allgemeinen Vermögensverwalters* gewesen wäre: die Verwaltung des Geldes, das Auffinden von Erben, die Rückerstattung sowie die Nutzung der übrig gebliebenen Gelder. Was dem *Allgemeinen Vermögensverwalter* noch zu tun blieb, war, die Gelder dieser Institution zu übertragen, deren Aufgaben das Gesetz sorgfältig auflistete, einschließlich der Art ihrer Gründung, des Charakters ihrer Verwaltung und einer 15-jährigen Laufzeit ihrer Aktivitäten.

Am heftigsten umstritten waren natürlich die Themen Neubewertung und Zinsen. Auch hierzu beschloss die Knesset die Ernennung einer professionell besetzten Kommission, die stellvertretend für sie entscheiden sollte. Man legte deren Aufgaben, die Bestimmung ihrer Mitglieder und die Richtlinien für deren Arbeit fest. Ihre Schlussfolgerungen sollten für alle Beteiligten bindend sein. Die Rückerstattung des Geldes wurde in einem eigenen Gesetz verankert. Darin heißt es, dass jede Körperschaft mit Ausnahme des *Allgemeinen Vermögensverwalters*, die Besitz von Holocaust-Opfern in Händen hält – dazu zählen selbstverständlich auch die Banken –, verpflichtet sei, die Stelle innerhalb von dreißig Tagen zu informieren, und innerhalb von zwei Monaten die vorgegebenen Zinsen auszuzahlen. Die Banken mussten also die Gelder zurückerstatten, wobei ihnen der Gesetzgeber allerdings eine erhebliche Fristverlängerung gewährte – zum einen sollte die Kommission ernannt werden und ihre Ergebnisse ausarbeiten, zum anderen die Stelle ihre Arbeit aufnehmen. Für die Banken und den Staat bedeutete das eine Galgenfrist von mindestens einigen Monaten. Für die Erben und Not leidenden Holocaust-Überlebenden hieß das jedoch möglicherweise, dass das Geld zu spät kommen könnte.

Ende Mai 2007 gab Yishai Amrami, der Vorsitzende der Stelle, die damit betraut war, Vermögenswerte von Holocaust-Opfern ausfindig zu machen, der Presse bekannt, dass Anfang Juni eine vollständige Liste sämtlicher in ihren Händen befindlicher Vermögenswerte veröffentlicht werden sollte und dass der *Allgemeine Vermögensverwalter* damit begonnen habe, ihr in beträchtlichem Umfang Grundstücke, Wohnungen und Gelder zu übertragen. In derselben Pressemitteilung der Tageszeitung *Ha'aretz* wurde auch vermerkt, dass die Banken bislang nichts überwiesen hätten. Das Blatt zitierte Marina Solodkin, ein Mitglied des Ausschusses, die geäußert hatte, die Banken müssten vor dem Obersten Gericht verklagt werden. Auch Colette Avital selbst bezeugte, sie habe den Banken immer wieder drohen müssen.

Am 20. Juni 2007 veröffentlichte Yishai Amrami die Liste der Besitzwerte, und am 10. Juli 2007 konnte ein kleiner historischer Durchbruch verzeichnet werden: An diesem Tag erfolgte die erste Rückerstattung einer Geldanlage an einen Erben zum Realwert durch die Institution, die vom Staat zu diesem Zweck eingerichtet worden war. Am 12. Oktober 2007 veröffentlichte sie die Namen von 55 000 Holocaust-Opfern, die vor ihrer Ermordung 113 000 Aktien der Firma *Jewish Colonial Trust* (JCI) erworben hatten, und am 13. Januar 2008 erhielten 15 Erben Rückerstattungen im Gesamtwert von 2,5 Millionen Schekel (eine halbe Million

Euro). Unlängst gab die Organisation ihre Absicht bekannt, 100 Millionen Schekel (20 Millionen Euro) für Not leidende Holocaust-Überlebende bereitzustellen, davon 75 Millionen (15 Millionen Euro) in Form direkter Unterstützung und 25 Millionen (5 Millionen Euro) an Hilfsorganisationen.

Augenscheinlich war das das Ende der Affäre. Was als altes und vergessenes Dokument begonnen hatte, das Yossi Katz in die Hände gefallen war, hatte zehn Jahre später schließlich wirklich zur Rückerstattung von Vermögenswerten geführt. Und die Banken? Einen Tag, nachdem der erste Erbe sein Geld bekommen hatte, veröffentlichte die Bank *Leumi* eine Pressemitteilung, in der sie ihre Absicht kundgab, einen Richter a.D. zu ernennen, der die Forderung der staatlichen Stelle gegenüber der Bank überprüfen solle. Dabei versteifte sich die Bank auf die Behauptung, dass sämtliche bei ihr deponierten Gelder an den britischen und den israelischen Treuhänder sowie den *Allgemeinen Vermögensverwalter* über- wiesen worden seien. Sie schulde also niemandem etwas. Als »Geste des guten Willens« sei sie jedoch bereit, der Organi- sation 20 Millionen Schekel (4 Millionen Euro) zu übertra- gen.

Die Affäre um die in Israel gehorteten Gelder von Holocaust- Opfern offenbart eine hässliche Geschichte, die jedoch ein gutes Ende nahm. Jahrzehntelang war die Angelegenheit verborgen worden. Als sie ans Tageslicht kam, unternahmen einzelne zielstrebige Personen im Rahmen der staatlichen Institutionen einige Anstrengungen – Einsetzung eines Un- tersuchungsausschusses, Gesetzgebung sowie die Einrich- tung staatlicher Stellen, die für die Rückerstattung der Gel- der an ihre rechtmäßigen Besitzer Sorge tragen sollten –, um Licht in die Angelegenheit zu bringen und Unrecht nicht einfach auf sich beruhen zu lassen. In jüngster Zeit zeichnen sich nun erste Ergebnisse ab. Was die Banken anbelangt, so versuchen sie ganz offensichtlich, das Ende so weit wie möglich hinauszuzögern. Die neue Gesetzgebung jedoch dürfte es ihnen letztlich sehr schwer machen, einer Zahlung zu entgehen.

Diese Geschichte enthält aber auch eine optimistische Botschaft: Es ist der Sieg von David gegen Goliath. Sie zeigt, dass engagierte Menschen die Räder der Geschichte in Bewegung setzen können. Yossi Katz liest ein Schriftstück, Colette Avital öffnet die Wochenendausgabe einer Zeitung, und der Kampf der beiden gegen Mächte, die um vieles stärker sind, legt neue politische Richtlinien fest und verändert die Realität. Besonders augenfällig ist die Diskrepanz zwischen der dokumentierten offiziellen und öffentlichen Debatte und dem, was hinter den Kulissen geschah. Die offiziellen Unterlagen zeugen von einem allgemeinen Konsens und einem ordentlichen, rechtschaffenen Prozess, der darauf abzielte, sämtliche Vergleiche mit den Schweizer Banken ad absurdum zu führen. Schließlich hat der jüdische Staat da, wo es um den Holocaust geht, eine andere Ethik. Unterm Tisch jedoch zeigt sich eine ganze Menge Hässlichkeit, böses Blut und gegenseitiges Drohen mit gerichtlichen Klagen. Das Wörtchen »Schweiz« war dabei die ganze Zeit hindurch präsent und wurde unter dem Siegel der Verschwiegenheit auch ausdrücklich erwähnt.

Genau genommen ist der Vergleich mit den Schweizer Banken aber ziemlich populistisch. Dort waren vier Millionen Konten in 254 Banken von 650 Buchprüfern überprüft worden. Diese Milliardensummen können schwerlich mit den paar Millionen verglichen werden, die in Israel von fünf Bankinstituten einbehalten wurden. Im Falle der Schweiz wurden Privatbanken überprüft, wobei der für diese verantwortliche Schweizer Bundesstaat und die Nationalbank ihre Kooperation durchweg verweigerten. In Israel hingegen engagierte sich der Staat auf eindrucksvolle Weise, um seinen Anteil an dem Unrecht wiedergutzumachen und private Körperschaften durch Druck zu veranlassen, ebenso zu handeln. Eine Lehre lässt sich allerdings aus diesem Vergleich und der gesamten Geschichte ziehen: Banken sind Finanzinstitute, deren vorrangiges Ziel es ist, ihr Vermögen zu bewahren und ihre Gewinne zu maximieren. Sie sind alles andere als Wachhunde der Gerechtigkeit. Selbst das magische Wort »Shoah« konnte an dieser Tatsache nichts ändern, nicht einmal im Staat der Juden.

Hat Sie persönlich der Antisemitismus geprägt?

Antisemitismus war keine Realität in meinem Alltag, Ich habe nie zu spüren bekommen, was es bedeutet, Angehöriger einer Minderheit mit allen dazugehörigen Komplexen zu sein. Aber ich bin mit dem Wissen um Antisemitismus aufgewachsen. In der Schule haben wir uns eingehend mit der jüdischen Geschichte befasst, die ja zum Großteil eine Geschichte der Verfolgungen und des Leidens ist – allerorten und zu allen Zeiten. Wir gebürtigen Israelis sind ein Produkt der *Zionistischen Bewegung*. Diese ist am Ende des 19. Jahrhunderts entstanden, nachdem viele Juden zu der Schlussfolgerung gekommen waren, dass die Emanzipation der Juden in Europa gescheitert sei. Die Gleichberechtigung, die man ihnen im Laufe des 19. Jahrhunderts zugestanden hatte, hatte zwar juristischen Bestand, gesellschaftlich waren die Juden aber weiterhin geächtet und ausgeschlossen. Und nicht nur, dass die Gleichstellung der Juden gescheitert wäre. Vielleicht auch als Ergebnis ihrer emanzipatorischen Bemühungen entstand der neue, nun rassisch begründete Antisemitismus. Es ging nicht mehr unbedingt und ausschließlich um religiösen Antijudaismus, den man dadurch überwinden könne, dass man sich taufen ließe. Jetzt ging es um eine rassistische Zuschreibung, gegen die man gar nichts mehr unternehmen konnte: Man wurde verfolgt, weil man als Jude geboren wurde, und daran konnte man nichts ändern.

Die Gründer der *Zionistischen Bewegung* sahen für die Juden in Europa oder anderswo keine Zukunft mehr. Um in Würde leben zu können, lautete ihr Argument, müssten die Juden genauso leben wie alle anderen Völker – als Nation in ihrem unabhängigen, souveränen Staat. Erst dann könnten sie nicht nur in ihrem Staat, sondern auch anderswo als Minderheit leben.

Aber Ende des 19. Jahrhunderts begann eine große Auswan-

derungswelle der osteuropäischen Juden. Sie wanderten vornehmlich nach Amerika aus, wo sie ihre Zukunft sahen.

In dieser Hinsicht war Amerika ein beeindruckendes Beispiel für die Notwendigkeit eines jüdischen Staates in Palästina. In Amerika gab es im 19. Jahrhundert, in der ersten Hälfte des 20. Jahrhunderts und auch noch in den 1960er- und 1970er-Jahren einen ausgeprägten Antisemitismus. Ich denke, abgesehen vom Dritten Reich war der Antisemitismus in den USA stärker ausgeprägt als in Europa, obwohl man sich das natürlich nicht eingestehen wollte. Vorurteile gegen Minderheiten in Europa wurden bis nach dem Zweiten Weltkrieg dadurch erklärt, dass eine Nation wie die französische, die italienische oder die deutsche von den Bürgern als einheitliche Nation wahrgenommen wurde, deren Mehrheit sich unter anderem auch zu der gleichen, nämlich der christlichen Religion bekannte. Das konnte doch auf Amerika nicht zutreffen, da ja alle Bürger Zuwanderer aus den unterschiedlichsten Ländern und Kulturen waren. Warum aber wurden dort die Juden auch in der zweiten Generation diskriminiert, nicht jedoch die Zuwanderer aus Italien, Deutschland oder Polen? Wissenschaftler, die dieser interessanten Frage nachgegangen sind, kamen zu dem Schluss, dass die Diskriminierung der amerikanischen Juden auch daraus resultierte, dass sie keinen eigenen Staat hinter sich hatten. Deshalb, so argumentierte die *Zionistische Bewegung*, müssen wir unseren eigenen Staat gründen, um auch im Ausland souverän leben zu können. Mit dieser Idee sind wir aufgewachsen.

In Paris haben Sie einmal das Theaterstück Die Goldfische *gesehen und eine interessante Beobachtung gemacht.*

In diesem satirischen, gesellschaftskritischen Theaterstück von Jean Anouilh gibt es einen Arzt, der besonders empfindlich ist, weil er einen Buckel hat. Sein ganzes Leben ist gezeichnet von diesem Stigma. Er ist sich sicher, dass alle Leute immer auf seinen Buckel schauen, ausschließlich daran denken und ihn stets nur als Buckligen wahrnehmen und beurteilen. Er kann sich nicht von dieser Vorstellung lösen. Seine Mitmenschen hingegen wissen gar nicht, wovon er spricht, weil sie den Buckel entweder nicht sehen oder nicht darauf achten. Mir schien, dass es in dem Stück um die Empfindlichkeit gegenüber antisemitischen Vorurteilen ging. Viele Juden meinen ständig, verleumdet und diskriminiert zu werden. So habe ich das Stück jedenfalls empfunden.

Haben Juden Komplexe, weil sie überall Antisemitismus vermuten?

Nicht alle, nicht immer und nicht überall. Aber Juden leiden tatsächlich mitunter an Komplexen, die nicht zuletzt von negativen Erfahrungen herrühren, die sie gemacht haben. Das gilt im Übrigen auch für andere Minderheiten.

Gibt es einen inflationären Umgang mit dem Begriff Antisemitismus?

Das kommt durchaus vor. Man will damit den Gesprächspartner unreflektiert ins Aus drängen, anstatt sich mit seinen Argumenten auseinanderzusetzen. In solch einem Fall wird ein Kritiker als Antisemit beschimpft, man stempelt ihn als Fanatiker und Rassisten ab, der gegen einen ist, nur weil man als Jude geboren ist, und nicht, weil man etwas Falsches sagt oder tut. Wenn aber jede Meinungsverschiedenheit Antisemitismus bedeutet, dann kann der doch gar nicht so schlimm sein – dieses Bild entsteht.

Wird der Antisemitismus als Waffe benutzt, um Kritiker mundtot zu machen?

Gelegentlich. Das kann auch in Israel vorkommen. Es war sogar ganz offiziell die Strategie der Scharon-Regierung, jegliche Kritik an der israelischen Politik in den besetzten

Gebieten sofort als Antisemitismus zu bezeichnen. Auch in Deutschland kommt es vor, dass Juden andere Juden, die Israel kritisieren, als Antisemiten beschimpfen. Natürlich ist das sehr bequem. Anstatt sich zu bemühen, sich mit den Kritikern auseinanderzusetzen und sie zu widerlegen, sagte man, diese seien nicht rational, sie seien schlichtweg Rassisten.

Auch der jüdische Richter Richard Goldstone wurde als Antisemit beschimpft, als er im Auftrag der UN-Menschenrechtskommission im September 2009 einen Bericht über den Gazakrieg vorlegte, in dem Israel der Kriegsverbrechen beschuldigt wurde.

Manche warfen ihm auch jüdischen Selbsthass vor. Allerdings gab es in diesem Fall einen Unterschied: Vox populi und Kommentatoren in Israel beschimpften Goldstone als Antisemiten. Die israelische Regierung verurteilte zwar den Bericht als Verleumdung und als ein Dokument des Hasses, doch sie hat es bewusst vermieden, Goldstone persönlich anzugreifen, weil er weltweit als Jurist ein hohes Ansehen genießt und als Zionist bereits sein Leben lang mit der jüdischen Gemeinde in Südafrika und mit Israel verbunden ist.

Alle Juden sind wie Moses auf dem Berg Sinai

Das während der Shoah erlittene Leid verleiht den Juden in den Augen einiger Menschen eine besondere ethisch-moralische Urteilsfähigkeit. Sie vereinnahmen Juden als das »Gewissen der Menschheit« und fordern sie auf, zu beliebigen Problemen der Welt Stellung zu nehmen: »Gerade Sie als Jude werden sicher verstehen ...« Aber weder vor noch während, noch nach dem Holocaust waren Juden durch das ihnen angetane Leid geläuterte Wesen – und sie sind es bis heute nicht. Schon die Voraussetzung dieses Denkens, dass Leid zu erfahren den Menschen menschlicher, fühlender, besser mache, ist falsch. Das zeigte sich auch am Ort des Grauens selbst: Auch manche jüdischen Häftlinge nutzen die Lagerhierarchie zu ihrem Vorteil aus, selbst um den Preis, dass sie ihren Mithäftlingen schadeten – bis hin zur Gefährdung von deren Leben. Bekannt zu diesem Thema wurde das Buch des berühmten israelischen Journalisten Roman Frister *Die Mütze oder Der Preis des Lebens*[82], in dem er von sich selbst als Jugendlichem in einem Konzentrationslager erzählt. Er wurde, so schreibt er, von einem älteren Mithäftling vergewaltigt. Um zu verhindern, von ihm denunziert zu werden, stahl der Aggressor ihm seine Mütze. Ohne Mütze wurde man nämlich auf dem Appellplatz automatisch erschossen. So dachte der Aggressor die Gefahr zu beseitigen.

Nachts stahl Frister die Mütze eines anderen Mithäftlings, der am nächsten Morgen vor seinen Augen erschossen wurde.

Philosemitismus ist zwar das Gegenteil von Antisemitismus. Aber »ausgezeichnet« zu werden, indem man zur moralischen Instanz überhöht wird, ist ebenfalls Ausgrenzung – wenn auch mit anderem Vorzeichen. Der Wunsch der Juden ist es aber, als normal betrachtet zu werden, mit denselben Vorzügen und Fehlern, die man bei allen Menschen und bei allen Völkern finden kann. Sicherlich ist es richtig, dass einige Juden aus dem Holocaust Konsequenzen gezogen haben. Ihr Engagement in verschiedenen Menschenrechtsbewegungen ist darauf zurückzuführen. So hat der einer jüdischen, zum Katholizismus konvertierten Familie entstammende britische Rechtsanwalt Peter Benenson *Amnesty International* gegründet. Die Bewegung *Médecins sans Frontierès* – Ärzte ohne Grenzen – wurde von dem Franzosen Bernard Kouchner, dessen Vater Jude war, ins Leben gerufen und jahrelang geleitet. Unter den Weißen, die in den Vereinigten Staaten für die Rechte der Schwarzen gekämpft haben, befand sich eine große Zahl von Juden. Auch in Bosnien-Herzegowina, in Darfur, im Sudan und ganz besonders in Südafrika zu Zeiten der Apartheid haben viele Juden für die Menschenrechte gekämpft: Sie protestierten offen gegen die Rassengesetze der südafrikanischen Regierung. Viele unmittelbare Unterstützer Mandelas, die ihm freiwillige und unentgeltliche juristische Hilfe geleistet haben, waren Juden. »Nach meiner Erfahrung sind Juden offener als die meisten Weißen, was Rassenfragen und Politik betrifft, und vielleicht sind sie das deshalb, weil sie in der Geschichte Opfer von Vorurteilen gewesen sind«, sagte Mandela selbst.[83] In den USA sind es auch jüdische Studenten, die sich an den Universitäten für Palästinenser engagieren. In Israel gibt es zahlreiche ehrenamtliche, private Organisationen, die sich zum Ziel gesetzt haben, die Palästinenser zu unterstützen und so weit wie möglich zwischenmenschliche Beziehungen mit ihnen zu entwickeln. So gibt es Organisationen, die die Streitkräfte unter Druck setzen, um die Achtung der Menschenrechte anzumahnen. Zu ihren Mitgliedern gehören viele ehemalige Soldaten und Polizisten. Am bekanntesten ist wohl eine Frauenorganisation, die sich *Machsom Watch* – Straßensperrenwache – nennt. Da stehen in der Mehrzahl ältere Damen – Mütter und Großmütter – neben den Straßensperren in den besetzten Gebieten und tun nichts anderes als den ganzen Tag lang und manchmal rund um die Uhr die Soldaten zu beobachten und sie zu ermahnen, die Palästinenser nicht zu demütigen und zu misshandeln. Der Organisation gehören zahlreiche Frauen hoher Beamter, Offiziere und ehemaliger Spitzenpolitiker an. Aber ein solches Eintreten für die Rechte anderer ist kein dem Judentum exklusiv eigenes Verhalten: Menschen auf der ganzen Welt und mit den unterschiedlichsten Religionszugehörigkeiten machen es zu ihrem Anliegen.

Zu behaupten, diese kämpferische Haltung zugunsten der Verteidigung der Menschenrechte sei eine genuin jüdische Eigenschaft, ist also falsch. Tatsächlich hat die Diasporasituation die Juden über Jahrhunderte gezwungen, keine aggressive, sondern eine defensive Haltung gegenüber den nichtjüdischen Landesherren und der Mehrheitsgesellschaft einzunehmen, um deren mehr oder weniger engen Toleranzrahmen nur nicht zu verletzen und dadurch die eigene Existenz, die immer prekär war, zu gefährden. Aus der Shoah aber haben viele Juden eine ganz andere und neue Lehre gezogen: Je deutlicher sich nach dem Krieg das Ausmaß der nationalsozialistischen Vernichtung der Juden abzeichnete, je gesicherter die Opferzahlen wurden und je mehr Einzelheiten der »Endlösung« an die Öffentlichkeit drangen, desto nachdrücklicher setzte sich vor allem die jüngere Generation der Israelis mit der Frage auseinander, warum die europäischen Juden keinen Widerstand geleistet hatten. Passiv bis zur Selbstaufgabe lieferten sie sich ohne nennenswerte Gegenwehr ihren Peinigern und Mördern aus. Sie ließen sich wie die Lämmer zur Schlachtbank führen − und dieses falsche Bild löste bittere Emotionen aus, nachträgliche Scham und das Gefühl kollektiver Ohnmacht und Erniedrigung. Ein Opfer zu sein ist gefährlich, das war die Lehre, die die Mehrheit der Juden aus der Shoah zog. Man wollte sich nicht nur verteidigen, sondern auch zurückschlagen können.

Die schnelle Gründung des Staates Israel und die Treue vieler Juden in aller Welt zur *Zionistischen Bewegung* ist auch ein Ergebnis des Holocaust. Bis zum Zweiten Weltkrieg hatte ein Großteil der Juden starke Bedenken gegen einen Judenstaat mit nationaler Souveränität. Die meisten Orthodoxen dachten, die Erlösung dürfe nur von Gott kommen, also müsse man auf den Messias warten. Die Mehrheit der nichtorthodoxen Juden glaubte an eine Integration in den Staaten, in denen sie als Minderheiten lebten. Nach dem Zweiten Weltkrieg galt nun auch für die Mehrheit die Emanzipation der Juden, wie sie im 19. Jahrhundert in Europa versucht worden war, endgültig als gescheitertes Experiment. Gleich sein unter Gleichen, normal und in Würde leben konnte man nur in einem eigenen Staat.

Auch Juden, die nicht in Israel leben und sich mit dem Staat, in dem sie leben, identifizieren, sind der Auffassung, dass ein starker jüdischer Staat unverzichtbar ist. Sich zu verteidigen, einen starken eigenen Staat zu haben, bedeutet Normalität in jeder Hinsicht, auch wenn es dabei um ein »kaltes Untier«[84] geht. Diesen Begriff haben Franzosen geprägt. Sie nannten Staaten und Regierungen »kalte Monster«, emotionslose Wesen, die ausschließlich von Eigeninteressen motiviert sind. Wenngleich dieses Credo dem Zeitalter des Nationalismus entstammt und in einem modernen Europa an Bedeutung verliert, so gilt es auch heute noch für die meisten Nationen, insbesondere für junge Staaten, die erst seit Kurzem den Status der Souveränität errungen haben. Dazu gehört auch Israel, zumal der Staat nicht nur jung, sondern in seiner Existenz bedroht ist. Seit seiner Gründung befindet er sich im Kriegszustand; immer neue Fanatiker, zuletzt der iranische Präsident Ahmadinedschad, propagieren offen seine Vernichtung.

Als David Ben Gurion, der Begründer der israelischen Unabhängigkeit, Anfang der 1950er-Jahre gegen den Konsens der gesamten israelischen Bevölkerung Kontakte mit Adenauers Deutschland aufnahm, versuchte er, die Israelis mit moralischen Argumenten zu überzeugen. Er vertrat die Auffassung, es sei die Pflicht der Juden, diejenigen moralisch zu unterstützen, die ein anderes Deutschland aufbauen wollten, eine Republik mit einer echten parlamentarischen Demokratie und einem Erziehungssystem, das der Jugend die Werte der Liberalität vermittelte. Ben Gurions moralisch unterfüttertes Werben um Unterstützung hat so gut wie keinen Menschen im damaligen Israel beeindruckt oder überzeugt. Die Einwände gegen Kontakte mit Deutschland und gegen das Wiedergutmachungsabkommen konnte Ben Gurion nur mit dem Argument überwinden, dass es angesichts der schwierigen wirtschaftlichen Lage Israels im Interesse des israelischen Staates liege, mit den Deutschen einen entsprechenden Vertrag zu schließen. Persönlich wollten die meisten Israelis keinerlei Kontakt mit Deutschen haben, und deren moralische Unterstützung interessierte sie damals schon überhaupt nicht.

1948, nach der Ausrufung der Unabhängigkeit, erklärten alle Nachbarn ganz offen ihr Ziel, den Staat Israel im Keim zu ersticken. Die arabische Aggression wurde von einer europäischen Macht mittelbar, gelegentlich sogar unmittelbar unterstützt: England konnte den Juden den Unabhängigkeitskampf, der zur Beendigung der britischen Kolonialherrschaft in Palästina geführt hatte, lange nicht verzeihen. Unter dem Druck der arabischen Erdölproduzenten und der Briten, die damals noch erheblichen Einfluss in Europa hatten, wurde Israel fast von der ganzen Welt geschnitten. Eine Ausnahme, wenn auch eine fragwürdige, war die Sowjetunion. Als Stalin seinen neuen Vasallen, die Tschechoslowakei, damit beauftragte, Israel Waffen zu liefern – es waren Beutewaffen der deutschen Wehrmacht –, wurde dieser Deal in Israel keineswegs unter moralischen Gesichtspunkten betrachtet. Das Interesse des Staates, für den die Unterstützung vonseiten der Sowjetunion überlebensnotwendig war, hatte Vorrang. Stalin, in bester Zaren-Tradition auf Expansion aus, wollte die Westmächte aus dem Nahen Osten vertreiben. Da der Westen die arabischen Aggressoren unterstützte und Israel vom Sozialismus geprägt war, hoffte Stalin, Israel als Brückenkopf für seine Ambitionen im Nahen Osten benutzen zu können. Kein Mensch in Israel dachte damals daran, welche Konsequenzen es für die gesamte Region gehabt hätte, wenn es Stalin gelungen wäre, seine Ambitionen in die Tat umzusetzen. Bezeichnenderweise warf nicht einmal die Verfolgung der Juden in der Sowjetunion einen Schatten auf die israelische Bereitschaft,

eine Verbindung mit dem sowjetischen Diktator einzugehen. Menschenrechte oder Fragen der politischen Moral waren für das staatliche Handeln Israels kein Kriterium, als
»Gewissen der Menschheit« wollten und konnten sich die
Israelis in dieser Situation nicht sehen.

Ein weiterer Blick in die israelische Geschichte zeigt, dass
sie auch danach von Machtpolitik und nicht von einer
besonderen moralisch-ethischen Urteilsfähigkeit geprägt war.
In den frühen 1950er-Jahren, als Stalin in seiner Nahostpolitik eine Wende vollzog und mit aller Macht und Ausrüstung Israels arabische Feinde unterstützte, fand Israel einen
neuen und vollkommen unerwarteten Freund. Diesmal war
es Frankreich, das Israel vor allem mit Rüstungshilfe unterstützte. Warum haben die Franzosen dies getan? Weil sie
damals überall in Kolonialkriege verstrickt waren. Während
sie noch in Vietnam, Kambodscha und Laos kämpften, bra-
chen überall in Nordafrika Aufstände aus. Vor allem war es
der Algerienkrieg, der die Franzosen entrüstete. Sie sahen in
Algerien, in dem eine Million Franzosen lebten, keine Kolonie, sondern empfanden es als Teil Frankreichs. Der große
Nationalist, der die arabische Welt damals gegen die Kolonialmächte aufbrachte und angeblich alle nationalistischen
Rebellionen unterstützte, war der neue ägyptische Präsident
Gamal Abdel Nasser, an dessen Frontlinie sich Israel befand.
Wenn Israel, so dachte Paris, Nasser militärisch beschäftigen,
vielleicht sogar schwächen würde, könnte das die Situation
in Algerien beruhigen. Gab es in Israel jemanden, der die
Konsequenzen der französischen Kolonialkriege unter moralischen Aspekten betrachtete? Kaum. Die französische
Niederlage im nordvietnamesischen Dien Bien Phu 1954
empfand man als schlechte Nachricht, und die Siege der französischen Armee in Algerien wurden bejubelt. Als Frankreich im Februar 1960 in der Sahara im Süden Algeriens

seine erste Atombombe zündete und damit zur Atommacht wurde, kommentierte General Moshe Dajan, dies sei ein Freudentag für Israel.

Die Israelis waren mit den Interessen ihres Staates so beschäftigt, dass sie die Gründe, warum sie in Frankreich so viel Unterstützung fanden, gar nicht in Betracht zogen. Die meisten Israelis bildeten sich ein, zwischen Frankreich und Israel sei eine wahrhafte, von kruden politischen Interessen freie Zuneigung entstanden. Im Jahr 1956 wollten die Kolonialmächte Frankreich und England den nationalistischen ägyptischen Präsidenten beseitigen. Eine Invasion Ägyptens wurde geplant und mit Israel vereinbart. Israel hatte ein anderes Interesse daran, Nasser zu bekämpfen, als die Franzosen und die Engländer, schließlich kämpfte es gegen einen den Staat gefährdenden Aggressor und Unterstützer des Terrors. Dennoch gab es keinerlei Hemmungen, mit Kolonialmächten, die für historisch überholte Ziele – Machterhalt versus Selbstbestimmungsrecht – kämpften, ein Bündnis zu schließen. Also war der jüdische Staat ein kaltes Monster – genau wie andere Staaten –, der seine Interessen der Moral vorgezogen hat. Moralische Erwägungen über Kolonialherrschaft oder über die Befreiung der unterdrückten Völker der Dritten Welt fanden damals in Israel nur wenig Echo.

1967 – für Frankreich war die Kolonialzeit zu Ende gegangen, der Kolonialismus galt als Modell einer vergangenen Epoche – unterbrach General Charles de Gaulle die bis dahin enge, vornehmlich militärische Kooperation Frankreichs mit Israel. Da er den Sechstagekrieg wohl vorhersah, verhängte de Gaulle am 3. Juni 1967 gegen den Staat Israel ein Waffenembargo. Israel, das vor einem gefährlichen Krieg stand und dessen Streitkräfte fast ausschließlich mit französischen Waffen ausgerüstet waren, geriet in Verlegenheit. Man brauchte dringend weitere Waffenlieferungen, besonders nötig war die Beschaffung von Ersatzteilen für das französische Kriegsmaterial. Israel konnte sich mit diesem Anliegen also nicht an jedes beliebige Land wenden. Zunächst, wie schon im Jahr 1948, waren die meisten Waffenproduzenten weltweit nicht bereit, Israel Waffen zu verkaufen. Dies war in Südafrika möglich, denn das Land besaß französische Waffen und insbesondere Kampfflugzeuge, deren Ersatzteile für Israel am dringendsten waren. Die Südafrikaner erklärten sich bereit, dem Staat Israel einen Teil ihrer französischen Ausrüstung zu verkaufen.

Auch zu dieser Zeit hat sich in Israel niemand die Frage gestellt, ob es moralisch richtig sei, mit einem Staat zu verhandeln, der Apartheid praktizierte. Die Beziehungen zwischen Israel und Südafrika vertieften sich in den Jahren nach dem Sechstagekrieg. Die Zusammenarbeit zwischen den Verteidigungsministerien beider Länder wurde so intensiv, dass man geradezu von einer intimen Partnerschaft sprechen konnte. Mitte der 1970er-Jahre begann Israel, den Südafrikanern Waffen zu liefern und auch in Kooperation mit ihnen zu entwickeln. Auch dabei war die Frage, wofür oder gegen wen das rassistische südafrikanische Apartheidsregime Waffen einsetzte, kein Thema – trotz der bitteren Erfahrungen, die Juden 1935 mit dem Erlass der Nürnberger Rassegesetze hatten machen müssen. Warum blieb man nun Pretorias Rassengesetzen gegenüber gleichgültig? Ganz einfach: Eine militärische Kooperation mit dem Apartheidsregime lag im Interesse des Staates Israel, und infolgedessen war sie richtig – das waren die einzigen Überlegungen.

Auch in den 1960er- und 1970er-Jahren, als Israel mit dem Schah von Iran besonders eng verbunden war, hat es die Bevölkerung sehr wenig interessiert, ob die iranische Geheimpolizei, der berüchtigte *Savak*, in ihren Gefängnissen Menschen folterte. In den 1970er-Jahren wurde der Schah auf seinen Besuchen in fast jeder Stadt Europas oder Amerikas mit großen Demonstrationen konfrontiert, die sein Regime anprangerten, weil es die Menschenrechte missachtete. In Israel hingegen stieß er nicht auf Vorbehalte. Selbst die militärische und geheimdienstliche Zusammenarbeit mit dem Iran wurde eher als Vorteil betrachtet. Denn anders als die arabischen Nachbarn, die sich im Kriegszustand mit Israel befanden und einen Weltboykott anstrebten, war der Schah als Oberhaupt eines muslimisch geprägten Landes kooperationsbereit. Als 1973 die *Organisation der erdölproduzierenden Länder* (OPEC) die Ölfördermengen drosselte, Algerien, Irak, Katar, Kuwait, Libyen, Saudi-Arabien und die Vereinigten Arabischen Emirate ein weltweites Ölembargo ausriefen und in Amerika und Europa daraufhin das Benzin rationiert wurde, war Israel das einzige nichtislamische Land, in dem es keinen Mangel an Öl gab, denn Israel importierte Erdöl aus dem Iran und konnte sogar einen Teil des Überschusses an das bedürftige Europa weiter exportieren. Wiederum waren also die Staatsinteressen vorrangig, während die Frage der Menschenrechte im Iran hintangestellt wurde.

Hat in Israel jemals jemand in den 1970er-Jahren gegen die Junta in Griechenland protestiert, wie es in Westeuropa üblich war? Nein. Der einzige Weg von Israel in andere Länder per Flugzeug führte damals durch den griechischen Luftraum. Eine Sperre für den israelischen Luftverkehr hätte bedeutet, von der Außenwelt abgeschnitten zu sein. Das aber war ein größeres – jedenfalls ein näherliegendes – Problem als die Menschenrechte in Griechenland.

Israel lieferte Waffen an Südafrika, an Uganda und an

Länder in Süd- und Mittelamerika, die von üblen Diktatoren regiert wurden – von blutrünstigen Gangstern wie Anastasio Somoza Debayle (Nicaragua, 1967–1979), Rafael L. Trujillo (Dominikanische Republik, 1930–1961), oder Gonzalo Sánchez de Lozada (Bolivien, 1993–1997).

Man kann natürlich hervorheben, dass Israel als ein belagertes, gefährdetes Land, welches in der Vergangenheit schon öfter unter internationalen Waffenembargos gelitten hatte, auf eine eigene Rüstungsindustrie angewiesen war. Jede Rüstungsindustrie, auch die weltweit größte in den Vereinigten Staaten, muss exportieren, um rentabel und »überlebensfähig« zu sein. Dass es jedoch Staaten möglich ist, auch in Sachen Rüstung moralische Prinzipien den wirtschaftlichen Interessen vorzuziehen, zeigt das Beispiel Schweden, eines kleinen Landes, das sich eine ultramoderne Rüstungsindustrie leistete, um seine Neutralität gegenüber der Sowjetunion verteidigen zu können. Schweden verbot es sich dennoch, Waffen in Krisenregionen zu verkaufen, und lehnte es ab, Israel trotz großzügiger Angebote Waffen zu liefern.

Moralische Werte zu haben und für sie vorbildhaft einzutreten ist ein Anspruch, der an die Israelis in den letzten Jahren besonders im Hinblick auf ihre Politik gegenüber den Palästinensern gestellt wird. Gerade nach den Erfahrungen der Shoah erwarten vor allem die Europäer von israelischer Seite eine besondere Sensibilität für Menschenrechte. Arafat selbst hat nach der Unterzeichnung der *Osloer Verträge* im Jahr 1993 immer wieder in Interviews, die in israelischen Medien Schlagzeilen machten, auf die Rechte, Erwartungen und das Elend seines Volkes hingewiesen. Seine Äußerungen waren logisch und legitim, doch den durchschnittlichen Israeli ließen sie völlig gleichgültig; der wollte einzig und allein wissen, was ein palästinensischer Staat für seine eigene

Zukunft bedeutete. Gab es eine Garantie für seine Sicherheit? Arafat hat die Psychologie der israelischen Bevölkerung nicht verstanden. Für ihn war die Sicherheit Israels kein Thema.

Ganz anders verhielt sich Anwar as-Sadat, als er 1977 Israel mit einem Friedensangebot überraschte. Natürlich hatte er weitgehende Ansprüche, er forderte alle Gebiete, die Ägypten im Sechstagekrieg verloren hatte »bis zum letzten Zentimeter« zurück, verlangte die Räumung aller Siedlungen auf ägyptischem Boden und erwartete ein Angebot Israels an die Palästinenser. Sadat war klar, das ist in seinen Memoiren *Unterwegs zur Gerechtigkeit* nachzulesen, dass seinen Forderungen nur nachgegeben werden würde, wenn er die Israelis davon überzeugen konnte, dass sie von ägyptischem Territorium nie wieder angegriffen würden. Immer wieder stellte er in seinen Reden, die er anlässlich seines Besuchs in Israel im November 1977 hielt, dieses für Israel und die Israelis zentrale Thema in den Mittelpunkt: Ihre Sicherheit habe für ihn, so vermittelte er glaubwürdig, oberste Priorität. Indem er immer wieder von sich aus auf diesen Punkt der Sicherheit einging, verschaffte sich Sadat bei den Israelis Glaubwürdigkeit und persönliche Sympathien – eine Basis, auf der sich leichter verhandeln ließ. Letzten Endes erhielt Ägypten seine israelisch besetzten Gebiete zurück, und Israel baute alle Siedlungen ab.

Die meisten Juden glauben nicht, dass es anderen nach der Shoah zusteht, von ihnen eine besondere moralisch-ethische Haltung oder Urteilsfähigkeit einzufordern. Gerade nach den Erfahrungen des Holocaust dulden Juden es nicht, Lektionen erteilt zu bekommen. Die Juden als Gemeinschaft – der Staat Israel – haben aus der Erfahrung der nationalsozialistischen Vernichtung und aus zweitausend Jahren Verfolgung die Konsequenz gezogen, dass die eigene Sicherheit und das Überleben Vorrang haben gegenüber der Frage der politischen Moral. Die Ambition, das Gewissen der Menschheit zu sein, hegen die meisten Juden seit dem Holocaust weniger denn je.

Wie reagieren Israelis darauf, wenn Deutsche die israelische Besatzungspolitik kritisieren?

Niemand hört gern Kritik. Das liegt in der menschlichen Natur. Doch Kritik aus Deutschland wird weniger toleriert als aus anderen Ländern. Gerade von den Deutschen lassen wir uns ungern Lektionen erteilen. Im Gegensatz aber zu dem, was viele in Deutschland denken – und insbesondere die Juden im Land –, sind die Deutschen sehr vorsichtig; Israel wird dort sehr viel weniger kritisiert als in anderen Ländern Europas. Die Deutschen sind verhältnismäßig zurückhaltend in ihrer Kritik gegenüber der israelischen Besatzungspolitik, zumindest in den Medien oder in offiziellen Reden. Nicht, weil die Deutschen die Situation im Nahen Osten anders als die anderen Europäer verstehen oder bewerten, sondern aus Befangenheit. Privat, unter vier Augen, äußern sie durchaus die übliche europäische Kritik.

Als man in Deutschland die Kriegsbilder von Gaza sah, hieß es: Die Israelis sind ein gewalttätiges Volk. Das sagten damals 45 Prozent der Deutschen. Befördern der Nahostkonflikt und das unverhältnismäßige Bombardement im Gazastreifen antisemitische Vorurteile?

Diese Aussage hat nicht unbedingt mit Antisemitismus zu tun. Im Übrigen kritisierten nicht nur Teile der deutschen Bevölkerung, sondern auch Menschen in anderen Ländern die israelische Politik.

Israels Ansehen ist aufgrund der Besatzungspolitik weltweit stark gesunken. Können Sie das nachvollziehen?

Ja, denn in Europa vergleicht man die israelische Besatzung und die Siedlungen im Westjordanland oft mit Kolonialismus. Der ist heute überholt und die Herrschaft eines Volkes über ein anderes nicht mehr akzeptabel. Selbst die ehemaligen Kolonialmächte setzen sich längst kritisch mit ihrer Vergangenheit auseinander. Dabei lässt sich die Gegenwart in Israel nicht mit dem imperialen Denken vergangener Jahrhunderte vergleichen: Die israelische Besatzung hat andere Ursachen und Gründe als kolonialistische Ambitionen. Als beispielsweise die Algerier einen Aufstand gegen die französische Kolonialbesatzung unternahmen, haben sie dabei nur an ihre Befreiung gedacht und nicht an die Zerstörung Frankreichs. Auch haben die Algerier die französische Besatzung nicht durch einen Aggressionskrieg gegen Frankreich verursacht. Was den Nahen Osten betrifft, sieht man heute aber weltweit nur das Ergebnis vor Ort – nämlich die israelische Besatzung, die Herrschaft über eine andere Bevölkerung.

Nach den furchtbaren Bildern des Gazakriegs waren die Deutschen hin- und hergerissen – was sollten sie stärker verurteilen, den Raketenterror der Hamas oder die Kriegswalze Israels? Darf das sein, dass auf deutschen Straßen skandiert wird »Juden raus aus Palästina«?

Dieser Slogan macht den Unterschied zwischen sachlicher Kritik und Antisemitismus deutlich. »Juden raus« hat die wohlbekannte Konnotation des mörderischen Antisemitismus der Nazis. Allerdings forderte ein antisemitischer Slogan Ende des 19. Jahrhunderts und Anfang des 20. Jahrhunderts ebenso »Juden nach Palästina«.

VORURTEIL 8

Sankt Israel ist unfehlbar

Antisemitismus gibt es überall, wo Juden leben oder gelebt haben, aber auch in Ländern, deren Religion im Judentum verwurzelt oder zumindest vom Judentum beeinflusst worden ist, hauptsächlich also in christlichen und islamischen Ländern. Dennoch spielt Europa in der Wahrnehmung der Juden eine Sonderrolle als der »antisemitische Kontinent« in der Geschichte. Selbstverständlich hat das viel mit dem Holocaust zu tun. Die Shoah fand in Europa statt, sie wurde von Europäern initiiert und umgesetzt. Aber nicht nur das: Der Holocaust ist für die Juden der Gipfel des zweitausendjährigen Antisemitismus, von dem – so die jüdische Position – die Europäer geprägt sind und den diese immer geschürt haben.

Ein Kind an einer israelischen Schule lernt sehr viel über die Weltgeschichte, besonders aber befasst es sich mit europäischer Geschichte. Denn im Gegensatz zu den anderen Völkern der Welt können sich Juden nicht auf die Geschichte Israels beschränken, wenn sie sich mit ihrer Historie beschäftigen. Hat doch ihr Volk den Großteil der letzten zweitausend Jahre nicht im eigenen Land gelebt, sondern verstreut in einer Vielzahl von Staaten, hauptsächlich in Europa. So lernt das israelische Kind die Geschichte Europas an erster Stelle, zweitens die Geschichte des Islam und letzten Endes die

Geschichte der Vereinigten Staaten. Es studiert die Geschichte der Länder, in denen Juden lebten und immer noch leben. Allerdings sehen die Lehrer die Geschichte dieser Länder aus dem Blickwinkel der jüdischen Minderheit. Die Schüler lernen demnach, was die Entwicklung eines Landes für die Juden bedeutet hat, wie historische Veränderungen die Juden beeinflussten und welche Wirkung sie auf die jüdische Existenz gehabt haben. Beim Studium der Geschichte der Kreuzzüge beispielsweise lernt ein israelischer Schüler zwar auch den allgemeinen Rahmen der Geschehnisse kennen, doch werden die Akzente auf die Kreuzfahrer gesetzt, auf deren Gemetzel, die Blutbäder und das Abschlachten von Juden während der jahrzehntelangen Eroberungsfeldzüge auf dem Weg nach Palästina und in Palästina selbst. Wenn ein israelischer Schüler die Geschichte der Aufklärung erfährt, befasst er sich, wie Kinder in aller Welt, mit der tief greifenden Bedeutung der Französischen Revolution für die Menschheit. Noch mehr Zeit aber widmet der Lehrer den Auswirkungen dieses Umbruchs für die Juden, nämlich der zunehmenden Emanzipation und der freieren Entfaltung der jüdischen Gemeinden vor allem in Frankreich, aber auch in ganz Europa und Amerika. Natürlich lernt das israelische Kind, dass diese positive Entwicklung schließlich gescheitert ist – und einen neuen, auf rassistischen Theorien beruhenden Antisemitismus ausgelöst hat.

Die Ansätze dieser Gleichberechtigung werden als Ausnahme gelehrt. Hauptsächlich lernt das israelische Kind in den Schulen die Geschichte anhand jüdischer Tragödien, vor allem in Europa. Den Aufstand der Kosaken gegen Polen im 17. Jahrhundert assoziiert es vor allem mit den blutrünstigen Massakern, die der bis heute in der Ukraine als Nationalheld geltende Bogdan Chmelnizki gegen die von den Polen oft als Gutsverwalter eingesetzten oder als Händler und Geldverleiher tätigen Juden verübt hat. Die Befreiung Spaniens von der achthundertjährigen moslemischen Besatzung im Jahr 1492 – übrigens auch das Jahr der Entdeckung Amerikas – wird von dem israelischen Schüler natürlich zur Kenntnis genommen. Doch dieses historische Ereignis hat für Israelis eine ganz andere Bedeutung als für den Rest der Welt, denn 1492 ist das Jahr der Vertreibung der Juden aus Spanien. Damals waren die Katholischen Könige Spaniens, Ferdinand von Aragon und Isabella von Kastilien, der Meinung, dass Spanien ein rein katholisches Land und die Menschen nicht von den Juden beeinflusst werden sollten. Im Gegensatz zu Mittel- und Osteuropa waren die Juden in Spanien bis dahin besonders fortschrittlich integriert. Sie betrachteten sich als patriotische Spanier und waren sehr stolz auf ihre Heimat. Nun forderte das Königspaar im *Alhambra-Edikt* von den Juden, sich entweder zum Christentum zu bekehren oder unverzüglich das Land zu verlassen. Da die meisten Juden ihrer Religion treu bleiben wollten, verließen sie die Heimat, in der ihre Vorfahren 1500 Jahre lang gelebt hatten.

Das israelische Kind zieht folgenden Schluss aus dieser beliebig erweiterbaren Liste jüdischer Verfolgungsszenarien: Man hat treue Juden ohne Grund, aus reinem Antisemitismus, vertrieben. Der fast zwangsläufig erscheinende Höhepunkt dieser langen Geschichte der Demütigung und Verfolgung ist natürlich der Holocaust.

Angesichts dieser trostlosen Geschichte der Juden in Europa sind Israelis, wie auch Juden allgemein, geneigt, die Europäer des Antisemitismus zu bezichtigen.

Insbesondere Berichte europäischer Medien aus Israel und den besetzten Gebieten werden von Juden weltweit als übertrieben kritisch, wenn nicht gar als antisemitisch empfunden. Dabei wird übersehen, dass die meisten Auslandskorrespondenten in Israel Juden sind, mit Ausnahme der deutschen Journalisten. Das Land, das von den Israelis und von Juden in aller Welt – insbesondere in Amerika – am häufigsten des Antisemitismus bezichtigt wird, ist Frankreich. Ende 2000, kurz nach Ausbruch der zweiten Intifada, berichtete das öffentlich-rechtliche Fernsehen Frankreichs *France 2* live von einem Geschehnis, das sofort weltweit bekannt wurde und sich in der arabischen Welt zu einem Symbol entwickelt hat. Gezeigt wurde die Erschießung eines Kindes in den Armen seines Vaters. Der palästinensische Vater, ein einfacher Bauarbeiter, befand sich zufällig mit seinem Kind, Muhammad el-Dura, hinter einer Mauer, die sowohl von palästinensischen Aufständischen als auch von israelischen Truppen beschossen wurde. Live konnte man sehen, wie der Vater angeblich von der israelischen Seite verletzt und das Kind in seinen Armen erschossen wurde. Natürlich hat ein derartiger Bericht einen hohen emotionalen Wert – bei den Palästinensern für die Propaganda und für alle Kritiker Israels als Beleg für die Rechtmäßigkeit ihrer kritischen Wahrnehmung. Selbst um Objektivität bemühte Zuschauer waren betroffen und wandten sich emotional gegen Israel. Zahlreiche Juden und Israelis sahen in diesem Bericht einen Beweis für die Unausgewogenheit der französischen Medien, für die Feindseligkeit Frankreichs und vor allem für den andauernden und sogar wachsenden Antisemitismus im Land. Nur die wenigsten haben sich die Frage gestellt, wer der Journalist war, der *France 2* in Israel vertritt, die verfilmte Szene der Ermordung des Kindes und den Kommentar dazu geliefert hat. Es war der von uns schon zuvor erwähnte Korrespondent Charles Enderlin, ein französischer Jude, dessen grundsätzliche Haltung proisraelisch ist und auch als solche oft von den französischen Zuschauern wahrgenommen wird.

Seit eh und je, aber ganz besonders seit dem Ausbruch der zweiten Intifada im Oktober 2000, tendieren jüdische Gemeinden dazu, die Medien – besonders in Europa – des Antisemitismus zu verdächtigen. Diese Auffassung nimmt zu, weil die Kritik an Israel ständig wächst. Die Intifada, der Aufstand der Palästinenser in den besetzten Gebieten, wird von den Israelis als Terrorkrieg gegen die israelischen Zivilisten im israelischen Kernland empfunden. Sie brach ausgerechnet dann aus, als Israel den Palästinensern im Jahr 2000 weitgehende Zugeständnisse angeboten hatte. Für die Israelis ist dieser Terror die schreckliche Verwirklichung eines Traums, den die Palästinenser seit über sechzig Jahren träumen: die Juden ins Meer zu treiben, den Staat Israel zu vernichten. All das wird vom Ausland anders aufgefasst. Viele Europäer, die die Existenz des Staates Israel unterstützen, sehen in der Besatzung der palästinensischen Gebiete einen überholten Kolonialismus und in der Intifada einen Aufstand der Unterdrückten. Mit ihrer Kritik beabsichtigen sie nicht, dem Staat Israel Schaden zuzufügen. Viele Israelis sehen jedoch in dieser Haltung eine Unterstützung des Feindes und fühlen sich in ihrem Recht beschnitten, sich gegen Terror zu verteidigen.

Der durchschnittliche Israeli stellt sich die Frage: Wenn wir uns gegen Terror verteidigen, wenn wir also nur das tun, was jedes Opfer des Terrorismus in aller Welt tun würde, warum müssen wir uns dann so scharf kritisieren lassen? Die Antwort lautet: Weil wir Juden sind! Der Beweis: 2000 Jahre lang haben die Europäer die Juden gehasst und verfolgt, und so hassen sie heute das Land, das »der Jude unter den Staaten« ist.

Wem das übertrieben vorkommt, der muss berücksichtigen, dass Juden angesichts ihrer langen, bitteren Geschichte so anfällig und verletzlich sind – auch aufgrund ihrer eigenen Erfahrungen im Nahen Osten. Seit Gründung ihres Staates im Jahr 1948 leben sie im Kriegszustand, unter teilweiser Belagerung und oft unter Terror. Auf diese Weise versteht man die Leichtfertigkeit, mit der man jeden Kritiker des Antisemitismus beschuldigt, besser.

Man kann die Sicht, auch hinter berechtigter Kritik stets Antisemitismus zu vermuten, nachvollziehen, rechtfertigen kann man sie jedoch nicht. Dies umso mehr, als diese Sensibilität der Israelis gegenüber Manifestationen des Antisemitismus von Politikern zynisch ausgenutzt wird. Am 16. April 2003 gab Ariel Scharon der israelischen Zeitung *Ma'ariv* ein großes Sonderinterview anlässlich der jüdischen Osterfeiertage.

Auf die Frage »*Das Ansehen Israels in Europa war noch nie so niedrig wie gerade jetzt. Wie sind wir in diese Lage gekommen?*« antwortete der Regierungschef: »*Die antisemitischen Vorkommnisse in Europa können das erklären.*«

Ma'ariv: »*Hat Israel nicht selbst zu diesem negativen Image beigetragen?*«

Scharon: »*Womit? Damit, dass wir vor Arafat nicht kapitulieren?*«

Ma'ariv: »*Ein wichtiger jüdischer Schriftsteller, Arthur Miller, sollte den Literaturpreis der Stadt Jerusalem bekommen. Er weigerte sich, diesen Preis von Ihnen entgegenzunehmen. Miller ist weder ein Europäer noch ein Antisemit. Löst das bei Ihnen keinen Alarm aus?*«

Scharon: »*Hat er auf den Preis verzichtet?*«

Ma'ariv: »*Nein, aber er wird ihn von Shimon Peres entgegennehmen.*«

Scharon: »*Ich möchte das Thema nicht vertiefen. Aber ein Teil der Europäer revoltiert gegen unsere bloße Existenz.*«

Ma'ariv: »*Machen Sie sich mit so einer Antwort das Leben nicht ein bisschen zu einfach?*«

Scharon: »Ich übernehme weder die Verantwortung noch die Schuld, warum man die Juden und Israel hasst.«

Die Strategie von Scharon ist geschickt: Er müsse sich erst gar nicht mit Kritik an seiner Politik auseinandersetzen, da diese ohnehin grundsätzlich antisemitisch sei. Auf diese Weise schmettert er seine Kritiker im Ausland ab. Für Israelis und für Juden sind solche Erklärungen wie Balsam. Nun ja, sagen sich viele Israelis und Juden in aller Welt, wenn das der Hintergrund der Kritik gegen uns ist, dann können wir sie verachten.

Trotzdem aber haben die zunehmende Kritik an den Vergeltungsmaßnahmen Israels während der Intifada und des Gazakriegs sowie insbesondere die harten Besatzungsbedingungen in den palästinensischen Gebieten bei den israelischen Behörden Besorgnis erregt. Selbst die Patrioten, die Selbstgefälligen, sogar die größten Rechthaber haben begonnen, sich über die Isolierung Israels in der Welt Gedanken zu machen. Ein kleines, im Kriegszustand lebendes Land kann es sich nicht leisten, von der Weltöffentlichkeit geschnitten zu werden. In einer globalisierten Welt schwappt Kritik eben schnell von einem Land, einem Kontinent zum anderen über.

Wie, das war die Frage, kann man die europäischen Kritiker ein wenig einschüchtern, wenn man sie von der Rechtmäßigkeit des eigenen Tuns schon nicht überzeugen kann? Und vor allem: Wie kann man die eigene Bevölkerung, die eigenen Wähler beruhigen?

Frankreich war in Israel und Amerika die Zielscheibe besonders heftiger Angriffe. Frankreich wird seit de Gaulles Kritik am Sechstagekrieg 1967 als ablehnend Israel gegenüber wahrgenommen und zunehmend des Antisemitismus bezichtigt, weil dort in den letzten Jahren immer wieder antisemitische Vorfälle gemeldet werden. Zwar waren die Täter fast ausschließlich Moslems hauptsächlich nordafrikanischer Herkunft, aber vor dem Hintergrund der politischen Auseinandersetzungen zwischen Frankreich und Israel in den vier Jahrzehnten war es am einfachsten, alles, was in Frankreich in Bezug auf Israel geschieht, als Antisemitismus der Franzosen im Allgemeinen abzutun. Meinungsumfragen, die nahelegen, dass der Antisemitismus in Frankreich seit dem Zweiten Weltkrieg ständig zurückgeht, interessieren nicht. Frankreich wird doch letzten Endes nicht nur als »antiisraelisch«, sondern auch als »antiamerikanisch« gesehen. Wer in Amerika des Antiamerikanismus bezichtigt wird, wird oft auch als antidemokratisch, als Gegner der Menschenrechte verstanden. Saddam Hussein war antiamerikanisch, der nordkoreanische Diktator Kim Jong-Il ist antiamerikanisch. Doch Frankreich war nicht nur das erste Land Europas, das den Juden die Gleichberechtigung gewährt hat, es war auch der erste Staat, der bereits in den 1930er-Jahren mit Léon Blum einen jüdischen Regierungschef hatte. Das interessiert aber weder die Israelis noch die Juden in Amerika. Ist also Kritik an der jeweiligen israelischen Politik das einzige Kriterium für den Antisemitismus?

Als noch größerer »Feind« als Frankreich entpuppte sich Belgien für die Israelis. Viele Juden waren über das belgische *Gesetz der universellen Kompetenz* äußerst empört. Es räumt seit 1993 dem belgischen Gerichtshof das Recht ein, gegen Kriegsverbrechen, Verbrechen gegen die Menschheit oder Völkermord vorzugehen, auch wenn diese nicht in Belgien begangen worden und wenn belgische Staatsbürger selbst nicht betroffen sind, sei es als Täter oder als Opfer. Die Gesetzgebung war durch die Gemetzel in Ruanda und Burundi ausgelöst worden. Weil diese beiden kleinen Länder in der

Vergangenheit belgische Mandatsgebiete gewesen waren, fühlten sich die Belgier von den dortigen Verbrechen moralisch eher betroffen als andere Länder im Westen. Darüber hinaus haben einige aus Ruanda und Burundi geflohene Kriminelle in Belgien Zuflucht gefunden. Die Belgier fühlten sich moralisch dazu verpflichtet, dagegen gerichtliche Schritte zu unternehmen. Tatsächlich wurde dieses Gesetz im Laufe der Jahre nur gegen mutmaßliche Verbrecher aus Ruanda und Burundi angewandt.

Da dieses Gesetz aber vom belgischen Parlament sehr weitläufig definiert worden war, haben schlaue Rechtsanwälte es in einem Sinn angewendet, der dem Gesetzgeber ursprünglich gar nicht eingefallen war. So gab es Anwälte, die Anklage gegen George W. Bush und Tony Blair wegen angeblicher Kriegsverbrechen erhoben, sowie gegen Jassir Arafat und Mohammed Dahlan, den Verteidigungsminister der palästinensischen Regierung unter Mahmud Abbas. Und eben auch gegen Ariel Scharon. Die meisten Israelis sind fest davon überzeugt, dass die Belgier mit ihrer Gesetzgebung ausschließlich die Juden im Visier hatten. Der im Namen von Palästinensern gestellte Antrag auf Anklage gegen Ariel Scharon und andere ehemalige hohe israelische Offiziere erregte großes Aufsehen. Es ging um die Massaker von 1982 in Sabra und Schatila, zwei palästinensischen Flüchtlingslagern im Libanon. Nach der Eroberung eines Großteils dieses Landes unter Führung von Ariel Scharon, des damaligen israelischen Verteidigungsministers, begingen die Milizen der *Maronitischen Christen Libanons* in diesen beiden Lagern Massaker. Nach wie vor behauptet niemand, dass israelische Soldaten daran teilgenommen hätten. Scharon jedoch wurde vorgeworfen, durch Umzingelung der Flüchtlingslager die Verbrechen der christlichen Milizen möglich gemacht zu haben. Daraufhin fanden 1982 in Israel die größten Demonstrationen statt, die es jemals im Land gegeben hatte: Hunderttausende protestierten auf der Straße gegen Scharon. Die Likud-Regierung unter Menachem Begin gab dem Druck nach und ernannte einen juristischen Untersuchungsausschuss, der Scharon belastete und ihn zum Rücktritt zwang. Die sogenannte *Kahan-Kommission*[85] warf ihm vor, »die Gefahr der Ausübung von Racheakten und eines Blutvergießens seitens der Falangisten – der christlichen Milizen – gegen die Bewohner der Flüchtlingslager ignoriert« und »als Bedingung für den Einmarsch der Falangisten in die Flüchtlingslager keine geeigneten Maßnahmen zur Verhinderung der Gefahr eines Massakers angeordnet zu haben«. Die Richter empfahlen Scharon, »aus diesen Mängeln, die in der Ausübung seiner Funktion aufgedeckt worden sind, die entsprechenden persönlichen Konsequenzen zu ziehen. Falls nötig soll der Regierungschef erwägen, seine Autorität anzuwenden, um einen amtierenden Minister zu entlassen.« Es wurde mehrfach behauptet, der Ausschuss habe auch empfohlen, seine Rückkehr ins Verteidigungsministerium für die Zukunft zu blockieren. Zwar wurde dies nicht ausdrücklich verlangt, aber es wurde oft so interpretiert. Das ist wahrscheinlich auch der Grund, weshalb Scharon im Gegensatz zu den meisten israelischen Regierungschefs bei Antritt des Amtes als Ministerpräsident im Frühjahr 2001 nicht auch das Verteidigungsressort übernommen hat. Für die Oberrichter der israelischen Untersuchungskommission, die Scharon keineswegs mit dem Massaker unmittelbar belastet haben, war die Sache damit abgeschlossen. Nur er selbst führte im Laufe der Jahre noch mehrere Prozesse gegen Medien in Israel und Amerika, die sich entsprechend äußerten.

So bestand also in Belgien ab 1993 die Möglichkeit, Scharon zu verhaften und in Brüssel wegen Kriegsverbrechen vor

Gericht zu stellen, sollte er dieses Land betreten. So ein Verfahren war, wenn auch selten, nicht ohne Präzedenzfall: In England wurde beispielsweise dem ehemaligen chilenischen Diktator Augusto Pinochet die Bewegungsfreiheit mit der Absicht entzogen, ihn wegen Menschenrechtsverletzungen vor Gericht zu stellen. Aber nur im Fall von Ariel Scharon sprachen Israelis und auch viele Juden in aller Welt von Rassismus, und zwar ganz spezifisch von Antisemitismus, der die Ursache für die beabsichtigte Anklageerhebung sei. Zu diesem Thema äußerte sich auch der israelische Justizminister Meir Shitrit und rief in einem Fernsehinterview im Jahr 2002 ganz aufgewühlt aus: »Ist das kein Antisemitismus? Wenn das keiner ist, dann weiß ich überhaupt nicht mehr, was Antisemitismus bedeutet.«

Bedeutet aber all dies, dass der »neue Antisemitismus« nichts als eine Schimäre, ein Trugbild ist? Das ist er natürlich nicht. Sowohl der alte als auch der neue Antisemitismus halten sich standhaft. Meinungsumfragen, die wir in einem späteren Kapitel untersuchen werden, lassen zwar erkennen, dass der Antisemitismus in Europa und den Vereinigten Staaten seit dem Zweiten Weltkrieg stetig, wenn auch sehr langsam, zurückgeht, dennoch gibt es immer noch fest verwurzelte antisemitische Vorurteile in bedeutenden Teilen der Gesellschaft. Wenn man in Deutschland von drei Prozent der Bevölkerung spricht, die offen antisemitisches Gedankengut vertreten, so gibt es einen viel höheren Prozentsatz von Bürgern, die irgendwelche Vorurteile gegen Juden hegen, obwohl sie sich selbst nicht als Antisemiten sehen.

Ein prominentes griechisches Beispiel: Mikis Theodorakis, Musiker, hält sich selbst für einen »Freund der Juden«, steckt aber voller antisemitischer Vorurteile.

Er gab einem Korrespondenten der israelischen Zeitung *Ha'aretz* in Griechenland ein Interview. Theodorakis erzählte ihm von seiner großen Sympathie für den Staat Israel und die Israelis und von seiner Begeisterung über die Wärme und Zuneigung des israelischen Publikums, die er immer wieder bei seinen Auftritten in Israel genieße. Gleichzeitig aber erwähnte er alle nur erdenklichen Vorurteile gegen Juden – beispielsweise, dass Juden geldgierig, Betrüger, Verräter seien, dass Juden die Welt beherrschten und Jesus ermordet hätten. Diese Behauptungen hielte er, Theodorakis »nicht für richtig«, aber er habe in seiner Kindheit gelernt, man solle mit Juden vor Ostern nicht verkehren, weil christliche Kinder in Gefahr geraten könnten, in einem Fass eingesperrt und darin mit Messern erstochen zu werden, damit ihr Blut für grausame jüdische religiöse Zeremonien benutzt werden könnte.[86] Nach diesen Äußerungen übelster antisemitischer Machart beteuerte der in Israel überaus beliebte Künstler im weiteren Verlauf des Interviews gleichwohl seine Unschuld: Er sei natürlich kein Antisemit!

Ja, es gibt Antisemiten. Diese Tatsache rechtfertigt jedoch nicht, jegliche Kritik an Israel als antisemitisch zu brandmarken. Ein Großteil der Kritik ist neutral und sachlich, oft auch sehr freundlich und wohlwollend. Sollte eine kritische Bemerkung nicht angebracht sein, sollte sie auf falscher Information oder auf Missverständnissen beruhen, so soll man sich bemühen, die Thesen der Kritik zu widerlegen und die Kritiker nicht automatisch als Rassisten verleumden.

Den Gazakrieg nahmen linke Organisationen in Deutschland zum Anlass, ihre antisemitischen Klischees zu pflegen. Im Januar 2009 marschierten zahlreiche linke Gruppen Seite an Seite mit Aktivisten der Hamas und anderen Islamisten auf einer Protestdemonstration gegen den Gazakrieg durch die Straßen von Berlin. Ein Redner der Marxistisch-Leninistischen Partei Deutschlands *wandte sich gegen die sogenannten zionistischen Aggressoren und verglich deren Verhalten mit dem Holocaust: »Wenn die Merkel-Regierung sagt, aufgrund des Holocaust der deutschen Faschisten hätten wir eine Verpflichtung, an der Seite von Israel zu stehen, dann sagen wir hier mit aller Deutlichkeit: Dieser Holocaust ist keine Rechtfertigung für den Holocaust der zionistischen Aggressoren am palästinensischen Volk!«[87] Dies ist natürlich historisch schlampig und darüber hinaus eine perfide Form der Entlastungsstrategie, mit der die eigene historische Schuld minimiert werden soll. Man schreibt Israel ein auf Vernichtung zielendes Handeln zu, wie es die Nazis gegenüber den Juden praktiziert haben. Der* Deutsche Friedensrat *– eine Nachfolgeorganisation des* Friedensrates der DDR *– setzte vor dem Verwaltungsgericht in Berlin durch, dass auf den Demonstrationen gegen den Gazakrieg im Januar 2009 die Hamas ihre Fahnen auf den Straßen der deutschen Hauptstadt schwenken durfte. Fahnen einer Organisation, deren erklärtes Ziel es ist, Israel zu vernichten. Wie sehen Sie das?*

Dass die Hamas den Staat Israel vernichten will, ist in aller Welt bekannt, da sie es gebetsmühlenhaft wiederholt. In der *Hamas-Charta* steht: »Bis zum Tag der Auferstehung der Toten haben wir die Weichen gestellt für Feindseligkeit und Hass auf die Juden. Durch ihr Geld haben die Juden die Herrschaft über alle internationalen Medien übernommen: über Pressagenturen, Zeitungen, Verlagshäuser und elektronische Medien. Mit ihrem Kapital haben die Juden weltweit Revolutionen ausgelöst, um ihre Interessen und ihren eigenen Vorteil zu fördern. Bekanntermaßen waren es die Juden, die hinter der Französischen Revolution standen, hinter der kommunistischen Revolution sowie hinter vielen anderen Revolutionen, von denen wir hier und dort hören. Dank ihres Geldes haben die Juden Geheimorganisationen gegründet, die über die ganze Welt verstreut sind, um die Gesellschaft zu zerstören. ... Hinter der Ausbeutung und Korruption der imperialistischen Länder stecken die Juden. Was regionale und Weltkriege anbelangt, so kann man sagen, dass die Juden hinter diesen stehen: Hinter dem Ersten Weltkrieg, in dem es ihnen gelang, das islamische Reich zu zerstören. ... Die Juden haben den Völkerbund erfunden, um mit diesem Mittel die Welt zu beherrschen. Die Juden haben auch den Zweiten Weltkrieg ausgelöst und danach die Gründung der UN und des Weltsicherheitsrates erzwungen. Es gibt keinen Krieg, der nicht von den Juden entfesselt wird.«[88] Die Hamas ruft zum Antisemitismus auf – gegen Juden in aller Welt – in einer Art und Weise, die über die antisemitische Nazipropaganda hinausgeht.

Kurzum: Laut der Hamas sind die Juden an allem schuld. Sollten auf deutschen Straßen vor diesem Hintergrund Hamas-Fahnen geschwenkt werden? Darf Meinungsfreiheit so weit gehen, dass man Antisemitismus befördert?

Das ist eine Frage der Gesetzgebung und ihrer Auslegung in der Bundesrepublik. Antisemitismus ist ja in Deutschland gesetzlich verboten.

In Deutschland sah man nicht nur palästinensische Flaggen und die der Hamas, sondern zu anderer Gelegenheit auch israelische Fahnen. Der Zentralrat der Juden in Deutschland sowie jüdische Gemeinden riefen zu Kundgebungen zur Unterstützung Israels in Deutschland auf, um für Verständnis für den Gazakrieg zu werben.

Von der Absicht, auf Kundgebungen Solidarität mit meinem Land zu zeigen, bin ich als Israeli berührt und dankbar. Wenn man jedoch das Ziel hat, die Deutschen von der israelischen Haltung zu überzeugen, dann sollte man sich als Deutscher – der man ja auch ist – und nicht als Ausländer präsentieren. Oft ist eine proisraelische Demonstration eine Reaktion auf vorangegangene propalästinensische Demonstrationen. Nichtjüdische deutsche Zuschauer beobachten diese Demonstrationen mit Neugierde, aber ohne Betroffenheit. Sie meinen, es ginge um eine Angelegenheit von Ausländern. Wenn daraufhin Juden in Deutschland als Israelis angesprochen und ihr Problem als ein nichtdeutsches betrachtet wird, darf man nicht überrascht sein. Die Juden in Deutschland haben, so wie alle anderen deutschen Bürger, das Recht, ihre Meinung in Sachen Außenpolitik und internationaler Geschehnisse auszudrücken. Damit es auch so ankommt, sollten sie aus- und nachdrücklich als Deutsche demonstrieren.

Reflexartig wird israelische Politik manches Mal mit der Nazizeit verglichen. So sprach der deutsche CDU-Politiker Norbert Blüm von einem »Vernichtungskrieg«, den Israel gegen die Palästinenser führe. Ein Wort, das einen Sturm der Empörung auslöste und für das er sich dann entschuldigte. Zu Recht?

Sicherlich hat jeder das Recht, seine Meinung frei zu sagen. Meinungsfreiheit bedeutet jedoch nicht, dass man groteske Lügen äußern darf. Lügen, die nicht nur den anderen beleidigen, sondern ihn auch physisch gefährden, indem sie Extremisten aufhetzen und zur Tat schreiten lassen. Das Ziel eines Vernichtungskrieges ist die Ausrottung einer Bevölkerung. An diesem Ziel haben die Nazis gearbeitet.

Viele Menschen waren aufgebracht, als – entgegen der Genfer Konvention – *die palästinensische Zivilbevölkerung angegriffen und 1300 Menschen getötet wurden.*

Das ist furchtbar. Dennoch ist es absurd, von einem Vernichtungskrieg zu sprechen. Im Gazastreifen leben anderthalb Millionen Menschen. Die Überlegenheit der israelischen Armee ist derartig gewaltig, dass ihr nichts im Wege gestanden hätte, wenn sie die gesamte Bevölkerung hätte niederwalzen wollen. Genau das würde Vernichtungskrieg bedeuten. Das Ziel der israelischen Armee war jedoch, die Hamas zu bekämpfen, die mit dem Raketenbeschuss israelischer Städte und Dörfer entlang der Grenze den Krieg entfesselt und die palästinensische Bevölkerung als Schutzschild benutzt hat. Deshalb war die Zivilbevölkerung von den Kriegshandlungen betroffen, obwohl sie gar nicht das Ziel der israelischen Armee war.

Israelische Studenten haben im Gazakrieg gekämpft. Was haben die Ihnen berichtet?

Sie erhielten den Befehl, eigene Verluste zu vermeiden, was für sie bedeutete, auch aus der Entfernung auf Zivilgebäude, in denen Gefahr lauerte, zu schießen, um kein Risiko einzugehen. Als sie im Nachhinein erfuhren, wie groß der »Kollateralschaden« war, den sie angerichtet hatten, indem sie Zivilisten töteten, die keine Hamas-Kämpfer waren, fühlten sie sich betroffen und hilflos.

Einzig und allein die Juden sind auserwählt

»Die tiefen Wurzeln des Judenhasses wurzeln in längst vergangenen Zeiten, sie wirken aus dem Unbewussten der Völker ... Ich wage die Behauptung, dass die Eifersucht auf das Volk, welches sich für das erstgeborene, bevorzugte Kind Gottvaters ausgab, bei den anderen heute noch nicht überwunden ist.«[89]

Der Anspruch auf ihre Auserwähltheit ist für die Juden aller Zeiten zum Fluch geworden. Als Europa im Mittelalter zum Christentum überging und nur die Juden inmitten eines Meeres von Christen hartnäckig die Annahme der christlichen Religion verweigerten, kam es zu Judenverfolgungen. Als Vorwand dazu diente unter anderem auch die Behauptung, die Juden hielten sich für bessere Menschen – im 20. Jahrhundert würde man sagen: für »Übermenschen« –, behaupteten sie doch, das auserwählte Volk zu sein. Anfang des 20. Jahrhunderts wurden die *Protokolle der Weisen von Zion* verbreitet, russische Fälschungen, die unter anderem angaben, die Juden würden sich als auserwähltes Volk betrachten und deshalb die Herrschaft über die Menschheit anstreben. Und noch immer gibt es Menschen, die an der Idee der Auserwähltheit des jüdischen Volkes Anstoß nehmen. In den letzten Jahren hat ein französischer Kabarettist afrikanischer Abstammung, Dieudonné M'bala M'bala mit antisemitischen Äußerungen[90] und Holocaust-Leugnung[91] berüchtigte Berühmtheit erlangt. Mehrmals wurde er bereits zu Geldstrafen verurteilt. Ein Thema seiner »Satiren« ist das »auserwählte Volk«, ein Begriff, den er benutzt, um Juden zu verhöhnen, sie zu verspotten, und der ihm zur Hasspropaganda gegen Juden dient.

Die Idee der Auserwähltheit des jüdischen Volkes ist jedoch keineswegs eine antisemitische Erfindung. Sie entstammt der jüdischen Religion und Tradition, und wir begegnen ihr mehrfach in der Bibel und in den jüdischen Gebetbüchern. So lesen wir zum Beispiel im fünften Buch Mose: »... Dich hat der Herr, dein Gott, ausgewählt, damit du unter allen Völkern, die auf der Erde leben, das Volk wirst, das ihm persönlich gehört.«[92] Welche Bedeutung hatte diese Bibelstelle für die Juden, und wie wurde sie interpretiert? Zunächst hat die Idee vom »auserwählten Volk« niemals einen rassistischen Bezug. Es geht hier um einen rein religiösen Begriff. Wer auch immer zum Judentum übertritt, wird für die Juden automatisch Teil des auserwählten Volkes, was auch immer seine Wurzeln und Herkunft sein mögen. Die Juden lehrten, dass sie auserwählt wurden, um zu lernen, nach den Gesetzen Gottes zu leben, und damit der Welt ein lebendiges Beispiel dafür geben zu können, welche Segnungen der Gehorsam gegenüber Gottes Gesetzen mit sich bringt. Im Buch Jesaja spricht Gott zu Israel: »... Du bist mein Knecht Israel, durch welchen ich will gepriesen werden. ... Siehe, das ist mein Knecht, ich erhalte ihn, und mein Auserwählter, an welchem meine Seele Wohlgefallen hat. Ich habe ihm meinen Geist gegeben; er wird das Recht unter die Heiden bringen ... Es ist ein Geringes, dass du mein Knecht bist, die Stämme Jakobs aufzurichten und die Bewahrten Israels wiederzubringen; sondern ich habe dich auch zum Licht der

Heiden gemacht, dass du seist mein Heil bis an der Welt Ende.«[93] Die Juden wurden auserwählt, um der Welt eine bessere Lebensweise aufzuzeigen, nicht um zu zeigen, dass sie besser seien. Die Gesetze Gottes, wie die Juden sie durch Moses auf dem Berg Sinai erhalten haben, sind sehr anspruchsvoll. Ein Mensch, der sich diesen Gesetzen beugt, widmet ihnen sein ganzes Leben. Jeder Bereich und jedes Detail seines Lebens wird von ihnen gelenkt. Die Juden, die für ihren Humor bekannt sind, beginnen ihre Witze oft mit dem Satz: »Es ist schwer, ein Jude zu sein.« Damit ist gemeint, dass es schwierig ist, der jüdischen Religion treu zu bleiben, weil sie so fordernd ist. Wenn die Lebensführung der Juden nur als Musterbeispiel für alle anderen dienen soll, so ist es selbstverständlich, dass von diesen gar nicht so viel verlangt wird. Die jüdische Religion hatte nie den Ehrgeiz, die Welt zum Judentum zu bekehren wie zum Beispiel das Christentum oder der Islam. Noch weniger hatte sie die Absicht, andere zu beherrschen. Juden haben ihre Religion immer als die Religion einer kleinen Minderheit verstanden, der man sich zwar freiwillig anschließen kann, die aber dennoch die Religion einer Minderheit bleiben würde. Und auch das ist mehr als eine jüdische Tradition, das ist ein klarer göttlicher Befehl in der Bibel. Unmittelbar nach der oben zitierten Bibelstelle, in der Gott Israel zu seinem auserwähltes Volk erklärt, sagt er weiter: »Nicht weil ihr zahlreicher als die anderen Völker wäret, hat euch der Herr ins Herz geschlossen und ausgewählt; ihr seid das kleinste unter allen Völkern.«[94] Alle anderen, die Nichtjuden, werden von der jüdischen Religion als Gerechte betrachtet, wenn sie lediglich die sieben Noachidischen Gebote befolgen: das Verbot von Mord, Diebstahl, Götzenanbetung, Unzucht, Brutalität gegen Tiere und Gotteslästerung und die Einführung von Gerichten als Ausdruck der Wahrung des Rechtsprinzips.[95] Die Einhaltung der sieben Gebote bringt einen Nichtjuden in den Himmel – genau wie einen Juden, der 613 Gebote befolgen muss.

Ist aber die Auserwähltheit eine spezielle Eigenschaft des jüdischen Volkes? Sind die Juden das einzige Volk, das sich im Laufe der Geschichte als auserwähltes Volk betrachtet hat? Im Schlusskapitel seines Buches *This People Israel*, das er 1954 in England veröffentlichte, wo er nach dem Zweiten Weltkrieg lebte, schreibt Leo Baeck: »Jedes Volk kann für eine Geschichte ausgewählt sein, für einen Teil in der Geschichte der Menschheit... Mehr Geschichte als anderen Völkern wurde aber diesem Volk zugewiesen.«[96] Vielleicht stimmt das. Dennoch gibt es einen Unterschied zwischen der jüdischen Interpretation des Begriffs der Auserwähltheit und der der anderen Völker der Welt, die sich fast alle irgendwann im Laufe der Geschichte einmal oder mehrmals als auserwählte Völker empfunden haben. Bei ihnen galt das Gefühl der Auserwähltheit meist im Sinne eines Auftrags, Angehörige anderer Stämme oder Völker zu erobern, zu beherrschen, zu ändern oder zu vernichten, wie die nachfolgenden Beispiele zeigen. Abgesehen von Nazideutschland, von dem in diesem Zusammenhang zu sprechen überflüssig ist, gibt es in der Geschichte unzählige Beispiele, die das Gefühl der Auserwähltheit zum Ausdruck bringen.

In Deutschland gab es schon vor dem Nationalsozialismus Vorstellungen der Auserwähltheit. So beschrieb Richard Wagner 1848 eine lange Traditionskette der Deutschen: »Die Ur-Stadt war Troja, dort entstand das Ur-Königtum... Im deutschen Volke hat sich das älteste urberechtigte Königsgeschlecht der Welt erhalten. Es stammt von einem Sohne Gottes her, der nach seinem nächsten Geschlechte Siegfried, für die übrigen Völker der Erde aber Christus heißt... Die Deutschen sind das älteste Volk, ihr blutsverwandter König ist ein ›Nibelung‹, und an ihrer Spitze hat dieser die Weltherrschaft zu behaupten. Es gibt daher kein Anrecht auf irgendwelchen Besitz oder Genuss dieser Welt, das nicht vom König herrühren, durch seine Verleihung oder Bestätigung erst geheiligt werden müsste…«[97] Und Kaiser Wilhelm II. formulierte in seiner Thronrede anlässlich des Ausbruchs des Ersten Weltkriegs im August 1914 noch deutlicher: »… uns beseelt der unbeugsame Wille, den Platz zu bewahren, auf den Gott uns gestellt hat, für uns und alle kommenden Geschlechter«[98]. Selbst »Felix Klemperer, ein bekannter Neurochirurg, schrieb an seinen Bruder Victor: ›Über alles Grausige triumphiert bisher in mir das Erhebende, die Herrlichkeit des Krieges.‹ Victor merkt dazu an: ›Dass der Krieg uns, die wir nichts von militärischer Phrase und Begeisterungsfähigkeit ererbt und parat haben, so sehr umwandelt!‹ Schon vorher hatte er erklärt: ›Wir, wir Deutschen waren besser als die anderen, freier im Denken, reiner im Fühlen, ruhiger und gerechter im Handeln. Wir, wir Deutschen waren das wahrhaft auserwählte Volk.‹«[99] Sogar deutsche Juden haben also so gedacht: Nicht die Juden, sondern die Deutschen sind das auserwählte Volk.

Die Japaner haben sich mit verschiedenen Begriffen bezeichnet, die noch weiter gehen als »das auserwählte Volk«. Sie nannten sich *shinshu*, das heißt die Nachkommen der Götter, ein Begriff, der in der japanischen Geschichte noch deutlich mehr benutzt wurde als *sen min* – das »auserwählte Volk«. Hirata Atsutane (1776–1843), ein nationalistischer Philosoph, schrieb 1811 in seinem Buch *Kodō Taii*: »Wir besitzen ein herrliches und gesegnetes Land, zweifellos das Land der Götter, und wir sind bis hin zu dem ärmlichsten Mann, der ärmlichsten Frau, die Abkömmlinge der Götter… Japaner unterscheiden sich vollständig von den Völkern Chinas, Indiens, Russlands, Hollands, Siams und Kambodschas und aller anderen Länder der Welt, und wir sind ihnen allen überlegen. Und unser Land das Land der Götter genannt zu haben war nicht einfach Prahlerei unsererseits. Die Götter waren es, die bei der Schöpfung alle Länder der Welt geformt haben, und diese Götter waren ausnahmslos in Japan geboren. Japan ist demnach die Heimat der Götter, und deshalb nennen wir es das Land der Götter. Das ist eine allgemeingültige Überzeugung und völlig unbestreitbar.«[100]

Die Chinesen nannten ihren Staat *zhōngguó*, »das Reich der Mitte«. Ursprünglich bedeutete dieser Begriff, »das Reich, das sich in der Mitte Chinas befindet«, aber im 19. Jahrhundert umfasste dieser Begriff für die Chinesen, dass China sich in der Mitte der Welt befände.[101] Sie nannten sich selbst *rén*, »Menschen«. Nichtchinesen waren *yanggui*, »ausländische Teufel«[102].

Aristoteles sah die Menschheit eingeteilt in Griechen und Nichtgriechen, die man mit dem Begriff Barbaren bezeichnete. Sklaverei betrachtete er als eine natürliche Einrichtung, und »Barbaren« waren dazu ausersehen, Sklaven zu sein.[103]

Die meisten Völker wurden früher von Monarchen regiert, die »von Gottes Gnaden« an die Macht gekommen waren, wenn sie sich nicht selbst für Götter hielten oder – wie oft in der islamischen Welt – direkte Nachkommen des Propheten waren bzw. noch sind. Wer von Gottes Gnaden regiert, wer Nachkomme des Propheten oder selbst ein Gott ist, waltet doch selbstverständlich über ein auserwähltes Volk.

In den eigenen Augen und im religiösen Sinn besonders auserwählt sah sich das polnische Volk, in dessen Geschichte der Antisemitismus eine lange Tradition hatte. Zum Ausdruck kommt das ganz besonders in den beiden wichtigsten, 1832 veröffentlichen Büchern des polnischen Autors Adam Mickiewicz, genannt *Die Bücher des polnischen Volkes und der polnischen Pilgerschaft.* Was der polnischen Nation im Laufe der Geschichte geschah, vergleicht er mit Jesus, mit seinem Leben, mit seiner Folter und mit seiner Wiederauferstehung. Er behauptet, dass Polen politisch gekreuzigt wurde, wie Jesus körperlich gekreuzigt worden war. Er vergleicht das Leid der Polen mit dem Leiden Jesu insofern, dass beide zugunsten der gesamten Menschheit als Opfer gebracht wurden. Infolgedessen, so meint er, bringe die Wiederkunft Jesu der ganzen Welt die Erlösung, und die Wiederkunft Polens im Rahmen einer unabhängigen politischen Existenz erlöse alle Nationen. Deshalb nennt Mickiewicz Polen »Jesus unter den Völkern«[104].

In der Zeit des Kolonialismus beschrieben die Imperialisten ihr Tun oft als göttliche Mission: Das auserwählte Volk oder die auserwählte Rasse sollte die Minderwertigen in den Kolonien dominieren. Und so schrieb der spätere Premierminister der englischen Kapkolonie Cecil Rhodes 1877 an seinen Freund W. T. Stead: »Ich behaupte, dass wir die erste Rasse in der Welt sind und dass es umso besser für die menschliche Rasse ist, je mehr von der Welt wir bewohnen.«[105] 1869 veröffentlichte der englische Schriftsteller und Parlamentarier Sir Charles Wentworth Dilke *A Record of Travel in English-Speaking Countries during 1866 and 1867.* Überall stellte er fest, dass die Schwierigkeiten auf dem Weg zur universellen Herrschaft des englischen Volkes im Konflikt mit den »cheaper races« liegen, dass aber »the dearer race«, die Angelsachsen, triumphierend aus diesem zweifelhaften Ringen hervorgehen werde. Der englischen Rasse böten der Besitz Indiens, der Küsten Afrikas und der Häfen Chinas die Möglichkeit, unter den dunkelhäutigen Rassen der Welt freie Institutionen zu pflanzen.[106]

Auch die amerikanische parlamentarische Demokratie, die 1865 sogar die Sklaverei beseitigte, hielt ihre Bürger mehrfach für das auserwählte Volk. Herman Melville, der Autor des *Moby Dick*, meinte 1850: »Wir Amerikaner sind das auserwählte Volk – das Israel unserer Zeit. Wir tragen die Bundeslade mit den Freiheiten dieser Welt ... Gott hat Großes für uns vorherbestimmt, die Menschheit erwartet große Dinge von unserem Volk, und große Dinge bewegen wir in unserem Herzen.«[107] Und erst 2007 definierte der Harvard-Historiker Paul D. Erickson »den merkwürdigen und unterschiedlich definierten Mythos Amerikas«, der »besagt, dass wir das auserwählte Volk sind, gesegnet von Gott, und dass wir als seine Agenten auf dieser Erde wirken«[108].

Aber nicht nur Nationen, Völker, selbsternannte »Rassen« betrachteten sich als auserwählt, auch Religionen taten dies. So ist die Vorstellung eines »auserwählten Volkes« auch im Neuen Testament ein wichtiges Thema. Jesus sagt seinen Jüngern: »Nicht ihr habt mich erwählt, sondern ich habe euch erwählt.«[109] Auch sagt er, er werde zurückkommen, um seine »Auserwählten« zu sammeln.[110] Paulus wiederum spricht von der Kirche als dem »Israel Gottes«[111].

Was den Islam betrifft, so kann man in der Präambel der *Cairo Declaration* nachlesen: »Die Mitglieder der Organisation der Islamischen Konferenz betonen die kulturelle und historische Rolle der islamischen Umma, die von Gott als die beste Nation geschaffen wurde und die der Menschheit eine universale und wohlausgewogene Zivilisation gebracht hat ...«[112]

Zwar hat man im Laufe der Geschichte meist nur die Juden der Selbstverherrlichung als auserwähltes Volk angeklagt – und Antisemiten tun das auch heute noch –, dennoch wird es eher schwierig sein, irgendwo auf der Welt ein

Volk oder einen Stamm zu finden, das oder der sich nicht im Laufe der Geschichte als auserwähltes Volk betrachtet hätte.

Unterschiede aber gibt es in der Intention, die hinter dem Anspruch auf Auserwähltheit steht. Fjodor Dostojewski empfand es als natürlich, dass ein Volk, welches an sich glaubt, sich als auserwählt empfindet. Er schrieb: »Jedes große Volk, das lange leben will, glaubt und muss glauben, dass in ihm und nur in ihm allein das Heil der Welt ruhe, dass es nur dazu lebe, an der Spitze der anderen Völker zu stehen, um sie alle in sich aufzunehmen und sie in einem harmonischen Chore zum endgültigen, ihnen allein vorbestimmten Ziel zu führen.«[113] Der Unterschied zwischen Dostojewskis und dem jüdischen Verständnis der Auserwähltheit liegt klar auf der Hand: Die Juden wollen nur eine bescheidene Minderheit bleiben.

Ausgerechnet ein Amerikaner, Thomas Jefferson, war es, der der Idee der Auserwähltheit eine moderne Interpretation gegeben hat, indem er 1785 meinte: »Jene, die die Erde bearbeiten, sind das auserwählte Volk Gottes, sollte er jemals ein auserwähltes Volk gehabt haben.«[114] Jefferson ging es um eine Beurteilung der Industrialisierung, wonach alle Tüchtigen auserwählt sind.

Die letzten Auserwähltheitsfanatiker hingegen waren die Weißen Südafrikas, die Erfinder der Apartheid. Auch wenn diese schon verschwunden ist, gibt es doch überall noch latenten Rassismus. Generell aber ist die Idee der Auserwähltheit für den Großteil der Menschheit einschließlich der Juden eine längst überholte Vorstellung. Sie ist nur noch bei fanatischen Gruppierungen zu finden. Diese sind jedoch nicht zu vernachlässigen, da sie gewalttätig und eine Gefahr für die Menschheit sind.

Kann ein Nichtjude Israeli sein?

Ein Nichtjude kann Israeli sein, und das nicht nur in der Theorie. Etwa 24 Prozent der israelischen Bürger sind Nichtjuden – hauptsächlich Moslems, aber auch Christen. Heute gibt es in Israel Gastarbeiter von den Philippinen, aus Rumänien, Thailand und anderen Ländern. Manchen unter ihnen ist es gelungen, die israelische Staatsbürgerschaft zu erhalten. Dem Gesetz nach kann man israelischer Bürger werden, auch wenn man kein Jude ist. Und dann ist man natürlich – auf jeden Fall juristisch gesehen – vollkommen gleichberechtigt.

Wie beispielsweise die arabischen Israelis?

Ja. Es gibt 1,2 Millionen arabische Bürger in Israel, das sind 20 Prozent der Bevölkerung. Im Vergleich dazu stellten die Juden im Deutschland des Jahres 1933 weniger als ein Prozent der Bevölkerung. Aber dieser winzige Bevölkerungsanteil wurde als ein großes Problem betrachtet.

Israel definiert sich als jüdischer Staat. Bedeutet dies, dass der Staat einen Unterschied zwischen Juden und Nichtjuden macht?

Vor dem Gesetz sind israelische Juden und Nichtjuden gleich. Ein Nichtjude, der kein Israeli ist und Israeli werden will, muss sich, so wie es in anderen Ländern üblich ist, einbürgern lassen. Im Hinblick auf Nichtisraelis aber räumt Israel den Juden aus aller Welt ein Rückkehrrecht ein: Ein Jude hat das Recht, den Staat Israel als seinen Staat zu adoptieren. Er darf nach Israel immigrieren, wann immer er will, und der Staat muss ihm fast automatisch die Staatsangehörigkeit gewähren.

Passt das denn zum säkularen Staatsverständnis Israels?

Interessant ist in diesem Zusammenhang die Frage, aus welchem Grund der Staat Israel keine Verfassung hat. Es gibt nur zwei Länder in der Welt, die keine (vollständige)

Verfassung haben – Israel und Großbritannien. Selbst in Diktaturen gibt es in der Regel eine Verfassung. Bei den Engländern ist es eine Frage der Tradition. Eine Kumulation von Gesetzen ersetzt dort die Verfassung. Bei uns gab es bei der Staatsgründung eine heftige Debatte um die Verfassung: Die religiösen Parteien wollten einen Bezug zu Gott und zum traditionellen religiösen Gesetz herstellen. Sie strebten einen Gottesstaat an, der auch in der Verfassung verankert werden sollte. Die Mehrheit der Israelis hat das abgelehnt, auch der Gründervater Ben Gurion. Da er aber die religiösen Parteien als Zünglein an der Waage seiner Koalition brauchte, wie es eigentlich seitdem auch geblieben ist, musste er einen Kompromiss finden. Und dieser lautete: Es wird überhaupt keine Verfassung geben. Dann erübrigt sich auch die Definition des Staates. Es würde nur Gesetze geben, die allmählich erlassen werden, an Zahl zunehmen und – ganz nach englischem Beispiel – die Verfassung ersetzen. Nur da und dort gibt es heute noch Überreste alter Richtlinien. Aber zurück zu der Überlegung, ob Israel ein laizistischer Staat ist. Israel ist gewiss kein Gottesstaat. Der Staat beruht auf Zivilrecht und nicht auf religiösem Recht. Allerdings gibt es zwei Ausnahmen. Zum einen sind da die Ehegesetze. Es gibt bei uns keine Zivilehe.

Man kann nur religiös heiraten, beim Rabbiner.

Bei einem Geistlichen, es muss kein Rabbiner sein. Es kann auch ein Pfarrer oder ein Kadi sein, je nach der Religion des Paares. Und wenn jemand nicht bei einem Geistlichen heiraten will, dann geht man ins Ausland. Man heiratet zum Beispiel in Zypern, weil es billig und nah ist. Die zivile Eheschließung im Ausland wird anerkannt.

Und zweitens?

Ein weiteres Beispiel für die Übernahme religiöser Gesetze aus der Mandatszeit ist, dass in Israel am Sabbat, dem

Samstag, keine öffentlichen Verkehrsmittel fahren. Eine Ausnahme ist die Stadt Haifa, weil in der Mandatszeit dort eine große nichtjüdische Minderheit lebte und die Engländer entschieden hatten, dass deswegen dort am Samstag Busse fahren sollten. Die Stadt Haifa ist schon seit Langem eine jüdische Stadt, doch gibt es dort bis heute am Wochenende Busverkehr, während in Tel Aviv von Freitagnachmittag bis Samstagabend die öffentlichen Verkehrsmittel lahmgelegt sind. Solche kuriosen Dinge sind uns also erhalten geblieben. Im Allgemeinen aber funktioniert der Staat als ein säkularer und nicht als ein religiöser Staat.

Die Juden haben Jesus ermordet

Im Frühjahr 2004 kam der überaus erfolgreiche Film des Amerikaners Mel Gibson *Die Passion Christi* in die Kinos. In den Vereinigten Staaten war er ein größerer Kassenschlager als in Europa, wo ihn Medien häufig dafür kritisierten, dass er antisemitische Vorurteile bediene. Nach dem Holocaust ist Europa Phänomenen dieser Art gegenüber empfindlicher als Amerika. Die schärfsten Reaktionen gab es in Frankreich, in dem Land, das der Vatikan als »die älteste Tochter der Kirche« bezeichnet. Der Kardinal Jean-Marie Lustiger, Primat von Paris, bezeichnete den Film als einen erschreckenden Ausdruck der »Morbidität und Bestialität«[115]. Die wichtigste Zeitung Frankreichs *Le Monde* widmete dem Film einen Leitartikel unter dem Titel *Die Regression Gibsons*.[116] *Le Monde* beschreibt den Film als eine Manifestation des Rückfalls in das Mittelalter und besteht unter anderem darauf, dass er Antisemitismus und mittelalterliche antijüdische Stereotypen entstaubt und bestärkt. In Deutschland veröffentlichten der Präsident des *Zentralrats der Juden*, Paul Spiegel, der Vorsitzende der katholischen Bischofskonferenz, Karl Kardinal Lehmann, und Bischof Wolfgang Huber, der Ratsvorsitzende der Evangelischen Kirchen in Deutschland, eine gemeinsame Erklärung, in der sie auf die Möglichkeit der antisemitischen Instrumentalisierung des Films hinweisen.[117] Die Wochenzeitschrift *Die Zeit* sah in Mel Gibsons »kalifornischem Splattermovie« einen »unchristlichen Christusfilm« und »nur Blut, Schmerzen und Hass«[118]. Der große Erfolg des Films in der ganzen christlichen Welt, besonders in den USA, wurde von der allseitigen Kritik nicht behindert.

In der *Passion Christi* sind es die Juden, die Gibson als blutrünstigen, den Tod Jesu fordernden Mob darstellt und an deren Spitze der Priester Kaiphas den Römer Pontius Pilatus einschüchtert. Die angeblich so einflussreichen jüdischen Organisationen in den Vereinigten Staaten, die sich bemühten, wenigstens die brutalen Gewaltszenen mit den gravierendsten traditionellen Vorurteilen vom »gottlosen und mörderischen« Volk herausschneiden zu lassen, blieben erfolglos.

In Amerika, wo viele Bürger, auch Schüler, Waffen tragen, erzählt man eine Geschichte, die vielleicht nur eine Anekdote oder ein makabrer Scherz sein soll. Immerhin ist sie aufschlussreich: In einer Schule in einer Kleinstadt im Mittleren Westen erschoss ein Gymnasiast seinen Klassenkameraden ohne Grund und Vorwarnung. Als der schockierte Lehrer den Schüler nach dem Grund fragte, antwortete dieser, der Junge, den er umgebracht habe, sei Jude gewesen, und die Juden hätten doch Jesus ermordet. Als der Lehrer ihn darauf hinwies, dass dies vor 2000 Jahren geschehen sei, antwortete der Mörder, er habe es aber erst heute erfahren. Der Film von Mel Gibson hat die Legende wiederbelebt, die den Antijudaisten und den Antisemiten aller Zeiten als Zündstoff für die Judenverfolgung gedient hat.

Anlässlich der Erstaufführung des Films widmete die französische Wochenzeitschrift *Le Nouvel Observateur* den Großteil ihrer Auflage dem Film und vor allem einem Gespräch mit den zwei renommiertesten französischen Historikern des

Christentums, Jérôme Prieur und Gérard Mordillat. Das Gespräch beginnt mit der Frage: »Wer hat Jesus getötet? Die Juden oder die Römer? Kann man diese Frage überhaupt klipp und klar beantworten?« Die Antwort lautete: »Ja. Es waren die Römer. Historisch gesehen gibt es daran keinerlei Zweifel.«[119] Wenn die Sachlage so klar ist, ist die Tatsache erklärungsbedürftig, warum es in der christlichen Welt jahrhundertelang als selbstverständlich galt, dass die Juden die Schuldigen waren.

Im Jahr 64 vor unserer Zeitrechnung wurde das unabhängige jüdische Königreich von dem römischen Feldherrn Pompeius erobert. Zwar erlaubte Pompeius der jüdischen Dynastie in Jerusalem, weiterhin auf dem Thron zu bleiben, aber die jüdischen Könige waren fortan nur noch Vasallen Roms. Um die Zeitwende starb der mächtige König Herodes, dem die Römer viel autonomen Spielraum zugestanden hatten. Nach seinem Tod übernahm Rom die unmittelbare Herrschaft über das Land und setzte einen römischen Präfekten ein. Jesus ist in dieser Epoche der direkten römischen Verwaltung des Landes aufgewachsen, einer turbulenten Zeit für das Land und für die Nation. Immer wieder gab es Versuche, das römische Joch abzuschütteln. Im Namen Gottes riefen verschiedene selbst ernannte Widerstandskämpfer die Bevölkerung auf, sich gegen die Römer zu erheben. Die jüdischen Geistlichen und Tempelpriester sahen in ihnen falsche Propheten, eine Gefahr für die Religion. Für die Römer waren sie einfach Rebellen, die man nach römischer Art durch Kreuzigung hinrichtete. Die Juden konnten nur wenig gegen diese Rebellen unternehmen, da sie zu diesem Zeitpunkt in ihrem Land nur noch sehr wenig zu bestimmen hatten. Die Kolonialherrschaft der Römer war allgegenwärtig, direkt und brutal. Je größer die Furcht der

Römer vor dem Widerstand wurde, desto entschiedener wurde ihr Streben nach unmittelbarer Macht über das Land. So durfte zum Beispiel die oberste Autorität der Juden, der Sanhedrin, das oberste Gericht, auf Anordnung der Römer hin kein Todesurteil, die für Aufständische übliche Strafe, mehr aussprechen.

Jesus und seine Anhänger wurden anfänglich nicht als gefährliche Rebellen betrachtet. Seine bekannten Reden, wie zum Beispiel die Bergpredigt, zeigen ganz deutlich, dass er keineswegs die Grundlagen der jüdischen Religion ändern wollte. Sein Bestreben war im Gegenteil darauf gerichtet, die traditionelle jüdische Religion zu stärken, indem er das Verbrechen, die Korruption und die Heuchelei, die vornehmlich in der führenden Bevölkerungsschicht zu finden waren, ausmerzen wollte. Ihm, der schon als Zwölfjähriger durch seine große Kenntnis der heiligen jüdischen Schriften Aufmerksamkeit erregte, ging es um die Authentizität seiner Religion. Es war nicht die politische, juristische und geistliche Elite der Nation, die Pharisäer, sondern ganz deutlich die Tempelpriester, die sich von seinen Predigten bedroht fühlten. Sie waren diejenigen, die ihn letzten Endes den Römern auslieferten, wie drei Evangelisten berichten. Von wem wurde Jesus verraten? Von Judas Ishkariot, der ein religiöser Jude war wie Jesus selbst, wie auch alle anderen Apostel und wie die Tempelpriester. Bis zu diesem Punkt könnte man von nebensächlichen internen Querelen in einem kleinen Kreis der Juden sprechen. Zur politischen Angelegenheit ist der Fall Jesu bis dahin nicht geworden. Deshalb mischte sich der Sanhedrin auch nicht in diese Angelegenheit ein. Was die Verurteilung Jesu betrifft, bezieht sich Lukas nirgendwo auf den Sanhedrin, und auch im Johannes-Evangelium wird er nicht erwähnt. Von dem Moment an aber, in dem Jesus den Römern ausgeliefert worden war, wurde sein Fall zu einer politischen Angelegenheit. Den Römern galt er als politischer Rebell. Die Tatsache, dass seine Anhänger ihn als König der Juden bezeichneten, bedeutete für die Römer seine Absage an die römische kaiserliche Herrschaft, und als politischer Aufrührer wurde er von den Römern zum Tode verurteilt und hingerichtet. I.N.R.I. – Jesus von Nazareth, König der Juden – diese Inschrift sieht man auf vielen Gemälden der Kreuzigungsszene über Jesu Kopf –, dieser Anspruch war der Kreuzigungsgrund. Für die Römer war die Hinrichtung die Vernichtung eines jüdischen Anspruchs auf Unabhängigkeit von Rom. Eine Schlüsselfigur im Prozess gegen Jesus ist den Evangelien zufolge Pontius Pilatus. Von 26 bis 36 unserer Zeitrechnung amtierte er als römischer Prokurator in Jerusalem. Der gütige und offenbar um Gerechtigkeit bemühte Mann aus dem Matthäus-Evangelium war in Wirklichkeit wegen seiner Grausamkeiten, Verachtung der örtlichen Religionen und Sitten und Schändung religiöser Einrichtungen bei den Juden wie auch bei den anderen Völkern des Landes sehr unbeliebt. Nach einem Gemetzel an den Samaritanern wurde er schließlich nach Rom abberufen.[120]

Gibsons Film versucht keine neue Interpretation der ungeklärten Fragen um den Prozess gegen Jesus. Er wiederholt eine bereits oft erzählte Geschichte: Die Juden hätten sich für den Verbrecher Barabas statt für Jesus eingesetzt und zudem die Römer zur Hinrichtung Jesu gedrängt. Dies aber belegen keinerlei zeitgenössische Zeugnisse, denn diese Ereignisse wurden lange nur mündlich tradiert. Schon 49 hatte Kaiser Claudius ein Edikt erlassen, das Anhänger des »Chrestus« aus Rom auswies, so schreibt es Sueton. Ob damit aber Christen gemeint waren, ist fraglich. 64 beschuldigte Kaiser Nero die »Chrestianer« der Brandstiftung in Rom und entfesselte dadurch eine Christenverfolgung. Erst mehr als 80 Jahre nach dem Geschehen wurde die ortsansässige Christengemeinde wieder erwähnt. Um 112 schrieb Plinius der Jüngere, damals außerordentlicher Statthalter der Provinz Bithynien-Pontus in Kleinasien, an Kaiser Trajan. Er wollte sich erkundigen, wie er mit den Angehörigen der frühchristlichen Gemeinde umgehen sollte, denen man wegen ihrer Ablehnung des Kaiserkults mangelnde Staatstreue vorwarf.

Von den Juden wurden die Christen »Nazarener« genannt, den Römern galten sie zunächst als jüdische Sekte. Als Christen wurden sie erstmals von den Einwohnern Antiochias bezeichnet. Unter diesem Namen fand ihre Religion eine rasche Verbreitung.

Erste jüdische Quellen, die sich auf Jesus beziehen, werden auf eine noch viel spätere Zeit datiert. Bei Josephus Flavius existieren zwei Textstellen, die sich mit Jesus beschäftigen. Ob diese schon im Original vorhanden waren oder später eingefügt wurden, ist unklar.

Die Berichte zu Jesu Leben und Sterben kennen wir vor allem aus den vier Evangelien, mit deren Aufzeichnung erst Jahrzehnte nach seinem Tod begonnen wurde. Historiker müssen diese Schriften also in den Kontext des Alltagslebens, der Sitten und Gepflogenheiten der Zeit Jesu und des Zeitpunkts der Niederschrift stellen, um sinnvolle Schlüsse zu ziehen.

Die Begegnung mit den römischen Behörden, den römischen Institutionen, wie sie im Neuen Testament dargestellt wird, ist ohne Zweifel eine Begegnung mit politischer und physischer Gewalt. Und diese Gewalt war real, außerordentlich und alltäglich. Die antiken Gesellschaften waren im politischen und militärischen Raum, aber auch in ihren gesellschaftlichen Bezügen und Relationen in hohem Maße »brutalisiert«, im Alltag ging es gewalttätig zu, Menschenleben – individuell und kollektiv – zählten nichts. Die gesamte antike Geschichte Griechenlands und Roms ist ein großes Blutbad, ein Völkermord nach dem anderen – man denke nur an die innergriechischen Kriege, an Alexanders asiatischen Eroberungszug, Caesars Eroberung des gallischen Raums oder die römischen Bürgerkriege vor und nach dem Mord an Julius Caesar. Der Prinzipat war eine Militärherrschaft, und auch wenn die augusteische Ordnung den Provinzen Wohlstand und ein gewisses Maß an Frieden zurückgebracht haben mag, so war er doch in den Provinzen eine Besatzung, die wie alle Fremdherrschaften mit militärischer Gewalt durchgesetzt wurde. Tacitus schreibt in den *Annalen* zu Beginn des zweiten Jahrhunderts, dass der Friede, den Augustus der Welt brachte, ein Friede des Friedhofs gewesen sei; denn wer in der Opposition hätte sein können, sei schon lange hingeschlachtet worden, und alle anderen potenziellen Gegner kooperierten mit dem Regime, weil sie um Leib und Leben fürchteten. Also galt auch in Rom die Regierungsform des Augustus und seiner Nachfolger praktisch als Militärdiktatur. Davon abgesehen war die Provinzialverwaltung während der Zeit der freien Republik ebenfalls kein Idyll, herrschte doch letztlich in den Provinzen schon vor den Caesaren permanentes Kriegsrecht.

Die Passionsgeschichte des Neuen Testaments ist der narrativ-theologisch überhöhte Bericht einer römischen Hinrichtung, wie sie sich nahezu alltäglich in den Grenzen des römischen Reiches zu Tausenden abspielte. Die Massenhinrichtungen nach dem Spartakusaufstand Ende der 70er-Jahre des ersten Jahrhunderts vor unserer Zeitrechnung, als an einem Tag sechstausend Aufständische auf dem Weg nach Rom gekreuzigt wurden, sind ein anderes bekanntes Beispiel für das brutale Vorgehen der römischen Behörden gegen angebliche Unruhestifter.

Die Evangelien erzählen die Geschichte Jesu auf unterschiedliche Weise. Sie unterscheiden sich voneinander je nach der zeitlichen Entfernung, die ihre Aufzeichnung von seiner Lebenszeit trennt. Gibson bezieht sich auf das Matthäus-Evangelium. Das schildert, wie die Römer aus Respekt vor der jüdischen Tradition einen zum Tode Verurteilten vor dem jüdischen Pessachfest freigeben wollen. Vor die Wahl gestellt, wer denn freigelassen werden soll, entscheidet sich der Mob für einen Mörder und gegen den unschuldigen Jesus, der daraufhin gekreuzigt wird. Nun wissen wir von Josephus Flavius einerseits, wie wenig Pontius Pilatus die örtlichen Traditionen respektiert hat. Andererseits konnte bisher nirgends historisch belegt werden, dass es eine Sitte gab, der zufolge anlässlich des Osterfeiertags ein Verurteilter begnadigt und auf freien Fuß gesetzt wurde. Dies würde auch im Widerspruch zu den heiligsten Prinzipien der jüdischen Religion und den an Feiertagen bekannten Gepflogenheiten stehen.

Die Evangelien dokumentieren aber auch eine Dynamik in der Beziehung zwischen den Juden und Jesu Nachfolgern. Die Anfänge der Evangelien beschreiben den Vorgang eines internen Ringens im jüdischen Lager. Zunächst geht es ausschließlich um Juden, die die jüdische Religion beeinflussen, später auch reformieren wollen. Die ersten Christen wollten nichts anderes, als ihre Glaubensgenossen zu überzeugen. Je weniger ihnen dies gelang, desto mehr distanzierten sie sich von den Juden und wandten sich den Nichtjuden zu. Die ersten Christen wurden als jüdische Sekte verstanden. Die ersten Gemeinden bestanden aus Judenchristen. Hinzu kamen die Heidenchristen, deren Gleichstellung mit den Judenchristen der Völkerapostel Paulus, ein Nazarener gewordener Pharisäer, betrieb. Zwischen Judenchristen und Heidenchristen kam es bald zu Reibereien. Manche Heidenchristen wollten ihre Verpflichtung dem Judentum gegenüber nicht anerkennen. Markus schreibt sein ganzes Evangelium wie ein Jude, der seine eigenen Leute bekehren will. Matthäus und Lukas nehmen allmählich Abstand von den Juden und beschreiben sie bereits als Feinde. Johannes, der letzte Evangelist, spricht schon hauptsächlich die Römer an. Als sich ihr Interesse zunehmend auf Nichtjuden richtet, die sie bekehren wollen, werden die Juden zu den Feinden der Evangelisten. Da die Römer zum Ziel ihrer Bekehrungsversuche werden, nimmt die Nachsicht den Römern gegenüber zu. Bei Markus erscheint der römische Statthalter Pontius Pilatus noch so, wie er auch bei Josephus Flavius beschrieben ist – als brutaler, blutrünstiger Diktator. Bei Johannes ist er bereits der gemäßigte, eher sympathische Römer, der sich von der Schuld an der Hinrichtung Jesu zu distanzieren versucht.

Die exakte Umsetzung einer Kreuzigung in die Bilder des Kinofilms heute ist entsetzlich und unerträglich. Ob sie realitätsgetreu ist, bleibt zudem dahingestellt und ist ernstlich zu bezweifeln. Das Problem ist, dass wir meist nicht in der Lage sind, geschichtliche Ereignisse im Kontext der Werte, Kriterien und Gepflogenheiten der entsprechenden Zeit zu verstehen und einzuschätzen. Vor dem Hintergrund unseres gegenwärtigen Wertesystems und des Wissens um die Grausamkeiten, die im Namen dieser Geschichte begangen worden sind, wird Gibsons Film aber zur Hetze.

Oder nehmen wir einmal die Passionsspiele in Oberammergau, die sich heutzutage wohl zu recht mit dem Vorwurf auseinandersetzen müssen, Multiplikator antijüdischer oder antisemitischer Vorstellungen zu sein. Auch hier handelt es sich um ein Erbe – diesmal des Mittelalters. Für Regisseure und Darsteller der Passionsspiele wie auch des Gibson-Films geht es nicht um differenzierte Geschichtsforschung, sondern um eine angeblich absolute Wahrheit, die selbst in den Evangelien sehr unterschiedlich dargestellt wird. In dem Film aber dient sie letzten Endes nur zur Hetze.

Zurück in die Geschichte: Vierzig Jahre nach Jesu Tod brach in Jerusalem der Aufstand gegen Rom aus. Der Krieg dauerte von 66 bis 70 und resultierte darin, dass die Hauptstadt, der jüdische Tempel und die ganze jüdische Existenz im Lande zerstört wurden. Nach einem weiteren Aufstand in den Jahren 132 bis 136 wurden die meisten Einwohner des Landes ins Exil gedrängt und begannen ein Leben verstreut im römischen Reich. Erst nachdem dieses jüdische Leben im Exil Wurzeln geschlagen hatte, begannen die Juden, sich mit der neuen christlichen Realität auseinanderzusetzen. Für die Juden bedeutete das Ringen mit den Christen einen Verteidigungskampf gegen eine Reformbewegung innerhalb des Judentums. Diese Auseinandersetzung verschärfte sich im Laufe der Zeit und ähnelte dem Ringen zwischen der katholischen Kirche und Luthers Reformbewegung, obwohl es in den ersten Phasen nicht zur Gewalt kam. Im Laufe der Zeit spitzte sich die Auseinandersetzung zwischen den Konservativen und den Reformern zu, bis deutlich wurde, dass es sich nicht mehr um eine Reformbewegung handelte, sondern dass das Christentum eine selbstständige, neue Religion geworden war. Sie zeigte fortan keinerlei Interesse an den Juden. Es sei denn, dies geschehe im Rahmen des angestrebten ultimativen Ziels des Christentums: der Bekehrung aller Menschen einschließlich der Juden zum »wahren Glauben«.

Während unter den heidnischen Kaisern das Neben- und Miteinander verschiedener Religionen nicht nur toleriert, sondern gefördert wurde, kam es bald nach Konstantins Bekehrung zum Christentum zu einer Bevorzugung von Christen, bis Theodosius I. im Jahr 380 das nizäische Christentum zur Staatsreligion erhob. Damit begann eine Verfolgung der Häretiker innerhalb des Christentums und später auch der sogenannten Heiden.

Im Jahr 398 wurde der wortgewaltige antiochische Mönch Johannes Chrysostomos zum Erzbischof von Konstantinopel erhoben. Mit seinen Reformen, seinem asketischen Lebensstil, seinen strikten Forderungen und seiner Kritik an der Gemeinde unter anderem wegen eines luxuriösen Lebensstils auf Kosten der Armen, die auch vor dem Kaiser und seiner Gattin nicht haltmachte, erwarb er sich die allgemeine Missgunst seiner Umgebung. Erwähnungsbedürftig ist Chrysostomos jedoch besonders aufgrund seiner harten Urteile über die Juden und seiner geschmacklosen antijüdischen Schriften, die als Tatsache bestehen, auch wenn man heute meint, dass er damit judaisierende Christen davon abhalten wollte, jüdische Gebräuche und Zeremonien einzuhalten. Jedenfalls haben wir in Chrysostomos' *Acht Reden gegen die Juden* ein frühes Zeugnis der antijüdischen Haltung der Kirche. Bereits im Jahr 150 aber schrieb der Kirchenvater Justin der Märtyrer (ca. 100–165 n. Chr.) in Bezug auf die Juden: »Es ist also gut und recht für euch, dass euch dies passiert ist. Den Gerechten habt ihr ja getötet.«[121] Wenig später meinte Bischof Melito von Sardes in der ältesten erhaltenen Osterpredigt: »Der Gott ist getötet worden, der König von Israel – ist beseitigt worden von Israels Hand.«[122]

Erleben wir hier kein Déjà-vu? Wer die Welt erobern will, benötigt eine satanische, eroberungslüsterne Gegenmacht. Und die Juden waren das ideale Objekt. Denn wer konnte schon, wenn nicht Satan, Gott ermordet haben? Und so war es dann auch mit den Nazis, die die Welt erobern wollten –

»… heute gehört uns Deutschland und morgen die ganze Welt …« – und unbedingt einen Gegner benötigten. Zwar benutzten die Nazis keine religiösen Scheinbegründungen, doch haben sie die gleiche Logik in andere Begriffe verpackt. Es ging hier um »Übermenschen« gegen »Untermenschen«, »rassenreine« Menschen gegen »Ungeziefer« – das absolut Gute gegen das absolut Böse. Und sie wandten sich zunächst an das potenzielle Opfer, auf das die Bevölkerung schon immer von der Religion vorbereitet worden war.

Die Juden können Jesus nicht getötet haben. Selbst wenn dies ihr Interesse gewesen wäre, hätten sie die Macht dazu nicht gehabt. Nur die Römer konnten Jesus töten. Hätte eine Anzahl von Juden Schuld oder Mitschuld an seiner Hinrichtung gehabt, indem Judas Jesus an die Römer verriet und ein Mob trotz möglicher angebotener Freilassung seine Kreuzigung forderte, so wäre das unter den damaligen Umständen eine begrenzte, interne jüdische Angelegenheit gewesen und geblieben. Was das mit der Beschuldigung eines jeden Juden für die Dauer von bisher 2000 Jahren zu tun hat, ist eines der größten Rätsel der Geschichte. Auch für die schlimmsten, tatsächlich nachgewiesenen Verbrechen wurde niemals in der Geschichte die Schuld auf endlos nachfolgende Generationen übertragen und an ihnen unter diesem oder jenem Vorwand die Strafe für diese Verbrechen wieder und wieder vollstreckt. Eine so nachtragende und dauerhaft hasserfüllte Haltung wie die der Christen den Juden gegenüber wegen der angeblich verschuldeten Hinrichtung eines Juden hat in der Geschichte keine Parallele. Absurd ist, dass es sich dabei ausgerechnet um Anhänger der von dem Juden Jesus in die Welt gebrachten Religion der Nächstenliebe und der Vergebung handelt. Einen wichtigen Schritt machte Papst Paul VI. 1965 mit seiner Erklärung: »Obgleich die jüdischen Obrigkeiten mit ihren Anhängern auf den Tod Christi gedrungen haben, kann man dennoch die Ereignisse seines Leidens weder allen damals lebenden Juden ohne Unterschied noch den heutigen Juden zur Last legen.«[123]

Wer ist eigentlich ein Jude? Wie definiert Israel einen Juden?

Da der Staat Israel einen juristischen Unterschied zwischen Juden und Nichtjuden macht, wenn sie in Israel einwandern wollen, müsste er eigentlich definieren, wer Jude ist. Das ist jedoch unmöglich und wurde auch nie getan. Es gibt nur eine religiöse Definition, derzufolge ein Mensch, der eine jüdische Mutter hat, Jude ist. Aber auch ein konvertierter Jude wird akzeptiert. Ein konvertierter Jude ist ein genauso guter Jude wie jeder andere. Ein Mensch aber, der eine nichtjüdische Mutter und einen jüdischen Vater hat, ist für die Religion kein Jude, selbst wenn er als Jude aufgewachsen, in jüdische Schulen und in die Synagoge gegangen ist. Wenn er Jude sein will, muss er konvertieren.

Diese Definition ist für religiöse Belange ausreichend, aber der Staat kann damit nicht leben. Zuwanderer reisen ein und behaupten, Juden zu sein. Wie aber kann der Staat wissen, ob der Zuwanderer Sohn oder Tochter einer jüdischen Mutter ist? Jeder kann behaupten, seine Mutter sei Jüdin gewesen. Wir wissen heute, dass mindestens ein Drittel der Zuwanderer aus der ehemaligen Sowjetunion der religiösen Definition nach keine Juden sind.

Warum bestehen »Nichtjuden« darauf, Juden zu sein?

Vielleicht weil sie irgendeine Verbindung zum Judentum haben – eine jüdische Großmutter oder einen jüdischen Ehepartner. Oder sie hatten ein wirtschaftliches Interesse, nach Israel auszuwandern, und haben die Gelegenheit genutzt.

Wie geht der Staat Israel damit um?

Der Erste, der sich mit dieser Frage beschäftigt hat, war David Ben Gurion, der erste und langjährige Ministerpräsident Israels. Anfang der 1950er-Jahre schrieb er an 500 renommierte Juden in aller Welt und bat sie zu definieren, wer Jude sei. Nachdem er deren Antworten gelesen hatte, sagte er, er sei nun nicht klüger als vorher – es gebe keine einheitliche Definition. Man verhält sich daher pragmatisch, und in den meisten Fällen akzeptiert man, was die Leute behaupten. Manchmal bestätigen auch die jüdischen Gemeinden der Herkunftsländer, dass diese oder jene Person Gemeindemitglied gewesen sei. Das reicht aus. Der Umgang mit dieser Frage erfordert Flexibilität und Pragmatismus. Anfänglich konnte sich niemand in Israel vorstellen, dass sich ein Nichtjude als Jude ausgeben würde. Jude zu sein hatte doch immer nur Leiden bedeutet. Wer würde schon freiwillig Jude sein wollen? Wenn man sich die gegenwärtige Realität anschaut, so müsste man eigentlich zu dem Schluss kommen, denjenigen als Juden anzuerkennen, der sich als Jude fühlt. Das ist auf jeden Fall meine Meinung. Der Staat tut sich damit aber gelegentlich noch schwer.

Der Holocaust, so heißt es, war eine der Ursachen für die Gründung des Staates Israels, vielleicht die wichtigste. Ohne den Holocaust wäre es vermutlich nie zu dem Beschluss der Vereinten Nationen im Jahre 1947 gekommen, Palästina zu teilen und einen Teil des Landes den Juden zu geben. Stimmen Sie dieser These zu?

Nein. Ich bin vor dem Holocaust in Tel Aviv geboren. 1935 war Palästina zwar von den Engländern besetzt, doch wir hatten eine autonome jüdische Behörde, die unseren Alltag verwaltet hat. Die allgemeine Sprache war ein modernisiertes Hebräisch. Die meisten Juden in aller Welt kannten das biblische Hebräisch, doch meist gebrauchten sie es nicht außerhalb des Gebetbuchs, und oft benutzten sie es, ohne die hebräischen Worte zu verstehen. In etwa so wie die Mehrheit der Katholiken in lateinischer Sprache gebetet hat, ohne diese Sprache zu verstehen. Unsere Schulen unterrichteten nicht wie in den anderen britischen Kolonien in englischer, sondern in hebräischer Sprache. Das Curriculum der

Schulen war ganz im Sinn der *Zionistischen Bewegung*, es ähnelte dem heutigen. Unser Umfeld war jüdisch, und wir fühlten uns in einem jüdischen Land, das vorübergehend von Ausländern besetzt war. 1935 existierte die Stadt Tel Aviv erst seit 26 Jahren und war doch schon die moderne Hauptstadt der Juden in Palästina. Seit Gründung der Stadt war Tel Aviv das eigentliche Zentrum des modernen jüdischen Lebens in Palästina im Gegensatz zur Stadt Jerusalem mit ihrer gemischten Bürgerschaft und ihrer Betonung des Religiösen. Dies hatte nichts mit den Nazis im fernen Deutschland zu tun, sondern war das Ergebnis der Bemühungen der *Zionistischen Bewegung*, die übrigens schon Ende des 19. Jahrhunderts entstanden war. Damit begann eine ununterbrochene Welle der Zuwanderung von Juden aus aller Welt, die das Land aufbauten. Der Holocaust hat das Verfahren der Unabhängigkeit dieses schon existierenden Staates lediglich beschleunigt.

Inwiefern?

Zum einen, weil die Briten ab 1945 die Einwanderung der Überlebenden des Holocaust verweigert haben und dies die Weltöffentlichkeit empörte. Zum anderen, weil die modernen Zeiten reif waren für die Entkolonialisierung. Nehmen Sie nur ein paar Beispiele: 1947, in dem Jahr, als die UN-Vollversammlung das Ende des britischen Mandats erklärte und Palästina in zwei unabhängige Staaten, einen arabisch-palästinensischen und einen jüdisch-israelischen Staat, aufteilte, erhielten zugleich Indien und Pakistan ihre Unabhängigkeit. Kurz zuvor wurden bereits Kuba und die Philippinen, der Libanon, Syrien und der Irak, kurz danach Burma und Indonesien unabhängig.

Auch ohne Holocaust wäre es demnach historisch folgerichtig zur Unabhängigkeit eines jüdischen Staates gekommen?

Es hätte vielleicht etwas länger gedauert, bis die britische

Besatzungsmacht abgezogen wäre. Aber da können Sie sicher sein, wir haben den Staat Israel nicht den Nazis zu verdanken.

Eine gern gestellte Frage – nicht nur von arabischer Seite – ist: Wieso müssen die Palästinenser für die Shoah bezahlen? Einen besonders absurden Vorschlag machte der iranische Präsident Ahmadinedschad, als er sagte, Juden sollten nach Deutschland ziehen und dort einen weiteren Bundesstaat gründen.

Die *Zionistische Bewegung* ist besonders nach dem Zerfall des Osmanischen Reiches am Ende des Ersten Weltkriegs in Schwung gekommen. Der Aufbau eines jüdischen Landes wurde beschleunigt durch eine große Welle von Einwanderern. Dies geschah mit der Zustimmung der Haschemiten, der damaligen Führung der nationalen arabischen Befreiungsbewegung, die mit den Briten gegen die Türken gekämpft hatten. Erst im Laufe der Zeit, besonders in den 1930er-Jahren, entstand eine nationale, arabisch-palästinensische Bewegung, die sowohl gegen die Briten als auch gegen die Zionisten Widerstand geleistet hat.

Das besetzte Westjordanland ist für viele Juden und Israelis das Kernland der biblisch-jüdischen Königreiche und infolgedessen ein heiliges Erbe, auf das man nicht verzichten darf. Was halten Sie davon?

Das stimmt historisch, die Archäologie bestätigt dies auch. Es steht ebenfalls in der Bibel, die ja die frühe Geschichte des jüdischen Volkes erzählt. Aber eben nur in dieser Perspektive ist diese Aussage richtig. Für die Religiösen gilt Israel als Land der göttlichen Verheißung, auf das sie ein Anrecht haben. Doch für die Säkularen ist die Bibel, wie es Ben Gurion ausdrückte, »unser Grundbuch«. Die Bibel ist eine historische Dokumentation. Die säkulare Mehrheit versteht den Anspruch auf das verheißene Land rein historisch.

Heute lebt dort eine andere Bevölkerung, und mit dieser Realität müssen wir uns abfinden.

Und das im Übrigen auch schon seit 13 Jahrhunderten. Wenn sich alle Völker auf ihre Frühgeschichte beriefen, dann müsste man eine Menge neuer Grenzen auf Landkarten in allen Kontinenten ziehen ...

Wir Israelis können und dürfen nicht über eine andere Bevölkerung herrschen. Infolgedessen müssen wir uns mit dem Teil des Landes, in dem wir leben, zufrieden geben.

Mit Scharons Rückzug aus der Politik verschwand die Idee, einen von jüdischen Siedlungen zerstückelten Palästinenserstaat zu gestalten. Ist es vorstellbar, dass heute Avigdor Lieberman, der ja selbst in einer Siedlung im Westjordanland lebt und den Friedensprozess für »tot« erklärt hat, Scharons »Bantustan«-Plan wieder aus der Schublade zieht?

In der Tat. Lieberman übernimmt Scharons Idee im Prinzip und modifiziert sie. Seine Vorstellung von der »Lösung der Palästinenserfrage« veröffentlichte er sogar 2004 in einem Buch mit dem Titel *Meine Wahrheit.*

Warum denn das?

Nach Liebermans Vorstellungen soll Palästina aus drei arabischen Teilen bestehen, die nicht miteinander verbunden sind, da sie von jüdischen Siedlungen unterbrochen werden. Diesem sogenannten Palästinenserstaat sollen auch die israelischen Araber, die in Israel leben, angehören. Der Staat soll keine Armee und keine Hoheit über den Luftraum haben, zudem sollen die drei Teile von Israel umschlossen sein und von Israel kontrolliert werden. Lieberman spricht von »begrenzter Souveränität« – in Wirklichkeit bedeutet sein Vorschlag keinerlei Souveränität. Er nennt das ganze *Kanton-Projekt* und verrät sich damit schon – Kantone sind ja keine unabhängigen Staaten. Selbstverständlich wird Lieberman in seinem Amt den Siedlungsausbau unterstützen und befördern.

Hat er jemals Chancen, für diesen Plan Mehrheiten zu organisieren? Wie haben die Israelis darauf reagiert?

Das Buch hat kein großes Aufsehen in der Öffentlichkeit erregt. Die Mehrheit der Israelis wünscht eine Trennung von den Palästinensern. Wie die Umsetzung der Trennung aussieht, ist ihnen gleichgültig.

Lenin und Stalin müssen Juden gewesen sein

Der Mythos einer »jüdisch-bolschewistischen Weltverschwö-rung«, die 1917 die Revolution in Russland herbeigeführt haben soll, gehörte schon vor dem Dritten Reich zum Stan-dardrepertoire nationalsozialistischer Propaganda.[124] »Juden waren es, die den Marxismus erfanden, Juden sind es, die mit ihm seit Jahrzehnten die Welt zu revolutionieren versu-chen«[125], war die *Parole der Woche*, die Reichspropagandami-nister Joseph Goebbels im September 1941 ausgab und als Wandzeitung in Schaukästen auf Postämtern, Behörden und an großen Plätzen aushängen ließ. Eine weitere Parole lau-tete: »Die Idee des Bolschewismus, d.h. die skrupellose Ver-wilderung und Auflösung jeder Sitte und Kultur mit dem Zweck der Vernichtung der Völker ist im Gehirn von Juden erdacht. Die bolschewistische Praxis in ihrer schauderhaften, bluttriefenden Grausamkeit ist nur in Händen von Juden vorstellbar. Wir haben sie erkannt und vor aller Welt den Mut, mit Fingern auf diese Generalverbrecher zu zeigen. Wie es gelungen ist, Deutschland von der Gefährlichkeit dieser Rasse zu überzeugen, so wird es gelingen, der Welt die noch verschlossenen Augen zu öffnen und ihr Judentum und Bol-schewismus in wahrer Gestalt zu zeigen. Immer wieder wer-den wir die Welt auf die jüdische Gefahr hinzuweisen und ihr zurufen ›der Jude ist schuld‹: Die Juden sind schuld!«[126]

Mit dem Ende der nationalsozialistischen Diktatur ist die Propaganda vom jüdischen Bolschewismus keineswegs verschwunden. Am 3. Oktober 2003 hielt der hessische CDU-Bundestagsabgeordnete Martin Hohmann eine Rede zum Tag der deutschen Einheit im Bürgerhaus im osthessischen Neuhof bei Fulda. Es ging um die Lieblingsthemen des Boulevards – Asylmissbrauch, Sozialschmarotzertum, Abzocker in Chefetagen –, um dann zu seinem eigentlichen Thema zu gelangen: »Schwere Sorgen macht eine allgegenwärtige Mutzerstörung im nationalen Selbstbewusstsein, die durch Hitlers Nachwirkungen ausgelöst wurde.«[127] »Die politische Klasse«, behauptete der Redner, beharre krankhaft auf deutscher Schuld, die Wissenschaft spüre ebenso neurotisch »noch den winzigsten Verästelungen« der NS-Zeit nach. Während andere Nationen auch die dunklen Seiten ihrer Geschichte glorifizierten und sich in der Rolle der Unschuldslämmer gefielen, würde das »deutsche Volk« als »Tätervolk« abgestempelt – obwohl es sich »nach den Verbrechen der Hitlerzeit in einer einzigartigen, schonungslosen Weise mit diesen beschäftigt, um Vergebung gebeten und im Rahmen des Möglichen eine milliardenschwere Wiedergutmachung geleistet [habe], vor allem gegenüber den Juden«. Vor diesem Hintergrund stellte Hohmann die, wie er sie nennt, »provozierende Frage«: »Gibt es auch beim jüdischen Volk, das wir ausschließlich in der Opferrolle wahrnehmen, eine dunkle Seite in der neueren Geschichte, oder waren Juden ausschließlich die Opfer, die Leidtragenden?«

Zur Beantwortung seiner Frage machte Hohmann sich dann auf die Suche nach jüdischen Tätern, die er »im überaus hohen Anteil von Juden bei den kommunistischen Gründervätern und den revolutionären Gremien« zu finden meinte. Da die »bolschewistische Bewegung jüdisch geführt« worden sei, könne »man mit einer gewissen Berechtigung im Hinblick auf die Millionen Toten dieser ersten Revolutionsphase nach der ›Täterschaft‹ der Juden« fragen. Außerdem seien etwa die späteren Politbüro-Mitglieder Leo Trotzki, Lew Kamenew und Grigorij Sinowjew Juden gewesen. Zar Nikolai II. sei von einem Juden ermordet worden, bei der revolutionären sowjetischen Geheimpolizei, der *Tscheka*, seien die jüdischen Anteile außergewöhnlich hoch gewesen. Daher, so schlussfolgerte Hohmann, »könnte man die Juden mit einiger Berechtigung als Tätervolk bezeichnen«. Dies würde der »gleichen Logik folgen, mit der man Deutsche als Tätervolk bezeichnet«. Den Kollektivschuldbegriff »Tätervolk«, den er im Konjunktiv auf Juden münzt, kassiert er dann wieder ein: Die jüdischen Bolschewiken seien ja, bevor sie ihre Untaten beginnen, vom jüdischen, ebenso wie die Nationalsozialisten vom christlichen Glauben abgefallen. Daraus schlussfolgert Hohmann: »Weder ›die Deutschen‹ noch ›die Juden‹ sind ein Tätervolk«, sondern »die Gottlosen mit ihren gottlosen Ideologien«.

In einem späteren Interview mit dem *ZDF* rechtfertigte Hohmann seine Einstellung: Er habe nicht behauptet, die Juden seien tatsächlich ein Tätervolk, sondern er habe nur darauf hinweisen wollen, dass auch das »jüdische Volk« in seiner Geschichte »dunkle Flecken« habe. Aber, er sage das »nicht als Vorwurf«, ihm gehe es nur um »Gerechtigkeit für Deutschland«. Und dann kommt er zum eigentlichen Punkt, um den es ihm in seiner Rede ging: Warum müssten sich Deutsche noch immer gefallen lassen, ein Tätervolk genannt zu werden, wenn diese Bezeichnung gegenüber dem »jüdischen Volk« ganz offensichtlich unstatthaft sei? Soll heißen: Die Juden waren ja auch nicht immer gut, also sollten wir, Juden und Deutsche, uns gegenseitig nicht länger Sünden von gestern vorwerfen lassen.

Dreieinhalb Wochen stand Hohmanns Redemanuskript

auf der Homepage der CDU Neuhof, ohne dass eine öffentliche Reaktion erfolgte. Erst am 30. Oktober 2003 kam es in die Medien.[128] Die öffentliche Empörung war groß. Einen Tag später distanzierte sich Parteichefin Angela Merkel öffentlich »auf das Schärfste« von Hohmanns »unerträglichen« Äußerungen.[129] Hohmann entschuldigte sich für Teile seiner Rede: »Es war nicht meine Absicht, die Einzigartigkeit des Holocaust zu leugnen.«[130] Am 3. November erteilten Präsidium und Vorstand der CDU Hohmann eine Rüge, zudem wurde er von seiner Funktion als Berichterstatter für die Entschädigungen an Zwangsarbeiter entbunden und vom Innen- in den Umweltausschuss versetzt. Ein Antrag auf Ausschluss aus der Partei wurde zunächst nicht gestellt, da nach internen Einschätzungen ein erheblicher Teil der Fraktion wie Hohmann denke. Die Basis unterstützte Hohmann massiv, dies zeigte eine Fülle von sympathisierenden Anrufen und Schreiben an die Partei, aber auch Leserbriefe an Zeitungen. Auf der lokalen Homepage der CDU Neuhof beispielsweise bot sich in einem »Mitgliederforum« »Gleichgesinnten« die Möglichkeit, sich auszutauschen. Dort meldeten sich CDU-Mitglieder per E-Mail und outeten sich als Gesinnungsfreunde.[131] Die E-Mail-Flut an die Berliner CDU-Zentrale sowie Zuschriften an die Partei und Fraktionsspitze waren von dem Tenor geprägt, dass endlich Schluss sein müsse mit der deutschen »Schulddebatte«. Etliche Sympathisanten konnten nichts Antisemitisches daran entdecken, wenn man wie Hohmann zu dem Schluss komme, dass weder Deutsche noch Juden ein »Tätervolk« seien.

Beifall erhielt Hohmann auch von Bürgern aus der Elite. Der Brigadegeneral und Chef des *Kommandos Spezialkräfte* (KSK), Reinhard Günzel, schrieb Hohmann einen Brief und dankte ihm für die »ausgezeichnete Ansprache«, seinen

»Mut für Wahrheit und Klarheit«, und seine Gedanken, mit denen er »der Mehrheit unseres Volkes eindeutig aus der Seele« spreche.[132] Weiter führte Günzel aus: »Ich hoffe, dass Sie sich durch Anwürfe aus dem vorwiegend linken Lager nicht beirren lassen und mutig weiterhin Kurs halten.« Daraufhin versetzte ihn Verteidigungsminister Peter Struck sofort in den Ruhestand. Am 14. November 2003 wurde Martin Hohmann aus der CDU-Fraktion ausgeschlossen, im Juli 2004 auch aus der Partei. Die Meinung der Bundesbürger war gespalten. Laut einer Umfrage des Meinungsforschungsinstituts *Infratest-dimap* schätzte nur eine knappe Mehrheit die Äußerungen Hohmanns als antisemitisch ein. Auf die Aussage »So was wie Hohmann muss man sagen können« antworteten immerhin 42 Prozent der Bundesbürger mit »Ja«, 47 Prozent mit »Nein«. Die gleiche Frage wurde CDU-Anhängern gestellt, die Mehrheit, 49 Prozent, antwortete mit »Ja«, 44 Prozent mit »Nein«.[133]

Bei seinem Versuch, Deutsche zu entlasten, indem er Juden ebenfalls Menschheitsverbrechen in die Schuhe schob, stellte Hohmann die Behauptung auf, dass der Bolschewismus jüdisch geführt gewesen sei. Zur Beweisführung berief er sich auf eine Quelle, die eindeutig als Fälschung entlarvt ist: »Meine Damen und Herren, es wird Sie überraschen, dass der amerikanische Autokönig Henry Ford 1920 ein Buch mit dem Titel *The International Jew* herausgegeben hat. ... Darin prangert Ford die Juden generalisierend als ›Weltbolschewisten‹ an. Er vermeinte, einen ›alljüdischen Stempel auf dem roten Russland‹ ausmachen zu können, wo damals die bolschewistische Revolution tobte. Er bezeichnete die Juden in ›hervorragendem Maße‹ als ›Revolutionsmacher‹. ... Ford brachte in seinem Buch eine angebliche ›Wesensgleichheit‹ von Judentum und Kommunismus bzw. Bolschewismus zum Ausdruck.«[134]

Das Pamphlet *The International Jew*, in dem Henry Ford kurz nach dem Ersten Weltkrieg die Juden als Drahtzieher der kommunistischen Revolution bezichtigt, ist eine antisemitische Hetzschrift, die auf den *Protokollen der Weisen von Zion*, einer Fälschung des russischen Geheimdienstes, basiert. Ford entschuldigte sich öffentlich dafür.

Die Ansicht, eine einzige ethnische Gruppe sei verantwortlich für die bolschewistische Bewegung, entspricht nicht den Tatsachen. Unter den begeisterten Anhängern des Kommunismus am Ende des 19. und zu Beginn des 20. Jahrhunderts befanden sich Mitglieder aller in Russland lebenden Minderheiten – neben Juden auch Polen, Deutsche, Georgier, Armenier und andere, die sich von einer Revolution erhofften, das zaristische Joch abzuschütteln, unter dem sie besonders litten. Im zaristischen Russland war der Antisemitismus besonders ausgeprägt – Juden durften sich nicht gewerblich niederlassen, an Schulen und Universitäten gab es Quoten. Vor dem Ersten Weltkrieg trieben die von den Behörden veranlassten Pogromwellen von 1903 bis 1906 Hunderttausende in die Emigration.

Nicht nur in Russland, in den meisten europäischen Ländern waren Juden enttäuscht von der Emanzipation und Gleichberechtigung, die ihnen versprochen worden war. Was seit der Französischen Revolution und bis in die 1870er- und 1880er-Jahre von ihnen als eine Verheißung empfunden worden war, machte nun Angst und Zweifeln Platz. Ende des 19. Jahrhunderts traten neue, antijüdische Sentiments an die Stelle der alten Vorbehalte. Aus dem religiös motivierten Antijudaismus wurde nun ein rassisch begründeter Antisemitismus. Dieser 1879 von Wilhelm Marr geprägte Begriff[35] enthielt alle Vorurteile, die sich im Laufe der Zeit gegenüber Juden eingebürgert hatten, und begründete sie pseudowissenschaftlich mit der sogenannten Rassentheorie. Danach gehörten Juden einer angeblich niederen, der semitischen Rasse an. Diesen »Geburtsfehler«, so sahen es die Antisemiten, konnten Juden nicht ändern, und deshalb würden sie ewig ein fremdes Element bleiben, das von der Gesellschaft ausgestoßen werden müsse.

Mit dem Aufkommen des Antisemitismus konstatierte der Berliner Leo Pinsker 1882 in seinem Manifest mit dem Titel *Autoemanzipation* das Scheitern der jüdischen Emanzipation. Ein jüdischer Patriot eines Nationalstaates könne sich noch so sehr engagieren, er bleibe ein Ausgestoßener: »Resümieren wir das Gesagte, so ist der Jude für die Lebenden ein Toter, für die Eingeborenen ein Fremder, für die Einheimischen ein Landstreicher, für die Besitzenden ein Bettler, für die Armen ein Ausbeuter und Millionär, für die Patrioten ein Vaterlandsloser, für alle Klassen ein verhasster Konkurrent.«[136] Konfrontiert mit dieser neuen Entwicklung, reagierten Juden ganz unterschiedlich. Die Mehrheit beharrte auf der Emanzipation und setzte auf Assimilation. Dabei wollten sie noch bessere Deutsche sein, wollten beweisen, dass sie die größeren Patrioten und Anhänger der deutschen Kultur und Lebensart seien. Viele kehrten ihren jüdischen Wurzeln den Rücken. Im Ersten Weltkrieg waren die Juden die Patrioten schlechthin, sie griffen mit Begeisterung zu den Waffen und stellten proportional die größte Anzahl der Freiwilligen von Frontsoldaten in Deutschland, Österreich, Italien, Frankreich, England. Überdies schossen sie als Angehörige der verfeindeten Staaten zum ersten Mal in der Geschichte auch aufeinander.

Eine Minderheit der Juden glaubte nicht an Gleichberechtigung durch Integration, sondern flüchtete sich in die Utopie. Die strenggläubigen Juden waren der Auffassung, dass ihre Erlösung nicht von Menschen herbeigeführt werden könne, sondern nur von Gott – mit einem Erlöser, dem Messias, den er entsenden werde. Bis dahin müsse man demütig und geduldig alle Entbehrungen in Kauf nehmen. Für diese Ultraorthodoxen galt und gilt es bis heute als Frevel, sich in staatliche Belange einzumischen oder sich gegen die Verfolgung ihres Volkes aufzulehnen.

Ein anderer Teil der Juden schloss sich dem Zionismus an. Diese neue Ideologie, die allerdings schon manche Vorläufer hatte, wurde von Theodor Herzl entworfen. In seinem Buch *AltNeuLand*, schrieb er in der Einleitung: »Wenn ihr wollt, ist es kein Märchen.«[137] Dennoch nannte er das Werk einen utopischen Roman. Im Allgemeinen werden Utopien von Intellektuellen erträumt, die die Abschaffung der Ungerechtigkeit, die Durchsetzung der Gleichberechtigung, die Beseitigung von Ignoranz, Krankheiten und Tyrannei anstreben. All dies war Teil der zionistischen Utopie, aber nicht nur das. Herzls Hauptziel war, Juden eine selbstbestimmte, gleichberechtigte Existenz in einem eigenen Staat zu schaffen. Er wollte sie aus den verschiedenen Ländern, in denen sie lebten, in die eigene Heimat führen.

Anhänger einer dritten utopischen Idee strebten wie Herzl die Gleichberechtigung an, doch sie beschränkten dieses Ziel nicht auf einen Staat. Sie forderten die Abschaffung jeglicher Klassen und die Gleichheit aller Menschen. Ihrer Utopie zufolge hätten in einem solchen Staat alle Menschen, egal welcher Herkunft, die gleichen Rechte und somit auch die Juden. Die Verfechter dieser Ideologie waren die Kommunisten.

Am Ende des 19. Jahrhunderts entstand in Vilnius, damals Teil des russischen Reiches, eine jüdische Arbeiterpartei namens *Der Bund*, die sich schnell mit den russischen Sozialdemokraten verständigte, von denen sich 1903 die Bolschewiken abspalteten. Ihrem Staatsstreich im November 1904 begegneten die meisten Juden mit großer Zurückhaltung. Bezogen auf die Gesamtzahl bolschewistischer Funktionäre waren sie, wie der Historiker Arno Lustiger errechnet hat, eine Minderheit. Unter den 23 600 Bolschewiki der russischen Revolution von 1917 waren genau 964 Juden, später kamen 2182 hinzu.[138] Innerhalb der jüdischen Bevölkerung Russlands hatten die Bolschewiki demnach einen verschwindend kleinen Anteil – sie waren zudem eine Minderheit, die den Standpunkt vertrat, jüdische Religion, Kultur und nationale Identität müssten liquidiert werden. Als Kommunisten, die jegliche Konfession ablehnten, duldeten sie weder Synagogen noch den Zionismus, da diese Bewegung im Widerspruch zur internationalen Idee des Kommunismus stand. Das assimilierte, konservative und patriotische jüdische Bürgertum der westlichen Gesellschaft war ihnen so verhasst wie die gesamte Schicht der Bourgeoisie.

1918 lösten die Bolschewiken viele jüdische Organisationen auf, verboten die Veröffentlichung hebräischer Bücher und Zeitschriften und unterwarfen jiddische Publikationen einer strikten Kontrolle. In dem auf die Revolution folgenden Bürgerkrieg führten dann die antirevolutionären sogenannten Weißgardisten einen regelrechten Krieg gegen die Juden. Ihre Pogrome gegen die jüdischen Gemeinden stellten selbst die Verfolgungen des zaristischen Russland in den Schatten. Dies hatte zur Folge, dass mehr Juden den Kommunismus vorübergehend als das kleinere Übel betrachteten. 1921 erreichte die Zahl der Juden, die sich der kommunistischen Partei anschlossen, den Höchststand von zwanzigtausend, und dies bei einer jüdischen Einwohnerschaft Russlands von drei bis vier Millionen. Aber auch diese Anhängerschaft war nur eine vorübergehende Erscheinung.

Die meisten jüdischen Kommunisten waren Intellektuelle, die politisch, in der Partei oder in verschiedenen Staatsgremien sowie auch in den Streitkräften aktiv waren, aber nur selten in den Geheimdiensten. In der berüchtigten *Tscheka*, der ersten russischen Geheimpolizei, die später dann verschiedene andere Namen und Formen angenommen hat, hatten Juden keine Führungsrollen. Im Verlauf der Entwicklung der Sowjetunion richtete sich der Terror gezielt auch gegen Juden. Tausende wurden deportiert und umgebracht. Die jüdischen Politbüro-Mitglieder Leo Trotzki, Lew Kamenew, Gregorij Sinowjew, Yakov Sverdlov und später Karl Radek wie auch die Generäle Jona Yakir, Yakov Gamarnik und Boris Feldman fielen selbst den stalinistischen Säuberungen zum Opfer.

Die jüdischen Kommunisten sahen sich nicht als Repräsentanten der Juden. Ganz im Gegenteil, sie bekämpften die religiöse oder nationale jüdische Identität. Karl Marx, der zum Christentum übergetreten war, versuchte seine jüdische Herkunft sogar zu vertuschen. Mit seiner 1843 verfassten Schrift *Zur Judenfrage* veröffentlichte er ein antisemitisches Pamphlet. Schacher, so behauptete er, sei Kultus der Juden, und der Gott des Judentums sei das Geld: »Der Gott der Juden hat sich verweltlicht ... Die schimäre Nationalität der Juden ist die Nationalität des Kaufmanns, überhaupt des Geldmenschen.«[139] Darüber hinaus war Karl Marx kein Kommunist und kein Begründer der kommunistischen Ideologie. Seine Theorie ist ein sozialistisches Denkgebäude, und seine Schriften galten unabhängig von ihrer ursprünglichen Intention sowohl den Sozialisten als auch den Bolschewiken und Kommunisten in späteren Jahren als Grundlage.

Eine prominente deutsche Kommunistin, die sich von der jüdischen Gemeinschaft entfernte und mit ihr in Konflikt lebte, war Rosa Luxemburg, Mitbegründerin des Spartakusbundes, der am 1. Januar 1919 in der Kommunistischen Partei Deutschlands aufging. Wie Leo Trotzki empfand sie sich als Nichtjüdin. Während ihrer Aufenthalte in Polen, der Schweiz und in Deutschland kam sie zu der Erkenntnis, dass sie von der jeweiligen Gesellschaft als Jüdin ausgeschlossen wurde. Sie distanzierte sich vom Judentum und entschloss sich, die internationale Arbeiterbewegung zu ihrer Heimat zu machen. Luxemburg und Leo Jogiches, Mitbegründer der KPD sowie Lebensgefährte Luxemburgs, bekämpften heftig die Bestrebungen der intellektuellen Juden in Osteuropa, das Jiddisch zu modernisieren. Juden sollten nach ihrer Auffassung überhaupt keine eigene Sprache haben, denn dies bedeute Ausgrenzung statt vollständiger Assimilation. Für das Schicksal der Juden, die in Russland während der Revolution unter Pogromen litten, interessierte sie sich nicht. Als sie zwischen 1916 und 1917 im Gefängnis in Wronke interniert war, schrieb sie ihrer engsten Freundin Mathilde Wurm, die sich in einem Brief besorgt über eine Reihe von Vorfällen der Judenverfolgung im russischen Reich geäußert hatte. Sie selbst, antwortete sie ihrer Freundin, fühle viel mehr »für die armen Opfer der Gummiplantagen in Putumayo, die Neger in Afrika, mit deren Körpern die reichen Herren Europas Fangball spielen«[140] und die von den europäischen Kolonisatoren versklavt würden. Doch obwohl sie das Judentum ablehnte, verkörperte Rosa Luxemburg für ihre Mörder den Mythos des »jüdischen Bolschewismus«.

In Deutschland lieferten die Novemberrevolution von 1918 und die Niederlage im Ersten Weltkrieg Antisemiten Zündstoff für Volksverhetzung. Die erste republikanische Regierung unter der Führung des Sozialdemokraten Friedrich

Ebert hatte damals sechs Kommissare im Rat der Volksbeauftragten. Zwei von ihnen waren Juden, Otto Landsberg und Hugo Haase. Auch in Bayern beteiligten sich Juden 1918 am Umsturz und versuchten in der kurzlebigen Münchner Räterepublik einen sozialistischen Staat zu schaffen: Kurt Eisner und Ernst Toller, Eugen Leviné und Gustav Landauer. Der Zerfall des Kaiserreichs hatte ein politisches Chaos und ein gesellschaftliches Vakuum hinterlassen. Gruppierungen aus verschiedenen politischen Lagern kämpften um die Macht. Die demokratischen Anfänge in Berlin sahen gut aus, und die Revolution wirkte eher menschlich. Doch die Rechtsradikalen, die Monarchisten und verbitterte Generäle sahen in der Republik ein verräterisches System. Natürlich war der Vorwand für diese Haltung, dass die republikanische Regierung nach dem Rücktritt des Kaisers die Bedingungen des Waffenstillstandsabkommens der Alliierten akzeptiert hatte. Dabei war es die Oberste Heeresleitung selbst, die Generäle Ludendorff und Hindenburg, die um jeden Preis und zu jeder Bedingung den sofortigen Abschluss eines Waffenstillstands gefordert hatte, da sie die vollkommene Zerschlagung des deutschen Heeres und eine bedingungslose Kapitulation fürchtete. Derselbe Ludendorff aber verbreitete die Dolchstoßlegende, um die Niederlage Deutschlands zu »erklären«. Dieser Legende nach hatte das Militär den Krieg nicht verloren, sondern brach zusammen, weil es in der Heimat verraten wurde. Kommunisten und Sozialdemokraten seien unter jüdischem Einfluss durch Streiks und Aufstände in Deutschland den Soldaten an der Front in den Rücken gefallen. Außerdem wurden Juden beschuldigt, als »bolschewistische Agenten« die deutsche Novemberrevolution ausgelöst zu haben. In Wirklichkeit fürchtete Ebert, dass sich in Deutschland dasselbe Szenario abspielen könnte, das sich ein Jahr zuvor in Russland ereignet hatte: Nach dem Sturz des Zaren bildete sich dort eine Regierung unter dem Sozialisten Alexander Kerenski. Kurz darauf wurde diese von Bolschewiken gestürzt. Ebert fürchtete nun einen Staatsstreich vonseiten der Kommunisten. Deshalb verständigte er sich mit dem rechten Lager und schlug mit Truppen des alten Heeres, die er zu Hilfe gerufen hatte, Aufstände linksrevolutionärer Kräfte nieder.

Die ersten Schritte einer erfolgreichen Revolution in Deutschland, abgesehen vom Kieler Matrosenaufstand Anfang November 1918, wurden jedoch nicht in Berlin, sondern in München gemacht. Nur Stunden nach der Meuterei sprach der in Berlin geborene jüdische Sozialdemokrat Kurt Eisner zu Tausenden Arbeitern in München über die Kieler Ereignisse. Zwei Tage später, am 7. November, folgten schon fünfzigtausend Münchner Arbeiter seinem Streikaufruf und versammelten sich, von vielen Soldaten gefolgt, zu einer Kundgebung auf der Theresienwiese. Auf dieser Kundgebung, die von Eisner und dem Bauernbundführer Ludwig Gandorfer angeführt wurde, waren keine roten Fahnen zu sehen. Dennoch führte sie unmittelbar zum Sturz der Monarchie und zur Übernahme aller Institutionen des Staates, allerdings ohne dass ein einziger Schuss gefallen wäre. Am selben Tag berief Eisner ein »revolutionäres Parlament« ein, das sich in einem Bierkeller traf. Er rief die Bayerische Republik aus und wurde zum Ministerpräsidenten einer provisorischen Regierung ernannt. Noch am selben Abend schlossen sich die bayerischen Sozialdemokraten, die bis dahin auf Distanz geblieben waren, Eisner an. Ganz Deutschland war wie elektrisiert von den Münchner Revolutionären, die als Erste eine deutsche Monarchie absetzten. Was war nun diese erste deutsche Republik? Auf jeden Fall kein von jüdischen Kommunisten beherrschter Staat. Eisner wollte eine demokratische sozialistische Republik errichten, die weder »bolschewistisch noch bürgerlich«[141] sein sollte. Die katholische, konservative Landbevölkerung hat diese Republik zunächst durchaus begrüßt. Die ersten Schwierigkeiten für Eisner im konservativen Lager traten auf, sobald er, anders als Ebert, einen klaren Bruch mit der Vergangenheit forderte, einschließlich der Anerkennung der deutschen Kriegsschuld. Zwar war Eisner 1914 ein leidenschaftlicher Kriegsbefürworter gewesen, aber er änderte seine Meinung ein Jahr später. Eisner war von der deutschen Kriegsschuld überzeugt worden, nachdem seine Mitarbeiter im *Bayerischen Staatsarchiv* Dokumente fanden, die unter anderem bewiesen, dass das österreichische Ultimatum mit aktiver Unterstützung Deutschlands ergangen war. Über diese Enthüllung 1918 war selbst die Zentralregierung in Berlin erbost. Ebert kam sie ungelegen, da Konservative und Antisemiten darin Hochverrat sahen. Die Propagandaangriffe auf die bayerische »Judenrepublik« wurden immer heftiger. Selbst ein Victor Klemperer, ebenfalls ein Jude, der mehrere Massenkundgebungen in München besuchte, schrieb über Eisner und seine Gefährten, sie seien »Schmocks, Literaten, Phraseure, Manteldreher, Feiglinge!«[142] Am 21. Februar 1919 wurde Eisner auf dem Weg zum Landtag, wo er übrigens seinen Rücktritt bekannt geben wollte, von Graf von Arco auf Valley erschossen, einem jungen Ultrarechten, der kurz zuvor aus einer rechtsradikalen Organisation ausgeschlossen worden war, weil er seine jüdische Mutter verschwiegen hatte. Der junge Graf hatte beweisen wollen, dass »auch ein Halbjude einer heldischen Tat fähig sei«[143].

War die bayerische Bevölkerung von der Ermordung Eisners begeistert? Ganz im Gegenteil. Das Attentat rief allenthalben Entsetzen hervor. Zehntausende kamen zu Eisners Bestattung, um des »ermordeten Berliner Juden« zu gedenken, »von dem sie sich so gut verstanden gefühlt hatten«[144].

In allen Kirchen Bayerns läuteten die Glocken. Erst nach der Ermordung Eisners wurde die öffentliche Ordnung massiv gestört. Das Machtvakuum, das nach seinem Tod entstand, wurde von diversen mehr oder weniger chaotischen links-radikalen Figuren ausgefüllt, denen Eisner nicht durchweg vertraut hatte. Obwohl alle sich auf Eisner, den großen »Märtyrer der Revolution«, beriefen, waren nur die Wenigs-ten unter ihnen seine geistigen Nachfolger. Das Durchein-ander ermöglichte Aktivitäten von Kommunisten, Anar-chisten und Revolutionären aller Farben in den Straßen Münchens. Zu ihnen zählten auch bekannte Juden, sie waren jedoch eine Minderheit; die meisten Juden waren entweder demokratisch oder rechts-nationalistisch gesinnt. Anfang Mai 1919 schlug die bayerische Reichswehr mit rechtsgerichteten paramilitärischen *Weißen Garden* die Revo-lution nieder, unter anderem wurden bei der Niederwerfung auch manche von Eisners Mitarbeitern und Ministern hin-gerichtet oder verhaftet.

Während des Bürgerkriegs in Bayern hatten Juden auf bei-den Seiten gekämpft, doch unabhängig davon, ob sie Sozial-demokraten, Kommunisten oder Liberale waren, richtete sich die rechtsextremistische Propaganda pauschal gegen »die Juden«. Sie fand ein großes Echo in vielen Kreisen der Bevölkerung. Den Juden wurde nicht nur vorgeworfen, sie verunreinigten die deutsche Kultur, nun wurden sie auch noch für die Niederlage im Krieg verantwortlich gemacht und als Teil der bolschewistischen Verschwörung bezeich-net, die die abendländische Zivilisation abschaffen wollte. Hitler brauchte diese Mythen nicht mehr zu erfinden. Im Sommer 1919 waren sie schon vorhanden.

Dass der Bürgerkrieg in Bayern in allen Lagern, ob im monarchistischen oder sozialdemokratischen, Furcht vor einer kommunistischen Gefahr erzeugte, war nicht erstaunlich. Lenin hatte ja immer von der Weltrevolution gepredigt. In Russland sah er nur einen ersten Ansatz. Sein eigentliches Ziel war Deutschland, weil dort die Industrialisierung fortschrittlich und somit auch das Proletariat entwickelt war. Dort hat er auch unmittelbar nach Ende des Ersten Weltkrieges – allerdings vergebens – Revolutionäre unterstützt und ermutigt.

Doch ein Land, in dem es – zunächst erfolgreich – gelang, eine Räterepublik zu gründen, war Ungarn. Zwar überlebte diese Republik nicht mehr als 133 Tage, dennoch hatte sie eine Verwaltung, die zügig die Prinzipien des Kommunismus umsetzte. Anführer dieses Regimes war der höchst charismatische Jude Béla Kun, der in Russland als Kriegsgefangener Lenin persönlich kennengelernt hatte und von ihm zurück nach Budapest entsandt worden war. Dort organisierte er 1918 die kommunistische Partei und erzwang im März 1919 eine Räterepublik. Kun und seine Genossen, von denen die meisten Juden waren – insgesamt 28 von 36 Mitgliedern des Rates[145] –, sind ein eklatantes Beispiel dafür, dass Juden besonders brutal gegen Juden vorgingen. Viele reiche Familien, Nichtjuden sowie Juden, wurden als Geiseln verhaftet oder unter Hausarrest gestellt, und ihr Besitz wurde beschlagnahmt. Unter dem Druck der Alliierten gestattete Béla Kun den meisten dieser Familien, das Land nach kurzer Zeit zu verlassen, nicht aber den Juden. Diese mussten bis zum Ende des Regimes in Haft oder unter Hausarrest bleiben. Die Schergen der kommunistischen Partei, die sich *Lenin-Jugend* nannte, schmierten auf die Wände der Stadt Slogans wie: »In Budapest leben 500 000 Juden. Keiner von ihnen ging während des Krieges an die Front. Sie müssen ausgerottet werden, weil sie nicht bereit sind, ihr Leben für das heilige Ziel, die Diktatur des Proletariats, zu opfern. Juden raus.«[146] Kuns engster Mitarbeiter, der Extremist und Jude Tibor Szamuely, versuchte die Regierung davon zu überzeugen, dass man die Bevölkerung Budapests »ausdünnen«, unerwünschte Elemente und vor allem die Juden vertreiben müsse. Im Mai 1919 beschloss die Kun-Regierung, polnische Juden aus Ungarn zu vertreiben. 5000 Juden polnischer Staatsangehörigkeit lebten in Ungarn als einem Land, das kurz zuvor noch Teil des österreichischen Kaiserreichs war, das auch einen Teil Polens beherrscht hatte. Ihr Besitz wurde beschlagnahmt, und sie erhielten Befehl, das Land sofort zu verlassen. Der polnische Konsul in Budapest versuchte vergeblich, diese tragische Maßnahme rückgängig zu machen, drohte sogar mit Vergeltungsmaßnahmen. Kun blieb stur, und die Juden verließen Budapest, die Kleider, die sie auf dem Leib trugen, waren ihre einzige Habe. Der Oberrabbiner von Budapest exkommunizierte Szamuely, was diesen natürlich keineswegs beeindruckte.

Und was ist aus den jüdischen Kommunisten geworden? In Russland und in Osteuropa wurden nach dem Ersten wie auch nach dem Zweiten Weltkrieg die meisten prominenten und missliebigen Konkurrenten von Stalin umgebracht. Abgesehen von denen, die wie Rosa Luxemburg im Laufe der Revolution ihr Leben verloren, ließ Stalin viele in den 1930er-Jahren ermorden, unter ihnen befanden sich auch Béla Kun und Leo Trotzki. Nach den stalinistischen Säuberungen gab es so gut wie keine bedeutenden kommunistischen jüdischen Politiker, Generäle, Künstler oder Schriftsteller mehr. Die jüdischen Kommunisten, die dann nach dem Zweiten Weltkrieg im Auftrag von Moskau die Macht in den neuen Vasallenstaaten Osteuropas übernommen hatten, teilten das Schicksal ihrer Vorgänger. Sie wurden Anfang der 1950er-Jahre umgebracht. Der bekannteste unter ihnen war Rudolf Slansky, seit 1945 Generalsekretär der *Kommunistischen Partei der Tschechoslowakei*, der 1948 maßgeblich an der Machtergreifung der Kommunisten im Land beteiligt war und 1951 den Posten eines stellvertretenden Ministerpräsidenten erhielt. Am 23. November 1951 wurde er wegen des Verdachts der antisowjetischen Verschwörung im Auftrag des »internationalen Zionismus« des Hochverrats angeklagt. 1952 wurde er in einem Schauprozess zum Tode verurteilt und hingerichtet.

Und wie verhielt es sich mit anderen Juden, die im Kommunismus einen Weg zur Erlösung sahen? Ein typisches Beispiel für die nach dem Ersten Weltkrieg aufgewachsene zweite Generation der idealistischen jüdischen Kommunisten der revolutionären Jahre ist Jitzchak Schamir. Der Likudmann und ehemalige Regierungschef Israels, ein gläubiger rechter Hardliner, hat die *Lechi* geführt. Diese sogenannte *Sterngruppe* war die zäheste Widerstandsgruppe gegen die Engländer vor der Unabhängigkeit des Staates Israel. Schamir stammt aus dem ehemaligen russischen Teil Polens und emigrierte von dort aus 1935 in das britische Mandatsgebiet Palästina. Gern erzählte er die Anekdote, wie er zu seinen ausgezeichneten Französischkenntnissen gekommen sei. Diese habe er merkwürdigerweise im Grunde genommen den kommunistischen Untergrundkämpfern zu Zeiten des Zaren zu verdanken. Schamirs Eltern waren als junges Ehepaar Mitglieder einer russischen kommunistischen Untergrundbewegung. Nach dem Ersten Weltkrieg trafen sie sich in dem von Russland befreiten Polen immer noch mit den alten Genossen aus dem Untergrund. Bei diesen Treffen erzählten sich die Veteranen regelmäßig ihre Kriegs- und Abenteuergeschichten. Schamir, noch ein Kind, versteckte sich hinter einem Sessel und lauschte diesen fasziniert. Der Junge mit der großen Faszination für den Untergrund war später selbst vom Kommunismus enttäuscht, da er begriff, dass diese Ideologie den Juden nur Unterdrückung brachte. Deshalb wurde er zum überzeugten Zionisten und wanderte nach Palästina aus. Als er 1946 als Anführer der Untergrundbewegung *Lechi* von den englischen Besatzern in Palästina verhaftet und in einem Lager in Kenia interniert wurde, gelang ihm die Flucht nach Dschibuti, einer französischen Kolonie am Roten Meer. Als die Engländer entdeckten, wo sich der Flüchtling befand, verlangten sie vom französischen Gouverneur seine Auslieferung. Der hatte jedoch nicht viel übrig für die Engländer. Er verhaftete den jungen Kämpfer zwar, bat aber um Instruktionen aus Paris. Die ließen auf sich warten. Während Schamir unter verhältnismäßig komfortablen Bedingungen im Gefängnis saß, bekam er einen Nachbarn. Die Franzosen hatten im Hafen von Dschibuti einen blinden Passagier auf einem französischen Schiff entdeckt, das sich auf dem Weg nach Vietnam befand. Dieser war ein enger Weggefährte des vietnamesischen kommunistischen Widerstandsführers Ho Chi Minh. Im Gefängnis freundete sich Schamir mit dem fließend Französisch sprechenden kommunistischen Kämpfer an. Dabei fand er sehr schnell heraus, dass dieser so gut wie nichts von den historischen Wurzeln des Kommunismus wusste. Schamir, der überzeugte Antikommunist, bot ihm einen Tausch an. Sein Freund solle ihm helfen, sein Französisch zu verbessern, während er dem Widerstandskämpfer gegen den französischen Kolonialismus in Vietnam die Wurzeln und Entwicklung des Kommunismus erklären würde. Und so erzählte Schamir dem Vietnamesen die Geschichten, die er in seiner Kindheit von seinen Eltern und deren Kampfgefährten erlauscht hatte, während dieser ihm

Französisch beibrachte. Nicht Russisch, das er in seiner Kindheit gelernt hat, und nicht Englisch, das er in Palästina lernen musste, sondern Französisch ist bis heute seine Lieblingssprache.

Mit seiner Abwendung vom Kommunismus hin zum Zionismus ist Schamir ein typisches Beispiel für die schon erwähnte zweite jüdische Kommunistengeneration. Die meisten von ihnen haben dieser Ideologie schnell den Rücken gekehrt, nachdem sie begriffen hatten, dass sie den Juden keine Erlösung bringen würde. In Israel gab es eine kleine kommunistische Partei, die sich aber sehr schnell in zwei Gruppierungen spaltete. Die eine nannte sich *Maki* (Israelische Kommunistische Partei) und verstand sich als national-israelische Partei. Der nationale Gedanke stand jedoch im Widerspruch zur internationalen Idee des Kommunismus und führte deshalb Ende der 1960er-Jahre zum endgültigen Verschwinden der Partei. Die andere kommunistische Partei hieß *Rakach* (Neue Kommunistische Liste) und setzte sich überwiegend aus israelischen Arabern zusammen. Zu diesem Zeitpunkt hatte die Sowjetunion ihre diplomatischen Beziehungen zum Staat Israel abgebrochen und unterstützte die arabischen Staaten, darunter auch diejenigen, die dem Staat Israel das Existenzrecht absprachen. Für die Araber in Israel war die stalinistische Kommunistische Partei der Deckmantel, unter dem sie gegen den israelischen Staat kämpften. Seither betrachten die Israelis mit Ausnahme der arabischen Israelis und fast alle Juden der Welt den Kommunismus als unerbittlichen Feind. Die Prager Prozesse des Jahres 1952 und die im selben Jahr von den sowjetischen Behörden ausgelösten Hetzwellen, die mit dem Prozess gegen die sogenannte jüdische *Ärzteverschwörung* begannen, wie auch die zunehmende Feindseligkeit des kommunistischen Blocks Israel gegenüber haben die meisten der noch wenigen übrig gebliebenen Kommunisten unter den Juden endgültig vom Kommunismus entfernt. Mit dem Ende des Kalten Krieges und dem Zerfall der Sowjetunion löste sich schließlich auch die *Rakach*-Partei auf.

Am Ende der Existenz der Sowjetunion begann eine massive Auswanderung der Juden aus der Sowjetunion. Die meisten, mehr als eine Million Menschen, emigrierten nach Israel. Typisch für diese Juden ist es, dass sie politisch rechts stehen und auch die rechten Parteien in Israel wählen. Selbst eine sozialdemokratische Partei ist für sie unannehmbar, weil die Sozialisten sie an den verhassten Kommunismus erinnern.

Fazit: Der Bolschewismus war keine jüdische Bewegung. Diese Behauptung ist reine Propaganda, mit der die Nazis später den Massenmord an den europäischen Juden rechtfertigten. Die Mehrheit der russischen Juden wollte eine bürgerliche Gesellschaft errichten und gleichberechtigte Bürger werden; sie konnte mit dem militanten Atheismus der Kommunisten nichts anfangen. Als gotteslästerlich verwarfen, verdammten und verbannten sie ihn. Deshalb wurden kommunistische Juden von der innerjüdischen Mehrheit geächtet. Die Mär vom »jüdischen Tätervolk« ist eine absichtliche Geschichtsfälschung. Mehrfach wurden Juden im kommunistischen Machtbereich verfolgt und auch ermordet. Die verschwindend geringe Minderheit der bolschewistischen Juden hatte ihren jüdischen Wurzeln den Rücken gekehrt, verstand sich weder ethnisch noch religiös als Juden und bekämpfte das Judentum, gelegentlich sogar brutal. Dies tat sie weder im Namen des jüdischen Volkes noch mit dessen Unterstützung. Die Nazis hingegen wurden von den Deutschen an die Macht gebracht, haben ihre Verbrechen im Namen des deutschen Volkes begangen und wurden bis zum Ende von der Mehrheit der Deutschen unterstützt.

Wie würden Sie denn überhaupt einen Antisemiten definieren?
Ich bin mir nicht sicher, ob ich einen Antisemiten definieren kann, weiß aber, wer kein Antisemit ist. Kein Antisemit ist, wer mit einem Juden eine schlechte Erfahrung gemacht hat und diese nicht verallgemeinert. Antisemitisches Verhalten besteht darin, Juden grundsätzlich zu misstrauen, sie zu verachten, ihnen bestimmte, hauptsächlich negative Eigenschaften zu unterstellen. Das Absurde ist ja, dass Juden »typisch jüdische Eigenschaften« zugeschrieben werden, die widersprüchlich sind: Sie seien geschäftstüchtig, raffgierige Kapitalisten, sie hätten den Kommunismus erfunden, sie seien besonders intelligent, mächtig, hätten eine weltweite Lobby. Fehlt noch die krumme Nase. Auf jeden Fall weist man den Juden damit immer eine Sonderrolle zu.

Gerade für Deutsche ist das ein sensibles Thema – selbst bei berechtigter Kritik an Israel könnte man ja schnell als Antisemit dastehen. Ist diese Befangenheit gerechtfertigt? Geht die israelische Empfindlichkeit so weit, dass Deutsche, die die israelische Besatzungspolitik kritisieren, grundsätzlich als Antisemiten bezeichnet werden?
Diejenigen Israelis, die Kritiker als Antisemiten bezeichnen, würden jeden Tadler als solchen bezeichnen, unabhängig davon, ob er ein Deutscher ist oder eine andere Nationalität hat. Sie scheuen sich auch nicht, Juden oder Israelis als Antisemiten zu bezeichnen, wenn ihnen deren Meinung nicht gefällt.

Wie bitte? Juden bezeichnen Juden als Antisemiten?
Es gibt in Israel sogar Anhänger des rechtsextremistischen oder ultraorthodoxen Lagers, die ihre politischen Gegner in Israel als Antisemiten oder sogar als Nazis beschimpfen. Als im Jahr 2005 israelische Streitkräfte die Siedler aus dem Gazastreifen zu evakuieren versuchten, wurden sie von Siedlern aufgehalten, die alle, Kinder eingeschlossen, den »Juden-

stern« trugen. Alle Kinder standen da mit erhobenen Händen, wie auf dem berühmten Foto aus Auschwitz. Es sollte so aussehen, als wäre die israelische Armee eine Nazieinsatztruppe, die Juden mit Gewalt aus einem Getto ins KZ verschleppt.

Was darf man in Deutschland und was nicht – welche Kriterien unterscheiden Antisemitismus von legitimer Kritik an Israel? Wann versteckt sich hinter Kritik tatsächlich eine neue Judenfeindschaft?

Es ist nicht legitim, das Existenzrecht Israels – genau wie das irgendeines anderen Staates oder Volkes – infrage zu stellen. Es ist jedoch völlig rechtens, die israelische Regierung oder Politik zu kritisieren. Das tun übrigens auch sehr viele Israelis. Dies ist genauso passend wie Kritik an jeder anderen Regierung, an jedem Regime. Ob die Kritik gerechtfertigt ist oder nicht, ist dann eine andere Frage, mit der man sich sachlich auseinandersetzen kann und muss.

Aber wir Deutschen sind aufgrund unserer Vergangenheit besonders befangen …

Das ist verständlich. Das Naziregime, die Naziverbrechen, der Holocaust, das waren präzedenzlose Fälle in der menschlichen Geschichte. Dass das einen bleibenden Eindruck im Sinne eines inneren Bewusstseins hinterlässt, ist selbstverständlich und auch gut so. Die Deutschen beschäftigen sich immer noch mit der Gewissenserforschung, und dies in einer vorbildlichen Art und Weise. Das schafft natürlich eine besondere Empfindlichkeit. Und der *Zentralrat der Juden* versucht, alles Mögliche zu tun, um jegliche Andeutungen von Antisemitismus von vornherein zu parieren. Das ist verständlich und vielleicht auch gerechtfertigt.

Sind Sie der Meinung, dass man in Deutschland zu schnell mit Antisemitismusvorwürfen zur Hand ist?

Das glaube ich schon. Allerdings nicht nur dort, aber vielleicht in Deutschland noch schneller als anderswo. Schauen Sie: In der Vergangenheit – ich spreche von vor 1933 – waren ja nicht alle Deutschen Antisemiten. Es gab viele Vorurteile, aber die Mehrheit der Deutschen war nicht antisemitisch. Die Nazis haben in den freien Wahlen auch nie eine Stimmenmehrheit erhalten. In den letzten freien Wahlen im Jahr 1932 haben sie sogar Stimmen eingebüßt. Und selbst diejenigen, die die Nazis gewählt haben, standen oft nicht hinter deren Antisemitismus, sondern gaben ihnen ihre Stimme aus ganz anderen Gründen. Das Problem war, dass die meisten Menschen dem Antisemitismus gegenüber gleichgültig waren. Sie haben nicht darauf reagiert. Es gab antijüdische Ausschreitungen der Nazis. Es gab Hasspropaganda gegen die Juden. Das fast vollkommene Fehlen einer ablehnenden Reaktion seitens der Bevölkerung hat den Nazis den Weg in die bekannte Richtung geebnet. Daraus hat man eine Lehre gezogen.

Darf man sich also als Deutscher gegen die »Antisemitismuskeule« wehren?

Man darf es, wenn man sich auch gegen den Antisemitismus wehrt. Man muss sich sowohl gegen den Antisemitismus als auch gegen die »Antisemitismuskeule« wehren, weil diese in der Absicht eingesetzt wird, Leute einzuschüchtern, die gar keine Antisemiten sind.

Im November 2008 äußerte der niedersächsische Ministerpräsident Christian Wulff in einer Fernseh-Talkshow: »Ich finde, wenn jemand 40 Millionen Euro Steuern zahlt und Zehntausende Jobs schafft, muss ich nicht gegen den eine Pogromstimmung entwickeln, sondern dann kann ich sagen, er leistet einen wesentlichen Beitrag zu unserem Land und unserem Gemeinwesen.« Daraufhin zeigte sich der Generalsekretär des Zentralrats der Juden, Stephan Kramer, empört und legte

Wulff den Rücktritt nahe. Wulff sollte sich einfach fragen, so Kramer, ob er für sein Amt geeignet sei. Er bezeichnete Wulffs Aussagen als Unverschämtheit.[147] *Daraufhin entschuldigte sich Herr Wulff und sagte, er habe zu keinem Zeitpunkt die Debatte um Managergehälter in Deutschland mit der Judenverfolgung vergleichen wollen. Nichts könne und dürfe mit den schrecklichen Pogromen gegen die Juden verglichen werden. Auch Ifo-Chef Hans-Werner Sinn hat einen Vergleich zwischen Managerkritik und Judenverfolgung gezogen. Das sind nur zwei Beispiele. Sie machen klar: Sofort steht der* Zentralrat der Juden *da und fordert Entschuldigungen oder Rücktritte. Wie sehen Sie als Israeli die Form, mit der sich hier in Deutschland solche Debatten abspielen?*

Die Tatsache, dass der *Zentralrat* sofort und so scharf reagiert, hat natürlich mit der besonderen Empfindlichkeit zu tun, die aus der Vergangenheit resultiert. Und mit der Angst, dass die Judenverfolgung banalisiert werden könnte. Und dass, wenn man dies tue, die Menschen keine Lehre daraus zögen und die Zukunft nicht sicher sein würde.

War es angemessen, Ministerpräsident Wulff gleich den Rücktritt nahezulegen?

Ich spreche nicht im Namen des *Zentralrats*, kann mich auch nicht in dessen Probleme und Verantwortungen hineinversetzen. Ich kann nur sagen, was ich in einer solchen Situation getan hätte. Ich hätte Herrn Wulff diskret gebeten, eine Erklärung zu veröffentlichen und zu sagen, er habe nicht beabsichtigt, das Geschehen mit der Judenverfolgung zu vergleichen. Wenn jeder unbedachte Ausrutscher mit einer Judenverfolgung zu vergleichen ist, dann heißt das, dass die Judenverfolgung gar nicht so schlimm war. Weil man in Israel auch diese Neigung hat, viel zu oft alles, was uns missfällt, mit Nazismus zu vergleichen, geht die Relation verloren. Damit banalisiert man das Verbrechen. Selbst wenn jedes echte Verbrechen mit den Schandtaten der Nazis verglichen wird, banalisiert man diese. Und das wollen wir doch auf gar keinen Fall.

Der antisemitische Phönix
steigt wieder aus der Asche

Dass der Antisemitismus in Europa wieder erwacht sei und an Stärke zunehme, ist eine Behauptung, die unter den Juden Europas und der USA als unumstößliche Gewissheit gilt. Der »wiedererwachte Antisemitismus« ist geradezu redensartlich geworden, eine Floskel, der man in der öffentlichen Rede ebenso begegnet wie in der Berichterstattung. Zur Beweisführung wird diese Feststellung geradezu zwanghaft von einem »as everybody knows« begleitet: Wie jeder weiß, gärt der Antisemitismus dieser Tage in ganz Europa. In den Vereinigten Staaten hört man entsetzte Rufe, der europäische Antisemitismus von heute ähnele dem der 1930er-Jahre, so Rockwell Schnabel, der US-Botschafter bei der EU. Bliebe nur noch festzustellen: Wer genau ist der Hitler von heute?

Meinungsumfragen ebenso wie Schlagzeilen in den Medien in Europa und vor allem in Deutschland zeigen, dass auch die Europäer selbst davon überzeugt sind, der Antisemitismus erlebe eine neue Blüte. *Die Zeit* überschreibt einen Artikel zum OSZE-Gipfel in Berlin 2004: »Wachsender Antisemitismus in Europa bringt die EU in Verlegenheit«[148]. Der Antisemitismus-Experte Wolfgang Benz konstatiert:

»Mit neuer Intensität tritt Judenfeindschaft seit Herbst 2000 in Mittel- und Westeuropa in Erscheinung.«[149] »Wer könnte es ernsthaft leugnen? Antisemitismus ist alltäglich geworden.«[150]

Doch gibt es ein Missverhältnis zwischen der Realität und der landläufigen Vorstellung vom europäischen Antisemitismus. Auf diese Diskrepanz, auf ihre Ursachen und darauf, wie es zu der verbreiteten Annahme kommt, der Antisemitismus sei in den USA ein wesentlich selteneres Phänomen als in Europa – obwohl sich die Statistiken hüben und drüben kaum unterscheiden –, kommen wir im Folgenden zu sprechen.

Ohne Zweifel ist beim Thema Antisemitismus Deutschland der interessanteste unter allen europäischen Staaten. Gehen wir 60 Jahre zurück: Umfragen, die die amerikanischen Besatzungsbehörden unmittelbar nach Ende des Zweiten Weltkriegs unter der deutschen Bevölkerung durchführten, zeigten, dass der Großteil der Deutschen auch nach dem Ende der Nazidiktatur weiterhin in einer extrem antijüdischen Haltung befangen war. Zwei Erhebungen sind in diesem Zusammenhang besonders interessant. Eine im Dezember 1946 durchgeführte Studie ergab, dass 61 Prozent der Befragten als rassistisch und vor allem antisemitisch, ein Teil davon – 18 Prozent – sogar als extreme Antisemiten anzusehen war. In einer weiteren, im April 1948 durchgeführten Studie zeigten sich 61 Prozent der Befragten nach wie vor als Antisemiten, Rassisten oder extreme Rassisten.[151]

Werner Bergmann und Rainer Erb, die antisemitische Stereotypen bis 1994 untersuchten, haben nachgewiesen, dass der Antisemitismus seit der Gründung der Bundesrepublik Deutschland einen allmählichen, kontinuierlichen Rück-

gang aufweist[152]; eine 1992 in einer Sonderausgabe des Maga-
zins *Der Spiegel* veröffentlichte *Emnid-Studie* zeigte, dass
noch ein Sechstel der Deutschen umfassende antisemitische
Vorurteile hegte, die jedoch – und das war überraschend –
unter der Bevölkerung der ehemaligen DDR weniger verbreitet waren.[153] Wider Erwarten erwies sich, dass der Liberalismus als solcher im Vergleich zu seiner kommunistischen
Alternative antisemitische Vorurteile in der Bevölkerung eher
begünstigte. Die rechtsextremistisch-rassistischen Übergriffe
in den neuen Bundesländern nach der Wende bilden sich in
den repräsentativen Umfragen nicht ab.

Studien über Juden und Antisemitismus gehören in
Deutschland zur Routine. Es sind jedoch vor allem nichtdeutsche Institutionen, die sich den Kampf gegen den Antisemitismus zu einem ihrer erklärten Ziele gesetzt haben.
Zwei Organisationen insbesondere sind über jeden Verdacht
erhaben, antisemitische Haltungen vertuschen zu wollen
oder Resultate in dieser Richtung herunterzuspielen. Beide
führen periodisch seit Anfang der 1990er-Jahre Umfragen
durch, die es einerseits ermöglichen, die Entwicklungen im
zeitlichen Verlauf zu verfolgen, und andererseits, Deutschland mit anderen in die Erhebung einbezogenen Staaten zu
vergleichen. Es sind die amerikanisch-jüdischen Organisationen *ADL* (Anti Defamation League) und *AJC* (American
Jewish Comittee), auf deren Umfragen und Studien wir uns
im Folgenden stützen.

Ein Wiedererwachen des Antisemitismus wird häufig für
den Zeitraum zwischen 1994 und 2002 konstatiert. In diesen
Jahren sei der Antisemitismus »aus dem Schlaf erwacht«.
Die Zahlen sprechen jedoch eine andere Sprache: Nach wie
vor ist die Zahl derjenigen Deutschen, die antijüdischen

Vorurteilen anhängen, rückläufig. Demnach galten 1994 noch 19,1 Prozent der Deutschen als »mit Vorurteilen behaftet«, 1996 war ihre Zahl auf 12,1 Prozent gesunken und 2002 gar auf 11,3 Prozent.[154] Obwohl die beiden deutschen Staaten inzwischen längst eine politische Einheit bilden, zeigt sich auch zehn Jahre nach der Wiedervereinigung die Tendenz, wonach antijüdische Gefühle in Westdeutschland stärker ausgeprägt sind als unter den ehemaligen Bürgern der DDR. Jedoch ist der Prozentsatz der Vorurteile im Westen von 20,1 Prozent im Jahr 1994 auf 14,2 Prozent im Jahr 2002 stärker gesunken als im Osten, wo er von 10,4 Prozent auf sieben Prozent zurückging.[155] Werner Bergmann spricht von einer »Einebnung der Unterschiede« zwischen West- und Ostdeutschland.[156]

Selbstverständlich kommen verschieden konzipierte Studien zu voneinander abweichenden Ergebnissen. Eine *AJC-Studie* von 2005[157] wird vor allem diejenigen verblüffen, die davon überzeugt sind, den Europäern seien die Juden unsympathisch, und dies zunehmend. Die Frage, die das *AJC* stellte, lautete, wie viele Europäer ihre Einstellung gegenüber den Juden als »nicht wohlgesonnen« definierten. Dieser Untersuchung zufolge sind sechs Prozent aller Briten den Juden nicht wohlgesonnen. Dasselbe gilt für fünf Prozent der Österreicher und drei Prozent der Deutschen, wohingegen nur ein Prozent der Franzosen eine solche Haltung zeigt. In keinem dieser Staaten wurden muslimische Bürger in die Studie miteinbezogen; deren Haltung gegenüber den Juden bleibt ausgeklammert.

Ein Teil der in den Meinungsumfragen untersuchten Parameter betrifft die Form des Antisemitismus, die sich in Vorbehalten oder in dem Wunsch manifestiert, nicht mit Juden zusammenleben zu wollen bzw. diese aus der Gesellschaft ausschließen zu wollen. 1952 waren 37 Prozent der Deutschen überzeugt, dass es für Deutschland besser wäre, wenn dort keine Juden lebten. Dieser Prozentsatz nahm kontinuierlich ab und belief sich 1987 nur noch auf 13 Prozent.[158] Diese Tendenz setzte sich auch in den Jahren nach der Wiedervereinigung fort; 1998 waren es noch acht Prozent, die Juden innerhalb der deutschen Bevölkerung keinen Platz einräumen wollten.

Die Abnahme der vorurteilsgeladenen Vorstellungen von Juden als »gesellschaftsschädigenden Elementen« findet auch im Bereich der Politik ihren Niederschlag. Während 1960 noch 45 Prozent der Deutschen nicht bereit waren, einen Juden als Präsidenten oder Bundeskanzler zu akzeptieren, war diese Zahl 1988 auf 30 Prozent zurückgegangen und blieb zumindest bis 1994 konstant.[159] Rücken wir jüdische und nichtjüdische Deutsche in größere räumliche Nähe als bei der eben genannten abstrakteren Frage, so ergibt sich: 1986 kreuzten 22 Prozent der Deutschen »die Juden« als eine der Gruppen an, mit denen sie lieber nicht in unmittelbarer Nachbarschaft leben wollten.[160] Zwei Jahre später war der Anteil dieser Gruppe auf 12 Prozent gesunken.[161] Infolge des in großen Teilen der Bevölkerung zustimmend aufgenommenen Protests gegen eine Welle des Antisemitismus und des Fremdenhasses, der sich in einigen Städten, so in Mölln, Hoyerswerda, Solingen und Rostock zeigte – jedoch keine jüdischen Einrichtungen betraf –, ging die Zahl Anfang der 1990er-Jahre vorübergehend sogar auf sieben Prozent zurück und pendelte sich bis 1994 wieder auf 21 Prozent ein.[162] Auch hier zeigt sich nach den starken Schwankungen in den Jahren um die Wiedervereinigung eine abnehmende Tendenz. So ergab eine *AJC-Studie* des Jahres 2002[163], dass 17 Prozent der Deutschen es vorzogen, keinen jüdischen Nachbarn zu haben. Sämtliche Umfragen zeigten jedoch, dass Juden als

Nachbarn zu den relativ willkommensten Minderheitengruppen gehörten. Darüber hinaus ist die Geltung der Juden weit von den Vorbehalten entfernt, die die Deutschen gegenüber anderen Minderheitengruppen haben, so gegenüber Arabern, Vietnamesen oder Afrikanern als Nachbarn – Letztere wurden mitunter von bis zu 50 Prozent aller Befragten abgelehnt. »Befürchtungen entkräften« kann eine 2003 durchgeführte Studie, derzufolge nur zwei Prozent der Bundesdeutschen jüdische Nachbarn ablehnten, während 13 Prozent sie als Nachbarn wünschten und es 85 Prozent der Deutschen gleichgültig war, ob sie in jüdischer oder nichtjüdischer Nachbarschaft lebten.[164] Eine vergleichende Untersuchung in verschiedenen europäischen Staaten zeigt, dass die Bilder sich ähneln: Ein Achtel bis ein Fünftel der Bevölkerung lehnt jüdische Nachbarn ab, deren Popularität jedoch wesentlich größer ist als die jeder anderen Minderheit.[165] Aus diesen Zahlen wird deutlich, wie wichtig auf diesem Gebiet eine vergleichende Betrachtung verschiedener Minderheitengruppen ist, um dem Phänomen »Antisemitismus« auf die Spur zu kommen: Ja, es gibt nach wie vor Deutsche, die am liebsten nur Deutsche als Nachbarn haben. Nein, die Juden sind keineswegs die von den Deutschen am häufigsten abgelehnte Gruppe. Andere Minderheiten sind mit einer sehr viel ausgeprägteren Diskriminierungsbereitschaft konfrontiert. Die Deutschen zeigen also zunehmend weniger Vorbehalte gegen Juden als integraler Teil der Gesellschaft und sind bereit, diese auch auf der öffentlich-nationalen Bühne zu akzeptieren, mit ihnen freundschaftlich und nachbarschaftlich zu verkehren und sie zu sich nach Hause einzuladen. 1949 lehnten noch 70 Prozent aller Deutschen eine »Mischehe« ab, 1961 waren es 54 Prozent, 1968 29 Prozent und 1988 nur noch 26 Prozent der Bevölkerung, die sich gegen den Gedanken verwahrten, sie selbst oder eines ihrer

Kinder könnte eine Jüdin oder einen Juden heiraten.[166] Es spricht einiges dafür, dass ein alltäglicher Umgang zwischen Juden und Nichtjuden die Ergebnisse solcher Befragungen positiv beeinflusst. Diese »Kontakthypothese« findet sich insbesondere in den Antworten auf eine gewünschte oder nicht gewünschte Nachbarschaft bestätigt.[167]

Der europäische »Judenhass« war vor allem auch das Resultat einer uralten und tief verwurzelten religiösen Tradition, die von den christlichen Kirchen jahrhundertelang gehegt worden war. Über die Tatsache hinaus, dass er über Generationen hinweg der einzige »Andere« war, trug »der« Jude – nämlich jeder Jude – die Verantwortung für den Tod des Messias, eine Verantwortung, die in der Heiligen Schrift nahegelegt wird. Auch dieses Dogma, das die Grundlage des Judenhasses in der westlichen Welt darstellte, verliert an Bedeutung. Eine *ADL-Studie* untersuchte das Thema in den Jahren 2004 und 2007.[168] In Großbritannien dachten 2004 ebenso wie 2007 20 Prozent der Befragten, dass die Juden für die Kreuzigung Jesu verantwortlich seien. In Deutschland hielten 2004 noch 18 Prozent an dieser Überzeugung fest, im Jahr 2007 waren es nur noch 13 Prozent. In Frankreich waren es 2004 15 Prozent der Befragten, die den Juden die Schuld für den Leidensweg Christi zuschrieben, bis 2007 war ihre Zahl auf zwölf Prozent gesunken. Man darf vermuten, dass sich diese abnehmende Tendenz auch in den kommenden Jahren fortsetzen wird.

Vorurteile gegenüber Juden haben eine lange Geschichte und sind über den ganzen Globus verbreitet; es ist mitunter schwer einzuschätzen, welche Bedeutung diese Vorurteile für die Haltung wie für das tatsächliche Verhalten gegenüber den Juden haben. In welchem Gewand sie auch daherkommen, ob als Ausdruck von Verachtung, als Kompliment, als Neid, ob im negativen oder im positiven Sinn – hinter jedem Vorurteil steckt die Vorstellung: Juden sind anders als normale Menschen. Solchem Vorurteilsdenken sind aber nicht nur jüdische, sondern auch andere Minderheiten ausgesetzt. Vorurteile gegen alles und jeden begegnet man überall auf der Welt – eben auch in Europa und nicht nur gegenüber Juden. Studien weisen auf die Vorurteile der Deutschen gegenüber den Italienern, den Franzosen, den Engländern, den Russen und vice versa hin. Es gibt sie im Überfluss. Auch an Studien zum Überlegenheitsgefühl der Engländer gegenüber der ganzen Welt besteht kein Mangel. Zu allen Zeiten und überall da, wo Menschen als Gruppen leben, gibt es Vorurteile gegen andere ethnische oder nationale Gruppen oder Menschen anderer Herkunft. Nicht immer haben solche Vorurteile auch Auswirkungen auf das Verhalten. In Zeiten von Krisen und Konflikten sind sie jedoch aktivierbar – und sie werden aktiviert, auch in Israel gegenüber Palästinensern bzw. Arabern, und ebenso unter den Palästinensern und Arabern in der aggressiven Tradition des klassischen europäischen Antisemitismus, obwohl genau der in der arabischen Kultur jahrhundertelang schwächer ausgeprägt war. So präsentiert die Hamas der Welt reflexhaft den an der Finanzkrise eigentlich Schuldigen: Es sei die »jüdische Lobby«, die ja das Finanzmanagement und das Bankensystem kontrolliere.[169]

Eine der zentralen Fragen, auf die gerade die Deutschen – Juden wie Nichtjuden – besonders empfindlich reagieren, ist die nach ihrer Einstellung zum Holocaust. Ob die Juden »zu viel über das sprechen, was im Holocaust passiert ist«? Dazu zeigte eine *ADL-Umfrage* des Jahres 2002, dass 58 Prozent der Deutschen tatsächlich diese Meinung vertraten. 2007 waren es noch 45 Prozent. Dieselbe Frage wurde 2002 von 40 Prozent aller Franzosen positiv beantwortet, während im Jahr 2007 nur noch 20 Prozent der Franzosen – und 28 Prozent der Briten – glaubten, die Juden sprächen zu viel über das, was ihnen während des Holocaust zugestoßen sei.[170] Dabei kann kein Zweifel daran bestehen, dass die starken Schwankungen bei Umfragen dieser Art wie auch bei Befragungen zum Thema »Ausbeutung des Holocaust durch die Juden« von vorübergehenden Ereignissen beeinflusst werden: In den Jahren 2000 bis 2002 war es das Thema der Entschädigung von Zwangsarbeitern – obwohl kaum zehn Prozent der entschädigten Zwangsarbeiter Juden waren –, das im Bewusstsein der Deutschen großen Raum einnahm, und nicht nur bei diesen. Ende der 1990er-Jahre bewegte der Kampf um die Entschädigung von Holocaust-Überlebenden und Erben von Opfern durch die Schweizer Banken, wo deren Vermögen deponiert waren, die europäischen Massenmedien. Aktuelle politische Ereignisse können Umfrageergebnisse nachhaltig beeinflussen. Unabhängig von diesen Schwankungen auf individueller Ebene kann sich Israel, können sich Juden in aller Welt einer klaren Haltung der deutschen Politik versichert sein. So sagte der ehemalige Bundespräsident Johannes Rau im Februar 2000 vor der Knesset: »Im Angesicht des Volkes Israel verneige ich mich in Demut vor den Ermordeten, die keine Gräber haben, an denen ich sie um Vergebung bitten könnte. Ich bitte um Vergebung für das, was Deutsche getan haben, für mich und meine Generation, um unserer Kinder und Kindeskinder willen, deren Zukunft ich an der Seite der Kinder Israels sehen möchte.«[171] So spricht niemand, der meint, der Holocaust sei eine zu den Akten zu legende Angelegenheit.

Am erstaunlichsten ist das Ergebnis einer Studie des Jahres 1996, wonach 67 Prozent der Befragten in Deutschland glaubten, die Juden beuteten den Holocaust für ihre Zwecke aus.[172] 2005 zeigte eine neue Umfrage, dass immer noch 42 Prozent der Deutschen davon überzeugt waren.[173] Diese Zahlen lassen bei all denen rote Warnlichter blinken, die nach wie vor befürchten, die Deutschen könnten die Verbrechen ihrer Väter vergessen. Denn wenn sich die Haltung gegenüber den Nachfahren der Opfer in dem Gefühl manifestiert, von ihnen auf zynische Weise ausgebeutet zu werden, dann könnte das, so die Befürchtung, die Einstellung der Deutschen zum Holocaust durchaus beeinflussen: Das ist Vergangenheit, was spielen sich die Juden immer noch damit auf? Tatsächlich waren sich 1987 67 Prozent der Befragten darüber einig, dass man 42 Jahre nach Kriegsende nicht mehr so viel über die Shoah sprechen sollte.[174] Eigentlich wäre zu erwarten gewesen, dass sich diese Einstellung nach der Wiedervereinigung Deutschlands zu einem Staat im Herzen des sich erneuernden und vereinenden Europas noch verstärken würde, denn nun war ja offenbar ein neues Kapitel in der Geschichte Deutschlands aufgeschlagen. Ein Blick in die *AJC-Umfragen* der Jahre 1990 bis 2005 legt jedoch gerade das Gegenteil nahe. Trotz des hohen Prozentsatzes derjenigen, die glauben, die Juden nutzten den Holocaust aus, wurde das Bewusstsein für den Holocaust auch im Deutschland nach der Wiedervereinigung nicht beeinträchtigt. Es wird, ganz im Gegenteil, im Laufe der Jahre zunehmend stärker.

»Ist der Holocaust noch relevant?«, fragte eine *AJC-Studie* im Jahr 1990 die Deutschen. 48 Prozent der Befragten beantworteten dies damals positiv. 1994 betonten 53 Prozent dessen Relevanz, im Jahr 2000 waren es 59 Prozent, und 2005 stieg die Zahl derer, die diese Frage bejahten, auf immerhin 73 Prozent an. Zum Vergleich: In Frankreich meinten im gleichen Jahr 81 Prozent der Befragten, dass der Holocaust für sie immer noch Relevanz besäße.

Auf die Frage, ob es notwendig sei, zu wissen und zu verstehen, was im Holocaust geschah, antworteten nach einer *AJC-Erhebung* 1994 68 Prozent der Deutschen mit Ja, im Jahr 2005 waren immerhin 76 Prozent überzeugt, dass dies für die Deutschen wichtig sei, obgleich das für sie eine schmerzhafte Konfrontation mit ihrer Geschichte bedeutet. Im gleichen Jahr vertraten in Großbritannien 74 Prozent der Befragten die Ansicht, dass es für die Briten notwendig sei, die Geschehnisse während des Holocaust zu kennen und zu verstehen, in Frankreich waren es 88 Prozent. Die Frage »Muss der Holocaust ein Pflichtthema im staatlichen Unterrichtsplan sein?« wurde 2005 von 76 Prozent der Briten, 79 Prozent der Deutschen und 87 Prozent der Franzosen positiv beantwortet.[175]

Eine der am weitesten verbreiteten Befürchtungen hinsichtlich des Holocaust ist die, dass das Verstreichen der Zeit, die Änderungen in den politischen Kräfteverhältnissen und das allmähliche Aussterben der Überlebendengeneration die Tür zur Verleugnung des Holocaust öffnen könnten. Und tatsächlich ist die Behauptung, die Ermordung der europäischen Juden durch die Nazis habe niemals stattgefunden, über der Hälfte der Deutschen zu Ohren gekommen. Im Jahr 2002 bezeugten 61 Prozent, dass ihnen diese These bekannt sei.[176] Allein die Tatsache, dass die Debatte um die Holocaust-Verleugnung im Bewusstsein der Deutschen einen so großen Platz einnimmt, besagt allerdings nicht unbedingt, dass sie auch wirklich selbst daran glauben, denn die Kenntnis der Behauptung bedeutet keineswegs deren Glaubwürdigkeit. Ganz im Gegenteil: 1994 antworteten 80 Prozent der Befragten, der Holocaust habe sich tatsächlich ereignet, acht Prozent zogen die Möglichkeit in Betracht, dies könne vielleicht nicht der Fall gewesen sein.[177] Bis 2002 war der Prozentsatz der von der Realität des Holocaust Überzeugten auf 89 Prozent gestiegen und die Zahl seiner Leugner auf zwei Prozent zurückgegangen.[178] Diese Zahlen zur Bedeutung des Holocaust im heutigen Deutschland führen zu einem interessanten Ergebnis: Die deutsche Öffentlichkeit kennt die Debatte um die Authentizität des Holocaust und »fürchtet gelegentlich dessen politische oder finanzielle Ausbeutung«. Dennoch, und vielleicht im Gegensatz zu dem, was man erwarten würde, erfährt die Geltung des historischen Ereignisses selbst deswegen keinerlei Bedeutungsverlust. Das Holocaust-Bewusstsein der Deutschen nimmt stetig zu, ebenso die Einsicht, wie wichtig dieses Bewusstsein ist und dass man es stärken muss, zum Beispiel durch den Schulunterricht.

Eine der Studien, die für unsere Frage nach einer Renaissance des Antisemitismus äußerst aufschlussreich ist, ist die *AJC-Untersuchung* des Jahres 2005 zur Frage: »Der Antisemitismus im Staat: ein Problem oder nicht?«.[179] Dazu antworteten 56 Prozent der Briten, 85 Prozent der Deutschen und 89 Prozent der Franzosen, dass der Antisemitismus im Staat tatsächlich ein Problem darstelle. Hier zeigt sich die oben angesprochene Diskrepanz zwischen der Realität und dem Bild der Realität, wie es sich in der öffentlichen Meinung niederschlägt. Diese Diskrepanz besteht, wie schon hervorgehoben, nicht nur bei den Juden Europas oder mehr noch Israels und der Vereinigten Staaten, sie ist ebenso bei den europäischen Nichtjuden zu finden. Gehen wir zum Verhältnis von Juden und Nichtjuden im Staat noch einmal kurz in die Geschichte zurück: Als die Juden im Großteil der westeuropäischen Staaten im 19. Jahrhundert die gleichen Rechte und den Status regulärer Bürger erhielten, beruhte dieser

Status auf einer juristischen Basis, jedoch nicht unbedingt auf einer gesellschaftlichen. Gerade mit der rechtlichen Gleichstellung entwickelte die Mehrheitsgesellschaft neuerlich eine Tendenz zur sozialen Ablehnung der Juden. Jüdische Geschäftsleute suchten sich deshalb einen nichtjüdischen Kompagnon, um nicht durch den eigenen jüdischen Namen diskriminiert und diskreditiert zu werden. Ein anderes Beispiel: Im preußischen Heer dienten Tausende jüdischer Bürger, doch eine Karriere in dieser zentralen Institution der wilhelminischen Gesellschaft zu machen war ihnen verwehrt. Bis zum Ersten Weltkrieg konnten Juden in Deutschland, anders als in Frankreich, keine Offiziere werden. Je mehr die Juden in den verschiedenen Bereichen des öffentlichen Lebens an Gleichberechtigung gewannen, desto näher kamen sie der allgemeinen Gesellschaft, die nicht selten mit Angst und Abwehr reagierte. Solange die Juden noch in Gettos lebten, befanden sie sich außerhalb des gesellschaftlichen »Spielfelds«, was die Juden für viele vielleicht »erträglich« machte. Sobald sie jedoch »bis ins traute Heim« vordrangen, empfand man sie als Bedrohung. Schließlich war dies unter anderem ein Grund für die Erfindung des Rassen-Antisemitismus, der sich im letzten Viertel des 19. Jahrhunderts vor allem in Deutschland entwickelte. Noch in den 1950er-Jahren gab es ausgerechnet in den USA eine Quote für Juden in einer ganzen Reihe von Lebensbereichen, darunter den Universitäten und dem öffentlichen Dienst. All dies ist in unseren Tagen längst verschwunden. In Europa wie den USA kann sich ein Jude ohne jegliche – seien es offensichtliche, seien es verborgene – Einschränkungen frei entfalten. Es gibt keine Studienfächer, die für einen Juden unzugänglich wären, und es gibt auch keine private oder öffentliche Karriere, die ihm verwehrt bliebe. Er kann sich ungehindert in der Gesellschaft verankern, inklusive des Eingehens einer

»Mischehe«, gegen die es unter dem Großteil der Bevölkerung keinerlei Vorbehalte gibt – mit Ausnahme gewisser religiöser Institutionen.

Jacques Attali, ein französischer Jude algerischer Abstammung, wird sowohl im öffentlichen Leben in Frankreich wie auch von Frankreichs jüdischer Gemeinde höchst respektiert. Attali ist Politiker, Politikwissenschaftler, Wirtschaftsexperte und Schriftsteller und war langjähriger Berater des Präsidenten François Mitterrand. Mit dem Staat Israel ist und war er immer sehr eng verbunden. Attali war im Oktober 2009 als Ehrengast einer internationalen Konferenz eingeladen, die Israels Staatspräsident Shimon Peres einberufen hatte. Vor seiner Reise nach Israel führte die israelische Tageszeitung *Ha'aretz* ein Interview mit ihm, das am 16. Oktober 2009 veröffentlicht wurde.[180] Der größte Teil des Gesprächs drehte sich um die Frage des angeblich wachsenden Antisemitismus. Attali widersprach leidenschaftlich der Behauptung, der Antisemitismus in Europa und insbesondere in Frankreich nehme wieder zu: »Es gibt keinen wachsenden oder neuen Antisemitismus in Frankreich, im Gegenteil. Das Gerede darüber ist nichts anderes als gefährliche israelische Propaganda.«

Was also ist angesichts der genannten Studien und der Fürsprache prominenter Personen die Ursache für dieses Gefühl, der Antisemitismus nehme zu und die Juden befänden sich in Gefahr?

Eine erste grundlegende Tatsache ist die Entwicklung der modernen Gesellschaft zu einer Informationsgesellschaft. Zum zweiten ist der Antisemitismus in den westlichen Gesellschaften eines der zentralen Medienthemen, gilt er doch als die Nagelprobe ihres demokratischen Bewusstseins. Aber es gibt noch einen weiteren, letztlich positiven Grund für die Wahrnehmung eines gesteigerten Antisemitismus: Juden, die antisemitische Aggressionen erleben, verstecken sich nicht mehr wie in früheren Zeiten mit solchen Erlebnissen, sondern wenden sich an die Polizei oder an eine der jüdischen Organisationen, um dies öffentlich zu machen. Sowohl aufseiten der Juden wie aufseiten der öffentlichen Institutionen hat sich in den letzten 60 Jahren nach jahrhundertelanger Diskriminierung ein beachtliches Maß an Sensibilität, Wachsamkeit und Souveränität im Umgang mit dieser Thematik entwickelt. Auch deshalb liefern uns Medien heute eine nie zuvor gekannte Fülle von Informationen. Wenn die *ADL* nun also berichtet, es gebe pro Jahr in den Vereinigten Staaten um 1600 »antisemitische Zwischenfälle«[181], entsteht beim Leser der Eindruck, die Situation sei alarmierend; auch für Europa verzeichnet die *ADL*-Website eine Fülle antisemitischer Vorfälle. In Wahrheit ist es ganz einfach so, dass es vor fünfzig Jahren niemanden gab, der uns durch detaillierte Statistiken informiert und sie durch ausufernde Interpretationen bewertet hätte. Und ganz gewiss berichtete damals niemand über Schmierereien und verbalaggressive Zwischenfälle wie Schimpfworte oder Beleidigungen, die Juden auf der Straße an den Kopf geworfen wurden. Heute erscheinen darüber Statistiken und gleich darauf Meldungen in den Medien. Dadurch entsteht die Atmosphäre, deren Ergebnis sich in den Erhebungen niederschlägt: Eine Zunahme des Antisemitismus wird als Bedrohung an die Wand gemalt.

Die Fülle an Informationen zum Antisemitismus und zum Holocaust, mit der ein Europäer heute konfrontiert wird, zusammen mit seiner Bereitschaft, diese Informationen aufzunehmen, zeugen davon, dass sich die Sensibilität für das Phänomen des Antisemitismus und des Rassismus überhaupt verstärkt hat. Während der Weimarer Republik war die Mehrheit der Deutschen nicht von den Nazis oder deren antisemitischen und rassistischen Theorien überzeugt gewesen. Schließlich stimmten die Deutschen, solange es noch freie Wahlen gab, nicht mit absoluter Mehrheit für die Nationalsozialisten. Jedoch zeigte genau diese nicht-nationalsozialistische Mehrheit der Deutschen keinerlei Sensibilität gegenüber dem Antisemitismus, der durch die Straßen tobte, wenn die Nazibanden dort ihre Kundgebungen abhielten – und begünstigte so den Aufstieg der Nazis. Im Gegensatz dazu rufen heute antisemitische Zwischenfälle in den Medien ein starkes Echo hervor, mitunter auch öffentliche Demonstrationen, bei denen gegen Rassisten und Antisemiten protestiert wird, ganz zu schweigen von der entschlossenen Haltung der meisten Regierenden gegenüber antisemitischen Phänomenen. Jedoch gerade diese begrüßenswerte Sensibilität führt dazu, dass der Großteil der Öffentlichkeit meint, der Antisemitismus sei eine wachsende Gefahr. Eine Korrelation ist dafür besonders aufschlussreich: Höheres Alter und ein niedriger Bildungsgrad stellen einen fruchtbareren Nährboden für Antisemitismus dar, jüngere und besser ausgebildete Menschen stehen ihm eher ablehnend gegenüber. Bei jungen Menschen sinkt die Anfälligkeit für eine antisemitische Haltung sogar bis auf fünf Prozent und darunter, wobei gleichzeitig bekannt ist, dass das Bildungsniveau in der modernen Gesellschaft konstant im Wachsen begriffen ist. Weil viele der Jüngeren dem Antisemitismus insgesamt eine größere Bedeutung beimessen, hegen sie auch größere Befürchtungen, dass dieses Phänomen an Gewicht zunehmen könnte. Eine Studie aus dem Jahr 2007 resümiert: Es »bestätigt sich auch in der Gesamtschau der Ergebnisse, dass der Antisemitismus … ein Problem der Älteren ist«. Und: »Vor allem eine höhere Schulbildung immunisiert offenbar gegen judenfeindliche Einstellungen.«[182]

Das alles beweist jedoch keineswegs, dass es in Europa keinen Antisemitismus gibt. Es beweist lediglich, dass dieser im Abnehmen begriffen ist. Deshalb stellt sich die Frage, warum die Israelis und die Juden in Europa und vor allem in den USA so sehr davon überzeugt sind, der Antisemitismus in Europa nehme zu. Wie wir bereits festgestellt haben, hat die öffentliche Aufmerksamkeit für das Problem des Antisemitismus zugenommen, und das nicht nur unter Juden. Neonazistische Ausfälle in Deutschland sowie Angriffe auf Juden oder jüdische Einrichtungen in anderen Staaten stoßen auf hohe Sensibilität – aber damit ist es nicht getan.

Es gibt zwei weitere Gründe für das Gefühl, der Antisemitismus nehme überhand. Der erste ist der neue Antisemitismus. Ja, den gibt es tatsächlich. Es ist der Antisemitismus eines Teils der neuen Europäer oder Immigranten, die noch keine Europäer sind. Nicht nur die mitunter gewalttätigen Übergriffe dieser Bevölkerungsgruppen verursachen bei den Juden Angst, gepaart mit der Befürchtung, Europa könnte wieder in die Zustände der 1930er-Jahre verfallen. Auch die Propaganda von Extremisten in den islamischen Staaten und die diversen Fundamentalisten tragen dazu bei. Diese Propaganda bedient sich sämtlicher klassischer antisemitischer Stereotypen vom Mittelalter bis zum Nationalsozialismus. Verteufelungsgeschichten von der Art der *Protokolle der Weisen von Zion*, der diversen Blutlegenden oder des *Jud Süß* – Goebbels' Version – und dergleichen erfreuen sich dabei ganz besonderer Popularität. Es ist wohl kaum überraschend, dass diese Propaganda unter Juden ein Gefühl der Angst vor einer Wiederkehr jener schlimmsten Jahre des 20. Jahrhunderts hervorruft. Hinzu kommen die Terroranschläge iranischer Islamisten und ihrer Handlanger, der Hisbollah und anderer gegen Juden auf der ganzen Welt, wie die Explosion des jüdischen Gemeindezentrums in Buenos

Aires 1994 zwei Jahre nach dem Anschlag auf die israelische Botschaft in dieser Stadt, die Anschläge auf Synagogen in Istanbul 1986 und 2003, auf das jüdische Gemeindezentrum in Los Angeles 1999, auf die Ghriba Synagoge in Djerba 2002 und die Bombay-Anschläge 2008. Bei diesen Anschlägen verloren Hunderte Menschen ihr Leben, überwiegend Juden, Hunderte wurden verletzt – Menschen, die mit dem Nahen Osten keinerlei persönliche Verbindung hatten. Hinzu kommen Angriffe auf einzelne Juden, auf Synagogen, Gemeindezentren oder Friedhöfe, die Polizeischutz für jüdische Einrichtungen erforderlich machen. Ist die Angst vor einem weiteren Erstarken dieses Antisemitismus wirklich unbegreiflich? Der Antisemitismus, der heute in manchen islamischen Kreisen gepflegt wird, ist um vieles schrecklicher als der in den westlichen Staaten nach dem Zweiten Weltkrieg. Das neue Phänomen ist, dass er von islamischen Immigranten in die Welt getragen wird.

Der zweite Grund, der mit dem ersten zusammenhängt und den Eindruck entstehen lässt, der Antisemitismus sei im Anstieg begriffen, ist der Nahostkonflikt und die Kritik an der Politik der israelischen Regierungen, vor allem im Hinblick auf deren Besatzungs- und Siedlungspolitik. Zweifellos verbergen sich auch zahlreiche klassische und weniger klassische Antisemiten hinter mancher Kritik an der israelischen Politik und benutzen diese, um antisemitische Parolen zu verbreiten. Während die antisemitische Propaganda in der Vergangenheit den Juden als Individuum oder die jüdische Gemeinde als repräsentative Körperschaft angriff, gilt diese heute »dem Juden unter den Nationen« – dem jüdischen Staat. Das reicht von Sprücheklopfern am Stammtisch, die sich während der Intifada mit so traditionsreichen Sätzen vernehmen ließen wie: »Die Juden haben schon wieder

Dreck am Stecken«, bis zur Infragestellung des Existenzrechts des jüdischen Staates oder des Rechts der Juden auf einen Staat an sich. Da werden »die Verbrechen der Israelis in den besetzten Gebieten« mit den Verbrechen der Nazis verglichen und der Schluss gezogen, »die Juden« ließen sich ja auch einiges zuschulden kommen. Dabei verwandeln sich die Naziverbrechen in den Augen mancher Antisemiten überraschend in ein Negativum, ähnlich wie bei den Holocaust-Leugnern, die sich letztlich doch nur darüber beschweren, dass dessen Vollstrecker ihre Arbeit nicht zu Ende geführt haben.

Der Großteil derer jedoch, die die Politik Israels gegenüber den Palästinensern kritisieren, sind keine Antisemiten; häufig sind es Freunde Israels, die sich um dessen Schicksal sorgen. Woran dies erinnert? An einen Vater, der seinen Sohn wegen einer Missetat sehr viel strenger zur Rechenschaft zieht als den Nachbarsjungen, der denselben Fehler begangen hat. Die Motivation dieser Israelkritiker ist nicht Hass auf die Juden, sie sind keine Feinde Israels, ihr Beweggrund ist vielmehr, den Menschenrechten in Israel stärkere Geltung zu verschaffen, gerade weil sie Israel mit großem Respekt begegnen. Viele Kritiker der israelischen Regierungspolitik sind Juden, weniger Vertreter jüdischer Organisationen wie jüdische Gemeindevorsteher, Leiter jüdischer Einrichtungen, Rabbiner und andere als vielmehr Menschen aus allen möglichen Berufsgruppen, darunter zahlreiche Intellektuelle. Die europäische Presse muss sich zu Unrecht den Vorwurf gefallen lassen, in ihrer Berichterstattung zum Nahen Osten tendenziös über Israel zu berichten, zumal der Großteil ihrer Korrespondenten in Israel Juden sind.

Tatsächlich ist die Kritik an den israelischen Regierungen und der israelischen Politik in den wichtigsten israelischen Medien wesentlich schärfer als in den europäischen. Aber wie berechtigt auch immer die Israelkritik sein mag: Ist es nicht in jedem Fall angebracht, sich ihr zu stellen und mit Argumenten und Fakten aufzuwarten, um sie zu widerlegen? Stattdessen beeilt man sich vonseiten der Regierung wie der entsprechenden Medien, die Kritiker der Israelpolitik des Antisemitismus zu bezichtigen. Das ist nicht nur kontraproduktiv, weil es diese nicht überzeugt. Es ist auch schädlich, weil die Verweigerung der Diskussion in eine Sackgasse führt. Natürlich ist ein Großteil der jüdischen Verärgerung über die Kritik an der israelischen Regierung – und die Zurückweisung dieser Kritik als angeblicher Antisemitismus – auf die Überempfindlichkeit der Juden zurückzuführen. Eine Empfindlichkeit, die das Ergebnis von Tausenden Jahren Verfolgung ist, die im Holocaust gipfelten und ein wesentlicher Teil der Geschichte der Juden sind. Des Weiteren sind auch die Israelis, die sich seit der Staatsgründung 1948 fortwährend im Kriegszustand befinden und ständig unter der Geißel des Terrors zu leiden haben, überempfindlich. Aber das ist nicht alles. Ein Großteil der Verantwortung ist, wie schon erwähnt, auch bestimmten israelischen Politikern zuzuschreiben, die konsequent das Ressentiment bedienten, jede Israelkritik habe antisemitische Wurzeln.

Allerdings gab es weder in Israel noch unter den europäischen Juden den Vorwurf des Antisemitismus gegenüber den Vereinigten Staaten, obwohl auch dort in vielen, insbesondere intellektuellen Kreisen die gleiche Kritik an Israels Besatzungspolitik zu hören ist. Schließlich unterstützten die USA doch die Politik der israelischen Regierung ohne wirkliche Vorbehalte.

Die Wahrheit ist, dass sich die Haltung zum Staat Israel und zur israelischen Regierung im Lauf der Jahre je nach ihrer Politik extrem verändert hat. Ende des Jahres 1987 brach die erste Intifada, der erste palästinensische Aufstand gegen die israelische Besatzung, aus. Der Aufstand wie auch insbesondere die Niederschlagung desselben und die Methoden der Bekämpfung des palästinensischen Terrors wirkten sich weltweit auf das Ansehen Israels verheerend aus. In Europa kam es so weit, dass zum ersten Mal in der Geschichte Sanktionen gegen den Staat Israel verhängt wurden, nämlich von der *Europäischen Kommission*. In Israel entwickelte sich eine Belagerungsstimmung. Ein Großteil der Israelis stand unter dem Eindruck, die ganze Welt sei gegen Israel und schon wieder hebe der weltweite Antisemitismus sein Haupt gegen die wenigen Juden, die sich schließlich nur verteidigen. 1993 trafen sich Israelis und Vertreter der palästinensischen *PLO* zunächst im Geheimen in der norwegischen Hauptstadt Oslo. Das Ergebnis der Zusammenkünfte war die gegenseitige Anerkennung und die Unterzeichnung eines Vertrags, mit dem ein allmählicher Friedensprozess zwischen beiden Seiten ins Leben gerufen werden sollte. Wie von einem Zauberstab dirigiert, schlug die Stimmung ins Gegenteil um. Auf einmal war Israel zum Lieblingskind der Welt und vor allem Europas geworden. Die Sanktionen gerieten unmittelbar in Vergessenheit. Die Europäische Union unterbreitete alle möglichen Angebote, Assoziierungsverträge mit Israel zu entwerfen und zu entwickeln. Israels Spitzenpolitiker wurden über Nacht zu höchst erwünschten Ehrengästen in den Metropolen der Welt und besonders in Europa. Hätten der scharfen Kritik an der israelischen Politik zwischen 1987 und 1993 rassistische, also antisemitische Beweggründe zugrunde gelegen, so hätte der Oslo-Prozess nichts daran ändern können. Wenn man einen Menschen aus rassistischen Gründen hasst, dann hat das nichts mit dessen Verhalten, sondern ausschließlich mit der Herkunft der Person zu tun, ein Umstand, an dem nichts zu ändern ist. Ist aber eine bestimmte Politik die Zielscheibe der Kritik, so verflüchtigt sich diese, sobald die Politik sich ändert. In der Geschichte des Staates Israel ist genau dies immer wieder der Fall gewesen, ebenso wie bei vielen anderen Staaten auch. Halten wir fest: Kaum eine Regierung ist in Europa populärer gewesen als die israelische des Jahres 1993 nach Beginn der Osloer Friedensverhandlungen und dem historischen Handschlag zwischen Rabin und Arafat in Washington. Wir alle erinnern uns auch, wie erschüttert Europa und die ganze Welt auf die Ermordung Rabins reagierten. Nirgends zeigte sich damals irgendeine Freude angesichts der Ermordung einer jüdischen Führungspersönlichkeit.

Wie andere Staaten auch, erfreut sich Israel je nach der Politik, die es betreibt, unterschiedlicher Beliebtheit. Das soll nicht heißen, dass nur die Politik richtig ist, die in den Augen der Welt Gefallen findet. Es gibt Situationen, in denen das nationale Interesse zu Maßnahmen verpflichtet, die international nicht akzeptiert oder nicht verstanden werden. Aber dann muss man mit Kritik rechnen und bereit sein, sich sachlich mit ihr auseinanderzusetzen. Nicht nur Israel sah sich im Verlauf seiner kurzen Geschichte mit massiver Kritik konfrontiert. Von 1967 bis 1974 galt auch Griechenland als nicht mehr salonfähig, nachdem die Militärjunta dort die Macht ergriffen hatte. Ende der 1950er-, Anfang der 60er-Jahre stand Frankreich wegen des Algerienkriegs am Pranger und Ende der 1960er- bis in die Mitte der 1970er-Jahre war Amerika der Buhmann wegen Vietnam. In keinem dieser Beispiele war von Rassenhass die Rede, die Kritik der Weltöffentlichkeit galt ausschließlich der Politik der jeweiligen

Staaten. Das über Griechenland verhängte Beinahe-Embargo wurde von keinem Griechen als rassistisch motivierter, antigriechischer Akt interpretiert, die Isolierung Frankreichs während des Algerienkriegs wurde nicht als antifranzösischer Rassismus verstanden, und ganz gewiss unterstellte keiner den Kritikern der Amerikaner während des Vietnamkriegs rassistische Beweggründe.

Israel ist keine verschreckte und hilflose jüdische Gettogemeinde in der europäischen Diaspora, sondern kann sich erlauben, Kritikern mit größerer Selbstsicherheit zu begegnen – ohne sofort entsetzt aufzuschreien: »Zu Hilfe, Antisemitismus, Antisemitismus!«

Abgesehen von dem islamischen Antisemitismus, der in Europa neu ist, ist in den letzten Jahrzehnten der Antisemitismus zurückgegangen. Hat dazu auch die Aufarbeitung der Vergangenheit beigetragen?

Dadurch wurden sich die Europäer allgemein und insbesondere die Deutschen des verheerenden Potenzials des Antisemitismus, der schrecklichen Dimensionen, in die er ausgeartet ist, bewusst. Aber es gab noch weitere Entwicklungen, die ihn einschränken sollten. Unter dem Eindruck der in jeder Hinsicht bitteren Bilanz des Zweiten Weltkriegs wurden im juristischen wie auch im erzieherischen Bereich mit Nachdruck die Menschenrechte und die Gleichberechtigung der Menschen thematisiert. Es ging ja nicht nur um Juden. Es ging um die Entwicklung des Menschen überhaupt, der mit Schrecken festgestellt hatte, wozu er fähig war. Die Erziehung zur Achtung der Menschenrechte ist seither zum zentralen Bestandteil der demokratischen Erziehung in den westlichen Ländern geworden. Dadurch konnten sich die Juden besser in die Gesellschaft integrieren. Zwar waren sie vor Jahrzehnten bereits juristisch gleichberechtigt, aber sie standen immer noch vor gesellschaftlichen Schranken. Die sind nach dem Zweiten Weltkrieg in Europa noch schneller verschwunden als in Amerika, was auch zu einem besseren Verständnis zwischen Juden und Nichtjuden geführt hat.

Dank des gegenseitigen Kennenlernens wurden die Juden von ihren andersgläubigen Mitbürgern nicht mehr als so fremd, mysteriös und Angst einflößend wahrgenommen wie vorher. Das hat dazu beigetragen, das Misstrauen, wenn nicht gar den Hass abzubauen. Es gibt aber nicht nur weniger Antisemiten und weniger Vorurteile. Eine Entwicklung, die ich besonders hervorheben möchte, ist, dass es vor dem Zweiten Weltkrieg in der europäischen Bevölkerung Antisemiten und antisemitischen Vorurteilen gegenüber viel Gleichgültigkeit gab.

Haben die Deutschen aus der Vergangenheit gelernt?

In Sachen Gewissenserforschung sind die Deutschen für mich ein Vorbild, ihre Aufarbeitung der Vergangenheit ist beispiellos. Was mich beeindruckt, ist, dass es heute überall in Deutschland Holocaust-Mahnmale gibt. Alle Nationen haben Denkmäler zur Verewigung ihrer Helden. Aber nirgends gibt es Denkmäler, um die Erinnerung an das eigene Verbrechen zu verewigen. Zu keiner Zeit hat sich ein Volk auf diese Art und Weise mit den dunkelsten Kapiteln seiner Geschichte auseinandergesetzt. Einschränkend muss jedoch gesagt werden, dass die in der Nazizeit begangenen Verbrechen ebenfalls beispiellos waren. Das waren Gräuel, die die Welt noch nicht gekannt hatte. Damit verglichen könnte man natürlich sagen, dass diese Gewissenserforschung der Deutschen den Verbrechen angepasst und nicht übertrieben ist. Dennoch wissen wir, dass auch die Deutschen sich damit 20, 30 Jahre lang schwergetan und eher der Tendenz nachgegeben haben, all das Gewesene zu verdrängen, es vielleicht sogar zu leugnen.

Haben Sie persönlich Erfahrungen mit Deutschen gemacht, die die Vergangenheit geleugnet haben?

Nicht geleugnet, aber verdrängt. In den späten 1990er-Jahren hatte ich den ehemaligen Generalinspekteur der Bundeswehr Ulrich de Maizière und seine Gattin zu Gast. Das Ehepaar heiratete 1944, als der spätere Bundeswehr-General als Oberstleutnant im Hauptquartier der Wehrmacht diente. Im Laufe des Gesprächs kamen wir auch zu der Frage, was wohl die Deutschen während der Nazizeit von den Naziverbrechen wussten. Der General erwiderte ohne Umschweife, alle Deutschen hätten alles gewusst. Er fügte hinzu, dass es Leute gegeben habe, die nichts wissen wollten – solche, die wegschauen wollten. Aber jeder, behauptete er, konnte alles oder fast alles wissen. Während der General sprach, beobachtete ich seine Gattin, die unbequem auf ihrem Stuhl hin- und herrutschte. Plötzlich explodierte sie und sagte ganz empört zu ihrem Mann: »Ulrich, welchen Unsinn erzählst du hier! Du wusstest alles, aber wir in der Zivilbevölkerung wussten gar nichts. Von all den schrecklichen Dingen haben wir erst nach dem Krieg erfahren.« Der General erwiderte ungeduldig – als hätte seine Frau etwas Dummes gesagt –, und die beiden begannen eine hitzige Diskussion zum Thema, so als wäre ich gar nicht anwesend.

Der Antisemitismus der Europäer hat abgenommen; dennoch gibt es einen neuen, islamistischen Antisemitismus in Europa. Inwiefern entfaltet sich derzeit tatsächlich ein neuartiger Typ?

Wenn ich von einem neuen Antisemitismus in Europa spreche, meine ich zunächst einmal den Antisemitismus der Zuwanderer aus den arabischen und islamischen Staaten. Das sind nicht alle Antisemiten, und sie sind nicht alle gewalttätig. Ich glaube, die Mehrheit dieser Zuwanderer hat damit überhaupt nichts zu tun. Dennoch besteht heute eine Situation, in der Juden zum ersten Mal seit der Nazizeit in manchen europäischen Städten wieder Angst haben. Sie werden nicht nur beleidigt und verspottet, sondern auch physisch angegriffen. Die Täter sind Menschen, die aus der islamischen Welt mit einer antijüdischen Einstellung nach Europa kommen.

Liegt diese antijüdische Haltung im Hass auf Israel begründet?

Nicht allein. In manchen arabischen Ländern gibt es eine rassistische und eine religiöse antijüdische Tradition, die allerdings nie so gewalttätig wurde wie beispielsweise in Nazideutschland. Dieser traditionell verwurzelte Judenhass der Zuwanderer wurde in den letzten Jahren auch durch den Nahostkonflikt geschürt. Es vermengen sich also der Hass gegen die Juden und eine brodelnde Wut wegen des Nahost-konflikts. Da sie aber der geografischen Distanz zufolge die Israelis nicht direkt angreifen können, feinden sie die Juden an, die in ihrer Nachbarschaft leben. Das ist nicht die Einstellung der Mehrheit der Muslime in Europa. Aber es gibt eine gewalttätige Minderheit und eine bestimmte Stimmung, die diese beflügelt. Deshalb sagen sehr oft Juden wie auch Nichtjuden, dass für Juden in Europa heute eine Gefahr lauert, die es seit der Nazizeit nicht mehr gegeben hat.

Islamische Zuwanderer greifen Juden in aller Welt an, meinen aber eigentlich Israel. Sehen Sie darin eine große Gefahr?

Nein, weil sich die meisten Europäer diesem antisemitischen Verhalten widersetzen. Sie sind solchen Haltungen gegenüber sensibel und werden Übergriffe nicht zulassen. Vor allem bemühen sich die Behörden überall – und sehr oft auch in einer sehr wirksamen Art und Weise –, diese Gefahr einzudämmen. Deshalb bleibt dieser Antisemitismus die Geisteshaltung einer Minderheit.

Es heißt – auch von israelischen Politikern –, dass der moderne Antizionismus den Antisemitismus abgelöst habe. Unter dem Deckmantel des Antizionismus verberge sich der moderne Antisemit.

Zunächst einmal muss man klären: Was ist Antizionismus? Antizionismus ist ja nicht neu. Es gab den kommunistischen Antizionismus, der sich grundsätzlich gegen Nationalismus und somit auch gegen einen jüdischen Staat wandte, da nach kommunistischer Ideologie alle Bürger und somit auch Juden gleichberechtigt sind. Die Sowjetrepubliken hatten ganz offiziell eine antizionistische, aber nicht immer eine antisemitische Haltung. Und dann gibt es den arabischen Antizionismus, der behauptet, dass der Zionismus eine kolonialistische Bewegung sei. Europäische Juden seien in den Nahen Osten eingewandert, um das Land der

Araber zu erobern, so wie Kolonialisten es überall getan haben. Das sind verschiedene Formen von Antizionismus, die nicht unbedingt antisemitisch sind.

Wie kommt es, dass es selbst unter den Juden zahlreiche Antizionisten gab – und heute noch gibt?

Ende des 19. Jahrhunderts gab es viele Juden, die trotz aller Schwierigkeiten die Lösung in der Integration oder im Kommunismus sahen. Heute sind es hauptsächlich Ultraorthodoxe, die militante Antizionisten sind, da für sie die Gründung eines jüdischen Staates Blasphemie bedeutet. Nicht mithilfe des Menschen, sondern nur mit Gottes Hilfe dürfe ein Judenstaat entstehen.

Dies führte unter anderem dazu, dass sich sogar orthodoxe Rabbiner händeschüttelnd mit Ahmadinedschad zeigten – auf einer Konferenz, die der iranische Präsident abhielt, um die »Judenvernichtung im Zweiten Weltkrieg« zu klären. Natürlich hatte Ahmadinedschad, der den Holocaust als »Mythos« bezeichnete, vornehmlich Revisionisten eingeladen. Außerdem hatte er mehrfach gefordert, man müsse »Israel von der Landkarte tilgen«. Wie hat man das Verhalten dieser orthodoxen Rabbiner zu verstehen: Haben sie aus religiösen Gründen ihre Sympathie für dieses Vorhaben bekundet?

Diese ultraorthodoxen Rabbiner sind eine kleine, extremistische Minderheit innerhalb einer ultraorthodoxen Tradition, die die Idee verfolgt, die Strukturen des Staates Israels abzubauen oder zumindest einen jüdischen Gottesstaat in Erwartung des Messias zu errichten. Die Ultraorthodoxen haben zunächst sogar die hebräische Sprache abgelehnt, da sie die biblische Sprache, also eine heilige Sprache ist, die man nicht für Alltagszwecke benutzen soll. Ebenso haben sie anfangs die israelische Währung abgelehnt. Inzwischen haben sie sich aus Pragmatismus mit dem Staat Israel arrangiert. Ein Großteil der Ultraorthodoxen hat sogar begriffen, dass es zum Vorteil für sie sein kann, an der israelischen Politik teilzunehmen. Anfänglich wollten sie sich nicht an den Parlamentswahlen beteiligen. Später bekundeten sie ihre Bereitschaft, sogar an der Regierung teilzunehmen. Allerdings sind die ultraorthodoxen Führungspersonen aus diesem Lager nicht bereit, Minister zu werden. Sie wollen zwar ein Ressort, ein Ministerium zur Verfügung haben, aber lediglich als Vizeminister. Der Vizeminister, der ein Ministerium zur Verfügung hat, hat genau so viel Verantwortung und so viele Vorteile wie ein normaler Minister. Er grenzt sich aber von der zionistischen Regierung ab und übernimmt auch keine Verantwortung für die Entschlüsse der Regierung, denn er sitzt nicht in den Kabinettssitzungen. Die ultraorthodoxen Gruppierungen, die keineswegs mit dem Staat kooperieren wollen und immer wieder gewalttätig in Jerusalem demonstrieren, wie die chassidische *Satmar-Bewegung* und die ebenfalls chassidische *Toldot Aharon-Bewegung*, beschimpfen Polizisten, die sich um Ordnung bemühen, als Zionisten und Nazis. Die Rabbiner, die sich mit Ahmadinedschad im Iran zeigten, sind die Spitze dieses Eisbergs. Sie vertreten auf sehr extremistische Weise eine Strömung des Judaismus.

Aber wie kommt es, dass sie mit einem Holocaust-Leugner auftreten und mit ihm gemeinsame Sache machen? Gehen sie so weit, Ahmadinedschad zu unterstützen in seiner Absicht, Israel zu vernichten?

Sie handeln nach dem Motto: Mein Hauptfeind ist der zionistische Staat und die zionistische Idee. Und der Feind meines Feindes ist mein Freund.

EPILOG

»Herr Primor, wie kann Israel endlich Frieden finden?«

Roger Cohen, Spitzenkommentator der New York Times *und ehemaliger amerikanischer Korrespondent in Berlin, behauptet, die ständige Angst Israels sei ein Ergebnis der Shoah. Er konstatiert, dass Angst die »schlimmste Grundlage« für politisches Handeln sei; sie institutionalisiere letztendlich die Okkupation.*[183] *Rechtfertigt die Shoah die heutige aggressive israelische Besatzungspolitik?*

Keinesfalls. Ich stimme Roger Cohen nur insofern zu, dass die Angst eine Sache der Psychologie, der Mentalität der Juden, der Israelis insbesondere ist. Der Schriftsteller Amos Oz hat dies einmal sehr treffend erklärt. Anfang der 1970er-Jahre, nach dem Sechstagekrieg, den wir gegen die arabischen Nachbarstaaten gewonnen haben, hat sich mit der spürbaren Siegesstimmung Hochmut breitgemacht. Oz empfing mich mit einer Gruppe ausländischer Gäste, die ich in Israel begleitete. »Wir sind«, sagte Oz, »alle wie Samson aus der Bibel. Nur, wenn Sie es genau betrachten, werden Sie entdecken, dass wir Samsons sind, die in der Nacht Angst haben und vor der Finsternis zittern. Der Hochmut, der Stolz, den Sie heute an den Israelis beobachten und der Ihnen unangenehm vorkommen muss – er ist rein oberflächlich, eine künstliche Übertreibung. Angst ist die große

Motivation unseres Volkes; eine stärkere als jede andere.«
Und dann gab er einen Abriss der jüdischen Geschichte, die
geprägt ist von jahrtausendelanger Verfolgung.

Unser Sicherheitsbedürfnis, würde ich sagen, ist jedoch
nicht nur gefühlsmäßig bedingt. Letzten Endes leben wir
seit der Entstehung unseres Staates im Jahr 1948 im Krieg
oder im Kriegszustand. Wir sind der einzige Staat auf Erden,
der noch nie Frieden erlebt hat und für den Vernichtungs-
drohungen zum Alltag gehören. Selbst ein Land, mit dem
wir nie die geringste Fehde hatten und das von unseren
Grenzen weit entfernt liegt, der Iran, verspricht uns regelmäßig die Vernichtung, vielleicht sogar anhand von Atom-
waffen. Die Sorgen der Israelis deswegen – diesen unsicheren
Gemütszustand – muss man in Betracht ziehen, wenn man
sie verstehen und mit ihnen verhandeln will. Der Gedanke,
in der Welt isoliert zu sein, ist eine uralte Angst der Juden
und hat gewisse Verhärtungen und Verkrampfungen zur
Folge. »Die Welt ist gegen uns«, heißt die Parole der Ver-
krampften.

*Angst als Leitmotiv der Politik Israels? Das ist ja kaum zu
glauben vor dem Hintergrund, dass Israel Kriege gewonnen und
die Entwicklung seiner Hochtechnologie und Wirtschaft erfolgreich vorangetrieben hat.*

Unsere arabischen Nachbarn können das auch nur sehr
schwer nachvollziehen. Dass das Sicherheitsbedürfnis jedoch
vorhanden und absolut authentisch ist, diese Erfahrung
machen Araber, die Israel persönlich kennen. Selbst Mar-
wan al-Muasher, der 1995 als erster Botschafter von Jordanien nach Israel entsandt wurde und stets eine sehr israel-
kritische Position bezogen hat, schreibt in seinem 2008
erschienenen Buch *The Arab Center: The Promise of Mode-
ration*, dass er zwar während seiner Amtszeit in Israel seinem
Gastland gegenüber nicht weniger kritisch geworden sei.

Eines aber habe er begriffen, das für ihn bis dahin unverständlich gewesen sei und das er sogar für Heuchelei gehalten habe: Sein enger Kontakt mit Israelis habe ihn ohne jeden Zweifel davon überzeugt, dass die Beklommenheit der Israelis, wenn auch für ihn nicht gerechtfertigt, so doch vollkommen ehrlich sei. Das bedeutet, dass das Sicherheitsbedürfnis der Israelis vielleicht nicht immer objektiv gerechtfertigt ist. Tatsache ist aber, dass die Israelis es so spüren. Infolgedessen ist es ein unausweichliches politisches Faktum. Sobald das nicht nur ein jordanischer Botschafter in Israel, sondern auch alle Nachbarn Israels und die internationale Gemeinde wahrnehmen werden, wird der Weg zum Frieden geebnet werden können.

Liegt es an Israel, dass die Palästinenser bis heute keinen eigenen Staat haben?

Der arabische Teil der Bevölkerung Palästinas erhielt 1947 von der UN das gleiche Angebot wie die Juden: einen eigenen Staat zu gründen, der jeweils die Hälfte Palästinas bedeutete. Die Palästinenser beanspruchten das gesamte Territorium Palästinas und haben verschiedene Angebote, die ihnen im Laufe der Geschichte unterbreitet wurden, abgelehnt. Den ersten bedeutsamen Vorschlag machte die Peel-Kommission, welche die Briten während ihrer Mandatsherrschaft in Palästina eingesetzt hatten. Sie offerierte am 7. Juli 1937 erstmals die Teilung Palästinas: Die Araber Palästinas sollten drei Viertel, die Juden nur ein Viertel des Landes bekommen. Die Juden akzeptierten dies, die Araber verweigerten ihre Zustimmung. Ebenso lehnten Letztere am 29. November 1947 die Entscheidung der UN-Vollversammlung ab, das Land in zwei gleiche Teile zu teilen. Einen Tag danach, am 30. November 1947, griffen uns die Palästinenser an. Nachdem sie ihr erklärtes Ziel, den entstehenden jüdischen Staat »im Keim zu ersticken«, nicht erreichen konnten, baten sie die arabischen Nachbarn um Hilfe. Nach dem Abzug der Briten marschierten am 15. Mai 1948 Truppen aus Ägypten, Jordanien, Syrien, Irak und dem Libanon ein; Saudi-Arabien und Sudan schickten ein Kontingent. Der Krieg dauerte länger als ein Jahr, konnte jedoch von den Arabern nicht gewonnen werden. Die Waffenstillstandsverträge im Frühjahr 1949 ermöglichten es Jordanien, das von ihm eroberte Westjordanland zu annektieren, sowie Ägypten, den eroberten Gazastreifen als Besatzungsgebiet zu behalten.

Die Palästinenser verloren letztlich ihren eigenen Staat, weil sie Israel angegriffen hatten?

Genau. Drei Nationen – Jordanien, Israel und Ägypten – haben jeweils einen Teil des Landes, das den Palästinensern von der UNO zugesprochen wurde, erobert und behalten. Später, im Sechstagekrieg eroberten wir das Westjordanland und den Gazastreifen wie auch die syrischen Golanhöhen und die ägyptische Sinai-Halbinsel. Im Laufe unserer fast zwei Jahre andauernden Friedensverhandlungen mit Ägypten von 1977 bis 1979 forderte und erzielte der ägyptische Präsident Anwar as-Sadat das Ende der israelischen Besatzung und die Räumung aller israelischen Siedlungen auf ägyptischem Boden. Für die Palästinenser hat er einen Kompromiss ausgehandelt – Autonomie in den besetzten Gebieten –, nicht als permanente Lösung, sondern als ersten Schritt in Richtung einer zufriedenstellenden Regelung für die Palästinenser. Aber auch diese Bemühungen lehnten die Palästinenser ab.

Abba Eban, der ehemalige israelische Außenminister, kommentierte die palästinensische Haltung mit dem legendären Satz: »They never miss a chance to miss a chance« – sie verpassen keine Gelegenheit, eine Gelegenheit zu verpassen. In Israel leben heute 1,2 Millionen Araber, überwiegend Muslime, die sich selbst als Palästinenser definieren und die israelische Staats-

bürger sind. Dieser Teil der israelischen Bevölkerung, der immerhin zwanzig Prozent ausmacht, wird von vielen ihrer Landsleute in den besetzten Gebieten als »Kollaborateure« betrachtet. In die israelische Gesellschaft hingegen sind sie auch noch nicht vollkommen integriert.

Vor dem Gesetz sind die israelischen Araber gleichberechtigt. Sie haben das Wahlrecht, eigene Abgeordnete im Parlament. Ihre Sprache, Arabisch, wird als offizielle Sprache des Staates anerkannt.

Lernen arabischstämmige Schüler Hebräisch im Unterricht – und israelische Schüler Arabisch?

Die israelischen Araber lernen Hebräisch als Fremdsprache von der Grundschule an sehr intensiv, die Israelis Arabisch erst auf dem Gymnasium, aber nur sehr oberflächlich. So wird diese Bevölkerungsgruppe von Anfang an benachteiligt. Sie wird, was beispielsweise die Vergabe von Jobs betrifft, nicht gleichberechtigt behandelt. Ich würde von einer gesellschaftlichen Diskriminierung sprechen. Israel lebt ja im Kriegszustand mit den Palästinensern. Und den Palästinensern gegenüber, die in Israel leben, fühlt man sich gelegentlich befangen und beklommen, da sie Familienverbindungen zu ihren Brüdern und Schwestern im Westjordanland oder im Gazastreifen haben und mit ihnen solidarisch sind.

Wie unangenehm muss es für israelische Araber sein, unter einem Generalverdacht zu stehen. Schwierig, diesen Alltag zu leben und zwischen dem eigenen Staat, Israel, und ihrer arabischen Herkunft, manifestiert in der Nation Palästina, zu stehen. Ein stetiges Sitzen zwischen zwei Stühlen, was beispielsweise der israelische Araber und Schriftsteller Sayed Kashua in seinen Büchern und in seiner wöchentlichen Kolumne in der israelischen Tageszeitung Ha'aretz *thematisiert. In einem seiner Kommentare bezeichnete er den Gazakrieg als Unrecht, ohne dabei die Hamas und ihren täglichen Terror gegen Israel zu rechtfertigen.*

Dennoch gab es aufgrund seiner Kritik zahlreiche empörte Briefe an die Redaktion, in denen Leser dagegen protestierten, dass ein israelischer Araber diese unpatriotische, antiisraelische Meinung äußern dürfe. Amos Schocken, der Herausgeber der Ha'aretz, *stellte klar, dass »es unsere Pflicht ist, die Meinung des arabischen Teils der israelischen Bevölkerung zu veröffentlichen«. Schocken ist übrigens deutscher Herkunft. Sein Großvater war Kaufhausbesitzer und Verleger in Deutschland. Ihm gelang es, in der Nazizeit nach Palästina zu emigrieren.*

Ich stimme Schocken vollkommen zu. Doch im Gegensatz zu Sayed Kashua, der in seinen Kommentaren deutlich die Hamas, ihre Angriffe auf Israel und jeglichen Terror verurteilte, demonstrierten manche israelischen Araber, die sich als Palästinenser mit israelischem Pass bezeichnen, in Israel für die Hamas. Damit schossen sie ein Eigentor. Denn so waren sie dem Populismus des Ultranationalisten und heutigen Außenministers Israels, Avigdor Lieberman, nützlich: Er bezeichnete die israelischen Araber als Verräter.

Der ehemalige russische Türsteher Lieberman, der vor dreißig Jahren nach Israel emigrierte, ist, wie schon erwähnt, selbst Bewohner einer Siedlung und Abgeordneter der extremistisch-nationalistischen Partei Israel Beitenu *(Unser Haus Israel). Er droht, man müsse diesen arabischen »Verrätern« die Staatsbürgerschaft entziehen. Lieberman hat mit seiner aggressiven Antrittsrede als Außenminister Anfang April 2009 in Europa und den USA Besorgnis ausgelöst. Jeglichem Friedensplan mit den Palästinensern hat er eine Absage erteilt. Er will Politik mit dem Brecheisen machen. Könnte sein Verhalten Antisemiten erneuten Stoff geben?*

Lieberman löst Empörung und Kritik aus. Antisemitismus sollte er jedoch nicht verursachen, weil nicht alle Juden Liebermänner sind. Aber Menschen, die Lieberman als Vorwand für Antisemitismus nehmen, sind ohnehin Antisemiten.

Aber unterstützt werden diese Siedler – wie der extreme Lie-
berman –, die es für ihr angestammtes, biblisch-historisches
Recht halten, in Palästina ansässig zu werden, von der jeweili-
gen israelischen Regierung. Das Militär schützt selbst illegale
Siedlungen.

Solange es keine politische Lösung gibt, die natürlich
auch den Abzug aus dem Westjordanland und die Räumung
von Siedlungen bedeuten muss, kann die Armee es sich
nicht leisten abzuziehen, denn dann wären die Siedler für
Terroristen vogelfrei.

Aus Sicht vieler Palästinenser ist die Hamas keine terroristi-
sche Organisation, sondern ihre Mitglieder Widerstandskämp-
fer. Menschen, die so denken, haben aufgrund der Besatzung
keine Zukunftsperspektive, fühlen sich gedemütigt, weil sie ohn-
mächtig zusehen müssen, wie immer mehr palästinensisches
Territorium im Westjordanland massiv besiedelt wird – mit-
hilfe von israelischen Regierungsgeldern.

Ich kann Leute, die beliebig Zivilisten ermorden, nicht als
Widerstandskämpfer bezeichnen.

Ich auch nicht. Sicherlich spielt aber die Perspektivlosigkeit
in der »Besatzungszone«, dem Westjordanland, eine Rolle,
wenn sich junge Selbstmordattentäter von der Hamas rekrutie-
ren lassen und im Kernland Israel Zivilisten ermorden. Dies
bezeichnete der israelische Politologe Zeev Sternhell als Verbre-
chen, fügte aber hinzu, dass die Palästinenser sicherlich einen
Großteil der israelischen Bevölkerung für sich gewonnen hätten,
wenn sie ihre Angriffe nicht gegen unschuldige Zivilisten im
Kernland gerichtet, sondern auf die Siedlungen beschränkt hät-
ten. Von der Mehrheit des israelischen Volkes sind die Siedler
nicht erwünscht. Warum wurden sie von jeder Regierung, selbst
von den Linken, unterstützt?

Die Siedler haben eine einflussreiche, wenn auch kleine
Lobby. Sie sind eine Minderheit, die aber das Zünglein an

der Waage ist, da sie entscheidend für Koalitionsbildungen ist. Deshalb können sie ihre Forderungen stellen und auch durchsetzen. Ich halte, das habe ich schon mehrfach gesagt, die Besatzung für verhängnisvoll. Aber es gibt ja auch die Möglichkeit des gewaltlosen Widerstands gegen die Besatzung.

Wie soll das aussehen?

Man kann zu Demonstrationen und Streiks aufrufen. Man könnte die Arbeit der Besatzungsbehörden durch Boykott behindern und aufreiben. Es gibt Methoden des effizienten Widerstands, denken Sie an Gandhi. Ein winziger Bruchteil der Weltbevölkerung, die Engländer, haben Hunderte Millionen Inder regiert. Bis diese gesagt haben: Da machen wir nicht mehr mit. Der Widerstand Gandhis war so erfolgreich, weil er gewaltlos der britischen Militärmacht gegenübergetreten ist. Letztendlich hat seine Strategie den Rückzug der Besatzungsmacht erzwungen. Allerdings war es natürlich entscheidend, dass die Inder England oder die Engländer nie gefährdet haben.

Ein palästinensischer Gandhi ist nicht in Sicht. Allerdings fällt mir im Zusammenhang mit einem möglichen gewaltlosen Widerstands ein Palästinenser ein: Sari Nusseibeh, Philosoph und Präsident der arabischen Universität Al-Quds *in Ostjerusalem, der selbst in Zeiten des Krieges stets davon überzeugt war, dass man nicht mit Waffen, sondern nur im Dialog politische Ziele erreichen kann. In seiner Autobiografie* Es war einmal ein Land *schildert er, wie er – gemeinsam mit seinen Studenten – verhinderte, dass die Mauer mitten durch das Gelände der arabischen* Al-Quds-Universität *gebaut wurde. Hätten Scharons Bulldozer das Gelände plattgemacht, wäre das Ergebnis gewesen, dass ein Drittel des Campus der israelischen Seite zugefallen und alle Gebäude dort von Jerusalem abgetrennt worden wären. Gemeinsam mit seinen Studenten verwandelte Nussei-*

beh das Universitätsgelände in ein »Laboratorium des gewalt-
losen Protests«, in dem Studenten lernten, wie man die Israelis
mit Ideen und Überzeugungen statt mit Steinen und Molotow-
cocktails besiegen konnte. Die Proteste dauerten 34 Tage, und
am Ende konnte der Campus vor den Bulldozern bewahrt wer-
den – die Mauer wurde am Rand des Campus errichtet.

Nusseibeh ist ein gutes Beispiel dafür, dass Gewaltlosig-
keit und ziviler Widerstand letztlich die einzig erfolgreichen
Strategien sind, dies aber, weil er gleichzeitig den Israelis
Anerkennung, Frieden und Zusammenarbeit anbot. Nusseibeh entstammt übrigens einem aristokratischen arabischen Geschlecht, dessen Wurzeln bis in die Zeit Moham-
meds zurückgehen. Sein Großvater und Vater dienten als
Minister in verschiedenen jordanischen Regierungen. Nach
seiner Dissertation in Harvard kehrte er mit seiner Frau,
einer Engländerin, nach Jerusalem zurück. Er lehrte als Professor der Philosophie und war zugleich Unterhändler der
PLO. Gemeinsam mit Ami Ayalon, ehemals Befehlshaber
der israelischen Marine und danach Chef des bei den Palä-
tinensern berüchtigten Geheimdienstes Schabak, trat er
auf dem Höhepunkt der zweiten Intifada 2003 mit einem
kühnen Friedensplan an die Öffentlichkeit. Beide hatten
zusammen wochenlang Unterschriften auf beiden Seiten
gesammelt; mehrere Hunderttausend Israelis und Palästinenser unterzeichneten den Entwurf für eine friedliche
Lösung des Konflikts. Die wichtigsten Punkte: zwei Staaten für zwei Nationen in den Grenzen von 1967, die Palästinenser verzichten auf ihr Rückkehrrecht, ein entmilitari-
sierter palästinensischer Staat und Jerusalem als Hauptstadt
beider Nationen – Palästina wird zum Hüter des Tempel-
bergs, Israel zum Wächter der Klagemauer.

Die Zusammenarbeit mit dem – aus palästinensischer Sicht –
israelischen »Feind« brachte Nusseibeh oft Morddrohungen aus

dem eigenen Lager ein, da er bei vielen seiner Landsleute als Kollaborateur galt. Beeindruckt hat mich, dass er ausgerechnet nach dem Sechstagekrieg, der ja die Besatzung im Westjordanland zur Folge hatte, anfing, Hebräisch zu lernen. Er wollte herausfinden, was die Israelis antrieb. Deshalb lebte er – dank der diplomatischen Verbindungen seines Vaters – für einen Monat im israelischen Kibbuz Hazorea. Dort machte er prägende Erfahrungen: »Die meisten Kibbuzniks«, so schreibt er in seiner Autobiografie, »waren vorbildliche Humanisten und Sozialisten, und als solche musste ich sie einfach bewundern. Gleichzeitig waren sie Elitesoldaten, dazu ausgebildet, gegen mein Volk zu kämpfen.«

Herr Primor, Sie haben in Nusseibeh einen Partner gefunden und eine Kooperation initiiert: einen Studiengang, in dessen Rahmen das Zentrum für Europäische Studien an der israelischen Privatuniversität Interdisciplinary Center (IDC) in Herzliya, die palästinensische Al-Quds-Universität in Ostjerusalem, und die Royal Scientific Society (RSS) in Amman kooperieren. Wie haben Sie Nusseibeh in Zeiten des Krieges für ein gemeinsames Projekt gewinnen können?

Zwischen den unmittelbaren Nachbarn Israel und Palästina ist man von einer wissenschaftlichen Zusammenarbeit noch weit entfernt. Ich hatte immer wieder darüber nachgedacht, wie man eine Brücke schlagen könnte zwischen dem Nahen Osten und der Europäischen Union. Insbesondere aber auch zwischen uns, Israelis und Palästinensern – das erschien mir sogar am dringendsten. Unsere junge Generation, das war mir klar, muss sich kennenlernen und miteinander arbeiten, um das Ruder im Nahen Osten herumzureißen. Als ich Sari Nusseibeh 2005 auf einer Konferenz in Brüssel traf, hat sich herausgestellt, dass wir ähnlich dachten. Er fand meine Idee interessant, auch wenn sie ihm nicht sehr realistisch erschien: »Dass palästinensische und israelische

Studenten gemeinsam studieren können, das werden Sie an ihrer Universität nicht durchsetzen!« Nun, das Projekt zu realisieren hat einige Mühe und zwei Jahre Arbeit gekostet – zumal wir Sponsoren finden mussten, um es zu finanzieren.

Das Projekt hat inzwischen prominente Unterstützung, auch in Deutschland – mit dem Auswärtigen Amt, mit Sponsoren aus der Wirtschaft. Wie sieht denn die Zusammenarbeit, das gemeinsame Studieren der Studenten in der Praxis aus. Können Palästinenser oder Jordanier in Zeiten des Krieges nach Israel reisen oder Israelis umgekehrt in Palästina oder Jordanien studieren?

Die Dozenten pendeln zwischen den drei Institutionen, an denen sie im Rotationsverfahren ihre Vorlesungen halten. Alle Studenten verfolgen die Vorlesungen mittels Videokonferenztechnik und können sich interaktiv zu Wort melden. Alle Studenten absolvieren das gleiche Studium, alle haben das gleiche Curriculum.

Die Zusammenarbeit der drei Institutionen im Rahmen des Master-Programms in Europäischen Studien gestaltet sich augenscheinlich so kompliziert wie die Lage im Nahen Osten. Das heißt: Die Studenten pendeln nicht mit, sondern verständigen sich nur per Videoschaltung. Wie sollen sie sich dann kennenlernen?

Wir leben ja im Nahen Osten im Kriegszustand, deshalb ist es zurzeit nicht zu verwirklichen, dass palästinensische Studenten in Israel studieren und umgekehrt. Aber wir haben eine andere Lösung gefunden, die es den Studenten ermöglicht, sich kennenzulernen: auf neutralem Boden, in Deutschland. Sie begegnen sich an der *Heinrich-Heine-Universität* Düsseldorf, die sich in diesem Projekt engagiert. Diese lädt die Studenten der drei Partnerinstitutionen ein, das zweite und letzte Jahr des Studienprogramms gemeinsam in Düsseldorf zu absolvieren. Da die deutsche Universität als Gastgeber fungiert, können die Studenten ihre Studien gemeinsam betreiben und sich dabei ganz zwanglos kennenlernen. Die Studenten schließen mit einem Master in Europäischen Studien ab.

Hatte der Gazakrieg negative Auswirkungen auf das gemeinsame Studienprojekt?

Während der drei Wochen, die der Krieg gedauert hat, haben die israelischen Dozenten ihre Vorlesungen an der *Al-Quds-Universität* in Ostjerusalem unterbrochen, da sie kein Risiko eingehen wollten, von potenziellen Extremisten angegriffen zu werden. Danach haben sie den Unterricht jedoch wieder aufgenommen. Seit Anfang Oktober 2009 studiert die erste Gruppe gemeinsam an der *Heinrich-Heine-Universität* in Düsseldorf.

Haben palästinensische Studenten die gemeinsamen Studien aufgrund des Krieges aufgegeben?

Zwei junge Palästinenserinnen sprachen sich gegen ihre weitere Beteiligung an dem Projekt aus und setzen das gemeinsame Studium mit Israelis nicht mehr fort. Doch alle anderen studieren weiter, da sie sich ja von vornherein trotz des Kriegszustands für den gemeinsamen Studiengang entschieden und damit dem Prinzip der Zusammenarbeit zugestimmt haben. Sicherlich hatte es auch eine positive Auswirkung, dass sich die israelischen und arabischen Studenten schon im Rahmen der gemeinsamen Vorlesungen per Videoschaltung kennengelernt hatten. Darüber hinaus haben die arabischen Studenten persönlichen Kontakt zu den israelischen Dozenten, da diese ihre Vorlesungen auch an der *Al-Quds-Universität* in Ostjerusalem und bei der *Royal Scientific Society* in Amman halten.

Mao sagte, dass ein Tausend-Kilometer-Marsch mit einem Schritt beginnt. Ist das trilaterale Projekt ein Schritt in Richtung Frieden im Nahen Osten?

Frieden können nur die Regierungen beider Seiten herstellen. Wir versuchen mit unserem Projekt zur Verständigung zwischen zwei Völkern beizutragen, die Rücken an Rücken leben. Nur durch persönliche Verbindungen, durch das Kennenlernen kann man Angst und Hass abbauen. Ohne das Beseitigen von Misstrauen wird jeder politische Frieden nur vorübergehend sein.

ANMERKUNGEN

VORWORT
1 Johannes Thiele (Hrsg.): Tränen, die zu Lachen werden. Das Buch vom jüdischen Humor. Wiesbaden 2005.

VORURTEIL 1
2 Waibl-Stockner, Jasmin: »Die Juden sind unser Unglück«. Antisemitische Verschwörungstheorien und ihre Verankerung in Politik und Gesellschaft, Berlin u.a. 2009, S. 79f.

3 Eine detailliertere Darstellung findet sich beim Arbeitskreis Shoah. de e.V., online: http://zukunft-braucht-erinnerung.de/holocaust/antisemitismus/50.html.

4 Cohn, Norman: Die Protokolle der Weisen von Zion. Der Mythos von der jüdischen Weltverschwörung, Köln 1969, S. 147.

5 Graves, Philip: The Protocols of Zion – An exposure, in: *London Times*, 16.8.1921.

6 Benz, Wolfgang: Die Protokolle der Weisen von Zion. Die Legende von der jüdischen Weltverschwörung, München 2007, S. 70.

7 Shillony, Ben-Ami: The Jews and the Japanese: The Successful Outsiders. Tokyo 1992, S. 122.

8 Hinweis von Boaz Ganor in einem Interview mit Avi Primor.

9 Zitiert bei: Benz, Wolfgang: Die Protokolle der Weisen von Zion. Die Legende von der jüdischen Weltverschwörung, München 2007, S. 99.

10 Zitiert bei: Driesch, Wolfgang: Islam, Judentum und Israel (Bd. 66 der Mitteilungen des Orientinstituts Hamburg), Hamburg 2003, S. 78 f.

11 Mahathir bin Mohamad: At the opening of the tenth session of the Islamic Summit conference at Putrajaya Convention Centre on

October 16. 2003. Punkt 39, online in Auszügen: http://jer-zentrum.org/ViewArticle.aspx?ArticleId=127, englischsprachige Vollversion online: http://www.smh.com.au/articles/2003/10/20/1066502121884.html.

12 Ebd.

13 Empörung über Mahathir-Rede, in: FAZ, 18.10.2003.

14 Selbst in westlichen Medien kursierten schon kurz nach dem Terroranschlag derartige Verschwörungstheorien.

15 Pietri, François: Napoleon et les Israélites, Paris 1965, S. 35.

VORURTEIL 2

16 Leff, Laura: Buried by The Times. The Holocaust and America's most important Newspaper, Cambridge 2005, S. 49ff.

17 Zitiert bei: Brouin, Jérôme: Chambres à gaz, Le Pen persiste, in: *Le Figaro*, 25.4.2008, online: http://www.lefigaro.fr/politique/2008/04/25/01002-20080425ARTFIG00355-les-chambres-a-gaz-detail-de-la-guerre-le-pen-persiste.php.

18 Umrechnung auf Basis des Goldpreises.

19 Interview in der rechtsextremen Wochenzeitung *Junge Freiheit*, zitiert bei: Jäger, Lorenz: Kampf der Riesen, in: FAZ, 23.5.2002.

20 Zitiert und kommentiert bei: »Antisemitische Diskurselemente« in deutschen Printmedien?, in: *Spiegel Online*, 30.5.2002, online: http://www.spiegel.de/kultur/gesellschaft/0,1518,druck-198346,00.html.

21 Jäger, Lorenz: Kampf der Riesen, in: FAZ, 23.5.2002.

VORURTEIL 3

22 Pew Poll, How the Faithful Voted, 10.11.2008, online: http://pewforum.org/docs/?DocID=367.

23 Gallup Poll, Americans' Most and Least Favored Nations, 3.3.2008, online: http://www.gallup.com/poll/104734/Americans-Most-Least-Favored-Nations.aspx.

24 Harris Poll, Attitudes of U.S. Adults toward Thirteen Countries and Eight Leaders and Organizations in the Middle East, 30.8.2006, online: http://www.harrisinteractive.com/harris_poll/index.asp?PID=694.

25 AJC Survey, 2004 Annual Survey of American Jewish Opinion, online: http://www.ajc.org/site/apps/nlnet/content3.aspx?c=ijITI2PH KoG&b=846741&ct=1051473. / Pew Poll, Public Support for War is

Steady, 5.4.2004, online: http://people-press.org/report/210/public-support-for-war-is-steady-but-bush-job-ratings-slip.

26 Walt, Stephen M./Mearsheimer, John J.: Israel's lobby as scapegoat. The Israel Lobby and U.S. Foreign Policy, New York 2007.

27 Dershowitz, Alan: Debunking the Newest – and Oldest – Jewish Conspiracy. A Reply to the Mearsheimer-Walt »Working Paper«, 04/2006, online: http://www.comw.org/warreport/fulltext/0604dersho witz.pdf.

28 Walt, Stephen M./Mearsheimer, John J.: Israel's lobby as scapegoat. The Israel Lobby and U.S. Foreign Policy, New York 2007, S. 212.

29 Ebd., S. 30.

30 Ebd.

31 Ebd., S. 27.

32 J-Street Survey, National Survey of American Jews, 29.6.–3.7.2008, online : http://www.jstreet.org/files/images/Survey_July_2008_final.doc.

33 AJC Survey, 2007 Annual Survey of American Jewish Opinion, online: http://www.ajc.org/site/c.ijITI2PHKoG/b.3642849/.

34 Walt, Stephen M./Mearsheimer, John J.: Israel's lobby as scapegoat. The Israel Lobby and U.S. Foreign Policy, New York 2007, S. 326f.

35 Reden Obamas und McCains vor AIPAC, 06/2008: Remarks of Senator Barack Obama, online: http://www.barackobama.com/2008/06/04/remarks_of_senator_barack_obam_74.php. / Remarks of Senator John McCain, online: http://www.aipac.org/Publications/Speeches ByPolicymakers/PC_08_McCain.pdf.

36 Walt, Stephen M./Mearsheimer, John J.: Israel's lobby as scapegoat. The Israel Lobby and U.S. Foreign Policy, New York 2007, S. 213.

37 Goldberg, Jeffrey: Obama on Zionism and Hamas, in: The Atlantic, 12.5.2008, online: http://jeffreygoldberg.theatlantic.com/archives/2008/05/obama_on_zionism_and_hamas.php.

VORURTEIL 4

38 Interview Hermann Fellners mit dem Kölner *Express*, zitiert bei: Wie die Fliegen, in: *Der Spiegel*, 13.1.1986.

39 Heinrich Basilius Streithofen, Dominikanerpater, Vortrag in der

Emsländischen Volksbank Meppen, zitiert bei: Der neue Hang zum alten Mief, in: *Stern*, 11.11.1993.

40 Friedrich II.: Revidiertes Generalprivilegium und Reglement, Berlin 1750.

41 Jüdisches Museum Berlin (Hrsg.): Zwei Jahrtausende deutschjüdische Geschichte. Geschichten einer Ausstellung, Berlin/Köln 2002, S. 60.

42 Olding, Manfred: Die Münzen Friedrichs des Großen, Regenstauf 2006, S. 267.

43 Stoecker, Adolf: Unsere Forderungen an das moderne Judentum, in: Ders.: Christlich-sozial. Reden und Aufsätze, Berlin 1890, S. 367.

44 Zitiert bei: Zudrell, Petra: Der Kulturkritiker und Schriftsteller Max Nordau, Zionismus, Deutschtum und Judentum, Würzburg 2003, S. 250f.

45 Zimmermann, Moshe: Die deutschen Juden 1914-1945, München 1997, S. 14ff.

46 *Der Stürmer*, 15/1933 (April 1933), online: http://www.humanist. de/kriminalmuseum/st-t3315.htm.

47 Bajohr, Frank: Profiteure des Holocaust, in: *Frankfurter Rundschau*, 27.6.2000.

48 Benz, Wolfgang: Was ist Antisemitismus?, München 2004, S. 120f.

49 Forsa-Studie: Unser Verhältnis zu den Juden, in: *Stern*, 20.11.2003.

50 Online: http://www.imd.ch/research/publications/wcy/upload/ scoreboard.pdf.

VORURTEIL 5

51 Finkelstein, Norman: Die Holocaustindustrie. Wie das Leiden der Juden ausgebeutet wird, München, 2001.

52 Zahlen des United States Holocaust Memorial Museum, online: http://www.ushmm.org/outreach/en/article.php?ModuleId=10007689.

53 Sagi, Nana: Wiedergutmachung für Israel – die deutschen Zahlungen und Leistungen, Stuttgart 1980, S. 36ff.

54 Bundesministerium der Finanzen: Entschädigung von NS-Unrecht. Regelungen zur Wiedergutmachung, Berlin 2006, S. 9, online: http://www.bundesfinanzministerium.de/nn_4394/DE/BMF_Start-

seite/Service/Broschueren_Bestellservice/Das_Ministerium/40144, templateId=raw,property=publicationFile.pdf.

55 Blasius, Rainer (Hrsg.): Akten zur auswärtigen Politik Deutschlands 1952, München 2000, S. 247, Fußnote 2.

56 Reichel, Peter: Vergangenheitsbewältigung in Deutschland. Die Auseinandersetzung mit der NS-Diktatur von 1945 bis heute, München 2001, S. 16.

57 Interview mit Konrad Adenauer, in: *Allgemeine Wochenzeitung der Juden in Deutschland*, 25.11.1949.

58 Metz, Helen Ch.: Israel – Historical Background, in: Marshall, Edgar S. (Hrsg.): Israel – Current Issues and Historical Background, New York 2002, S. 118.

59 Goschler, Constantin: Schuld und Schulden. Die Politik der Wiedergutmachung für NS-Verfolgte seit 1945, Göttingen 2005, S. 138 f.

60 Segev, Tom/Krause, Jürgen P.: Die siebte Million. Der Holocaust und Israels Politik der Erinnerung, Hamburg 1995, S. 281.

61 Robinson, Nehemiah: Beraubung und Wiedergutmachung – der materielle Schaden der Juden während der Verfolgung. Reparationen, Rückerstattung und Entschädigung, New York 1962.

62 Balke, Ralf: »Es ist schon eine ganz nette Hitlergemeinde hier«, in: *Spiegel online*, 13.5.2009, online: http://einestages.spiegel.de/static/topicalbumbackground/4111/_es_ist_schon_eine_ganz_nette_hitlergemeinde_hier.html.

63 Schürholz, Franz: Ergebnisse der deutschen Wiedergutmachungsleistungen in Israel, Bonn 1968, S. 18.

64 Dazu und im Folgenden: Teitelbaum, Raul: Die biologische Lösung. Wie die Shoah »wiedergutgemacht« wurde, Springe 2008.

65 Vgl. Goschler, Constantin: Schuld und Schulden. Die Politik der Wiedergutmachung für NS-Verfolgte seit 1945, Göttingen 2005, S. 172.

66 Bergmann, Werner/Erb, Rainer: Antisemitismus in der Bundesrepublik Deutschland. Ergebnisse der empirischen Untersuchungen von 1946 – 1989, Opladen 1991, S. 258.

67 Bundestagsarchiv AZ V 2-0 1266 B-7/00.

68 Vgl. Focke, Harald/Reimer, Uwe: Alltag der Entrechteten. Wie die Nazis mit ihren Gegnern umgingen, Reinbek 1980, S. 175.

69 Goschler, Constantin: Schuld und Schulden. Die Politik der Wiedergutmachung für NS-Verfolgte seit 1945, Göttingen 2005, S. 280.

70 Goschler, Constantin: Die Praxis des Bundesentschädigungsge-

setzes. System mit Lücken oder Lücken mit System?, in: Brozik, Karl/ Matschke, Konrad (Hrsg.): Claims Conference. Luxemburger Abkommen. 50 Jahre Entschädigung für NS-Unrecht, Frankfurt (M) 2004, S. 100 – 113, hier S. 100.

71 Pross, Christian: Wiedergutmachung – Der Kleinkrieg gegen die Opfer, Frankfurt (M) 1988, S. 144.

72 Vgl. Stiftung Erinnerung – Verantwortung – Zukunft, online: http://www.stiftung-evz.de/themen/jahresthema-70-jahre-kriegsbe ginn/zum-thema/.

73 Ruchniewicz, Krzysztof: Deutschland und das Problem der Nachkriegsentschädigungen für Polen, in: Hockerts, Hans Günter/ Moisel, Claudia/Winstel, Tobias (Hrsg.): Grenzen der Wiedergutmachung. Die Entschädigung für NS-Verfolgte in West- und Osteuropa 1945 – 2000, Göttingen 2006, S. 666-739.

74 Pinzler, Petra: Nur ein Spiel um Geld?, in: *Die Zeit*, 10.11.1999. Semler, Christian: Entschädigung für NS-Zwangsarbeiter. Der steinige Weg zur Rechtssicherheit, in: *taz*, 31.7.1999.

75 Anwälte mit zweifelhaftem Verdienst, in: *Süddeutsche Zeitung*, 16.12.1999.

76 Steuermilliarden für Naziverbrecher, in: *Panorama*, 30.1.1997, online: http://daserste.ndr.de/panorama/archiv/1997/erste6952.html.

77 Neuere Untersuchungen zur Entschädigungspraxis der Kriegsopfer in Ost- und Westeuropa in: Hockerts, Hans Günter/Moisel, Claudia/Winstel, Tobias (Hrsg.): Grenzen der Wiedergutmachung. Die Entschädigung für NS-Verfolgte in West- und Osteuropa 1945–2000, Göttingen 2006.

78 Bundesministerium für Finanzen: Leistungen der öffentlichen Hand auf dem Gebiet der Wiedergutmachung. Stand 31.12.2007, online: http://www.bundesfinanzministerium.de/nn_4394/DE/BMF_ Startseite/Service/Downloads/Abt_V/Leistungen_20der_20_C3_B6ffe ntlichen_20Hand_20auf_20dem_20Gebiet_20der_20Wiedergutmach ung_202007,templateId=raw,property=publicationFile.pdf.

79 Rede von Johannes Rau vor der Knesset am 16.2.2000 online: http://www.hdg.de/lemo/html/dokumente/WegeInDieGegenwart_re deRauVorDerKnesset/index.html.

VORURTEIL 6

80 Katz, Yossi: Das vergessene Kapital, Publikation ausschließlich auf Hebräisch, Jerusalem 2000.

81 Barkat, Amiram: Analysis. The banks fought all the way, in: *Ha'aretz*, 19.1.2005.

VORURTEIL 7

82 Frister, Roman: Die Mütze oder der Preis des Lebens, Berlin 1997.

83 Shaw, Gerald: Lazar Sidelsky, in: *The Guardian*, 27.5.2002, online: http://www.guardian.co.uk/news/2002/may/27/guardianobituar ies.nelsonmandela.

84 Nietzsche, Friedrich: Also sprach Zarathustra. Ein Buch für Alle und Keinen (1883–1885) (= Werke VI,1), Berlin/New York 1968, S. 58.

VORURTEIL 8

85 Bericht der Kahan-Kommission (englisch) online: http://www. mfa.gov.il/MFA/Foreign%20Relations/Israels%20Foreign%20Rela tions%20since%201947/1982-1984/104%20Report%20of%20the%20 Commission%20of%20Inquiry%20into%20the%20e.

86 Shavit, Ari: The jewish problem, according to Theodorakis, in: *Ha'aretz*, 27.8.2004, online: http://www.isranet.org/DataBank/anti semitism.htm#shavit.

87 Zitiert bei Dorothea Jung: Ressentiment mit Tradition. Antisemitismus der politischen Linken. *Deutschlandfunk*, 14.4.2009, online: http://www.dradio.de/dlf/Sendungen/Hintergrundpolitik/949186/.

88 Hamas-Charta, englische Version online: http://www.thejerusa lemfund.org/www.thejerusalemfund.org/carryover/documents/charter. html (eigene Übersetzung).

VORURTEIL 9

89 Freud, Sigmund: Der Mann Moses und die monotheistische Religion, in: Ders.: Gesammelte Werke, Bd. XIII, Frankfurt (M) 1997, S. 197.

90 Dieudonné condamné pour diffamation, in: *Le Parisien*,

26.3.2009, online: http://www.leparisien.fr/faits-divers/dieudonne-condamne-pour-diffamation-26-03-2009-455870.php.

91 Dieudonné, star de la semaine judiciaire, in: *Le Figaro*, 26.6.2008, online: http://www.lefigaro.fr/actualite-france/2008/06/26/01016-2008 0626ARTFIG00373-dieudonne-star-de-la-semaine-judiciaire.php.

92 5 Mose 7, 6.

93 Jesaja 49, 3.

94 5 Mose 7, 7.

95 1 Mose 9,1-13. Talmud-Traktat Sanhedrin 13 sowie 56a/b.

96 Baeck, Leo: This people Israel. The meaning of jewish existence, London 1965, S. 402 (eigene Übersetzung).

97 Wagner, Richard: Die Wibelungen, Leipzig 1907, S. 137.

98 Kaiser Wilhelm II.: Thronrede am 4. August 1914, in: Verhandlungen des Reichstags, Stenographische Berichte, 1914/16, Berlin 1916, Bd. 306, S. 1 f.

99 Elon, Amos: Zu einer anderen Zeit. Porträt der jüdisch-deutschen Epoche 1743–1933, München 2003, S. 310 f.

100 Tsunoda, Ryusaku/De Bary, William Th./Keene, Donald (Hrsg.): Sources of Japanese Tradition, New York 1958, S. 544 (eigene Übersetzung).

101 Fehlbier, Tobias: Die Außenpolitik der VR China im asiatisch-pazifischen Raum. Zwischen Konfrontation, Kooperation und Integration, Münster 2004, S. 8.

102 Kuhn, Dieter/Ning, Angelika/Shi, Hongxia: Markt China. Grundwissen zur erfolgreichen Marktöffnung, München 2001, S. 212.

103 Aristoteles: Politik I 2, 1252a, zitiert und kommentiert bei: Liessmann, Konrad/Zenaty, Gerhard: Vom Denken. Einführung in die Philosophie, Bamberg 1996, S. 326 f.

104 Zitiert bei: Jäger-Dabek, Brigitte: Polen. Eine Nachbarschaftskunde für Deutsche, Berlin 2006, S. 41.

105 Zitiert bei: Ferguson, Niall: Empire. The Rise and Demise of the British World Order and the Lessons for Global Power, New York 2003, S. 227.

106 Dilke, Charles W.: A Record of Travel in English-Speaking Countries during 1866 and 1867, New York 2005, S. 545 f.

107 Melville, Herman: Weißjacke, München 1976, S. 155.

108 Zitiert bei: Jensen, Richard J.: Reagan at Bergen-Belsen and Bitburg, Austin 2007, S. 25.

109 Johannes 15, 16.

110 Matthäus 24, 22-31.

111 Galater 6, 16.

112 Kairoer Erklärung der Menschenrechte im Islam, online: http://www.soziales.fh-dortmund.de/Berger/Forschung/islam/Kairoer%20Erkl%C3%A4rung%20der%20OIC.pdf.

113 Zitiert bei: Müller-Lauter, Wolfgang: Dostoevskijs Ideendialektik. Berlin/New York 1974, S. 19 f.

114 Jefferson, Thomas F.: Notes on the State of Virgina, Richmond 1853, S. 176 (eigene Übersetzung).

VORURTEIL 10

115 Kardinal Lustiger, Jean Marie: Reservè sur ›La Passion du Christe‹ de Mel Gibson, in: *Le Monde*, 21.2.2004.

116 La régression Gibson, in: *Le Monde*, 31.3.2004.

117 Gemeinsame Erklärung der Präsidenten des Zentralrats der Juden, Paul Spiegel, Karl Kardinal Lehmann und Bischof Wolfgang Huber vom 18.3.2004, online: http://www.stanet.ch/APD/news/282.html#art2779.

118 Jessen, Jens: Keine Gnade, in: *Die Zeit*, 4.3.2004, online: http://www.zeit.de/2004/11/Die_Passion.

119 Labro, Michel: Jésus et les Juifs, in: *Le nouvel observateur*, 25.3.2004, online: http://hebdo.nouvelobs.com/hebdo/parution/p2055/articles/a235927-jesus_et_les_juifs.html.

120 Blinzler, Josef: The trial of Jesus, Westminster 1959. Bezugnahme auf: Josephus Flavius, Jüdische Altertuemer, XVIII, 3,1+3,2+4,2 / Philon von Alexandrien, Adversus Flaccum.

121 Justinus: Dialog mit dem Juden Tryphon, Kempten 1917, S. 24 (I, 3–4).

122 Zitiert bei: Blank, Josef (Komm.): Meliton von Sardes. Vom Passa. Die älteste christliche Osterpredigt, Freiburg 1963, S. 81.

123 Nostra Aetate, Erklärung des 2. Vatikanischen Konzils zu den nichtchristlichen Religionen, online: http.//www.vatican.va/archive/hist_councils/ii_vatican_council/documents/vatii_decl_19651028_nostra-aetate_ge.html.

124 Wirsching, Andreas: Vom Weltkrieg zum Bürgerkrieg? Politischer Extremismus in Deutschland und Frankreich 1918 – 1933/39, München 2000, S. 327f.

125 Benz, Wolfgang: Was ist Antisemitismus?, München 2004, S. 162.

126 Ebd., S. 164.

127 Hohmann-Rede online: http://www.spiegel.de/politik/deutsch land/0,1518,274366,00.html.

128 Benz, Wolfgang: Was ist Antisemitismus?, München 2004, S. 156.

129 Angela Merkels Reaktion auf die Hohmann-Rede online: http://www.spiegel.de/politik/deutschland/0,1518,271975,00.html.

130 Hohmanns Entschuldigung online: http://www.spiegel.de/ politik/deutschland/0,1518,272317,00.html.

131 Die entsprechende Homepage mit dem Forum ist nicht mehr in der damaligen Form verfügbar. Dr. Andrea Geier, wissenschaftliche Assistentin an der Universität Marburg, nimmt dazu Stellung: »Da weder das anwesende Publikum protestierte noch die lokale Presse über den Inhalt der Rede berichtete, blieb eine unmittelbare Resonanz aus; der Redetext war jedoch auf der Internetseite der CDU Neuhof veröffentlicht worden, wo eine Amerikanerin auf ihn stieß, welche die Presse informierte und so den Stein ins Rollen brachte. Der Text verschwand daraufhin von dieser Seite, die Rede wurde vielfach online, vor allem von Tageszeitungen, zur Verfügung gestellt; in den Printmedien wurde die Rede dagegen lediglich in Ausschnitten publiziert … Die meisten dieser Veröffentlichungen sind heute nicht mehr verfügbar. Martin Hohmann hat die Rede auch nicht auf seiner Homepage.« – Geier, Andrea: Topik des Antisemitismus am Beispiel der Neuhofer Rede Martin Hohmanns, online: http://www.rheton.sbg.ac.at/rhetonneu/index. php?option=com_content&task=view&id=58&Itemid=26.

132 Brief Reinhard Günzels an Martin Hohmann online: http:// www.sueddeutsche.de/politik/930/396717/text/.

133 Infratest-dimap im Auftrag des ARD-Magazins Panorama, 11.–13.11.2003, zitiert bei: Gespaltenes Land, in: Spiegel, 17.11.2003.

134 Hohmann-Rede online: ttp://www.spiegel.de/politik/deutsch land/0,1518,274366,00.html.

135 Marr, Wilhelm: Der Sieg des Judenthums über das Germanen-

thum – Vom nichtconfessionellen Standpunkt aus betrachtet. Bern 1879.

136 Pinsker, Leo: Autoemanzipation. Mahnruf eines russischen Juden an seine Stammesgenossen. Berlin 1882, S. 14.

137 Im Original in: Herzl, Theodor: AltNeuLand, Einleitung, zitiert auf dem Deckblatt der Neuveröffentlichung: Herzl, Theodor: AltNeuLand. Ein utopischer Roman, Norderstedt 2004.

138 Lustiger, Arno: Rotbuch. Stalin und die Juden, Berlin 1998, S. 45.

139 Marx, Karl: Zur Judenfrage, in: Ders./Engels, Friedrich: Werke, Bd. 1, Berlin 1976, S. 347-377, hier S. 375.

140 Luxemburg, Rosa: Briefe an Freunde. Hamburg 1950, S. 48 f.

141 Elon, Amos: Zu einer anderen Zeit. Porträt der jüdisch-deutschen Epoche 1743–1933, München 2003, S. 336.

142 Klemperer, Victor: Leben sammeln, nicht fragen wozu und warum, Bd.1, Berlin 1996, S. 29.

143 Amos Elon: Zu einer anderen Zeit. Porträt der jüdisch-deutschen Epoche 1743–1933, München 2003, S. 337 f.

144 Haffner, Sebastian: Die verratene Revolution. Deutschland 1918/19, Bern 1969, S. 185.

145 Friedländer, Saul: Das Dritte Reich und die Juden, Bd. 1: Die Jahre der Verfolgung 1933–1939, München 2007, Seite 108.

146 Ben-Zur, Eitan, Flamme im Herzen Europas, S. 167.

147 Wulff entschuldigt sich, in: *Süddeutsche Zeitung*, 7.11.2008, online: http://www.sueddeutsche.de/politik/167/317045/text/.

VORURTEIL 12

148 Herzinger, Richard: Identitätsbruch. Wachsender Antisemitismus in Europa bringt die EU in Verlegenheit, in: *Die Zeit*, 19.2.2004, online: http://www.zeit.de/2004/09/EU_2fAntisemitismus.

149 Benz, Wolfgang: Was ist Antisemitismus?, München 2004, S. 211.

150 *Jüdische Allgemeine* 63. Jg., Nr.19, online: http://juedische-allgemeine.de/cgi-bin/search_jaz.cgi?np=72&q=antisemitismus.

151 Report 49, Dez. 1946. OMGUS-Studien, in: Merritt, Anna J./ Merritt, Richard L. (Hrsg.): Public Opinion in Occupied Germany. The Omgus-Surveys 1945-1948, Urbana 1970.

152 Bergmann, Werner/Erb, Rainer: Antisemitismus in der Bundesrepublik Deutschland, Opladen 1991, S. 16.

153 *Spiegel-Spezial*: Mehr verdrängt als bewältigt, in: *Spiegel*, 13.1.1992, online: http://wissen.spiegel.de/wissen/dokument/dokument. html?id=13679360&top=SPIEGEL.

154 Wittenberg, Reinhard/Schmidt, Manuela: Antisemitische Einstellungen in Deutschland zwischen 1994 und 2002. Eine Sekundäranalyse repräsentativer Bevölkerungsumfragen aus den Jahren 1994, 1996, 1998 und 2002, in: Benz, Wolfgang (Hrsg.): Jahrbuch für Antisemitismusforschung 13, Berlin 2004, S. 161-183, hier S. 166 f.

155 Ebd., S. 170.

156 Bergmann, Werner: Geschichte des Antisemitismus, München 2002, S. 135 f.

157 AJC Survey 2005, Thinking about the Holocaust 60 years later, online: http://www.ajc.org/site/apps/nlnet/content3.aspx?c=ijITI2PH KoG&b=846741&ct=1025513.

158 Bergmann, Werner: Geschichte des Antisemitismus, München 2002, S. 181.

159 Ebd., S. 184.

160 Bergmann, Werner: Antisemitismus. Umfragen nach 1945 im internationalen Vergleich, in: Benz, Wolfgang (Hrsg.): Jahrbuch für Antisemitismusforschung, 5, Berlin 1996, S. 172–195, hier S. 180–190.

161 Bergmann, Werner/Erb, Rainer: Antisemitismus in der Bundesrepublik Deutschland, Opladen 1991, S. 149.

162 Bergmann, Werner: Geschichte des Antisemitismus, München 1996, S. 182.

163 AJC Survey 2002, German Attitudes Toward Jews, the Holocaust and the U.S, online: http://www.ajc.org/site/apps/nlnet/content3. aspx?c=ijITI2PHKoG&b=846743&ct=1032137.

164 Ohne Angabe der Originalstudie zitiert bei: http://www.hagalil. com/or/200xxxxx4/01/antisemitismus-studien.htm.

165 Singer, David: Knowledge and Rememberence of the Holocaust in Different Countries. Data from American Jewish Committee-Sponsored Surveys, Washington 1998.

166 Bergmann, Werner: Geschichte des Antisemitismus, München 1996, S. 182.

167 Bergmann, Werner/Erb, Rainer: Antisemitismus in der Bundesrepublik Deutschland, Opladen 1991, S. 150.

168 ADL Survey 2004, Attitudes toward Jews, Israel and the Palestinian-Israeli Conflict in Ten European Countries, April 2004, online:

http://www.adl.org/Anti_semitism/European_Attitudes_april_2004.
pdf. / ADL Survey 2007, Attitudes toward Jews and the Middle East in
Five European Countries, July 2007, online: http://www.adl.org/anti_
semitism/European_Attitudes_Survey_JULY_2007.pdf.

169 ADL (Hrsg.): Reaction to the Financial Crisis in the Arab
World. AntiSemitic Stereotypes, 4.11.2008, über eine Aussage des Ha-
mas-Sprechers Fawzi Barhum vom 07.10.2008, online: http://www.adl.
org/main_Arab_World/Financial_Crisis.htm.

170 ADL Survey 2002, European Attitudes toward Jews, Israel and
the Palestinian-Israeli Conflict, June 2002, online: http://www.adl.org/
PresRele/AsInt_13/4118_13.asp (01.11.2009) / ADL Survey 2004, Attitudes toward Jews, Israel and the Palestinian-Israeli Conflict in Ten
European Countries, April 2004, online: http://www.adl.org/Anti_
semitism/European_Attitudes_april_2004.pdf. / ADL Survey 2005, Attitudes toward Jews in Twelve European Countries, May 2005, online:
http://www.adl.org/anti_semitism/european_attitudes_may_2005.pdf.
/ ADL Survey 2007, Attitudes toward Jews and the Middle East in Five
European Countries, July 2007, online: http://www.adl.org/anti_
semitism/European_Attitudes_Survey_JULY_2007.pdf.

171 Rede von Johannes Rau vor der Knesset am 16.2.2000 online:
http://www.hdg.de/lemo/html/dokumente/WegeInDieGegenwart_re
deRauVorDerKnesset/index.html.

172 Wittenberg, Reinhard/Schmidt, Manuela: Antisemitische Einstellungen in Deutschland zwischen 1994 und 2002. Eine Sekundäran-
lyse repräsentativer Bevölkerungsumfragen aus den Jahren 1994, 1996,
1998 und 2002, in: Benz, Wolfgang (Hrsg.): Jahrbuch für Antisemitismusforschung 13, Berlin 2004, S. 161-183, hier S. 163.

173 AJC Survey 2005, Thinking about the Holocaust 60 Years Later.
A Multinational Public Opinion Survey, March-April 2005, online:
http://www.ajc.org/site/apps/nlnet/content3.aspx?c=ijITI2PHKcG&b
=846741&ct=1025513.

174 Bergmann, Werner / Erb, Rainer: Antisemitismus in der Bundesrepublik Deutschland, Opladen 1991, S. 306.

175 Singer, David: Knowledge and Rememberence of the Holocaust
in Different Countries. Data from American Jewish Committee-Sponsored Surveys, Washington 1998. / AJC Survey 2002, German Attitudes
Toward Jews, the Holocaust and the U.S, online: http://www.ajc.org/
site/apps/nlnet/content3.aspx?c=ijITI2PHKoG&b=846743&ct=10321

37. / AJC Survey 2002, German Attitudes Toward Jews, the Holocaust and the U.S, online: http://www.ajc.org/site/apps/nlnet/content3.aspx?c=ijITI2PHKoG&b=846743&ct=1032137. / AJC Survey 2005, Thinking about the Holocaust 60 Years Later: A Multinational Public Opinion Survey, March-April 2005, online: http://www.ajc.org/site/apps/nlnet/content3.aspx?c=ijITI2PHKoG&b=846741&ct=1025513.

176 AJC Survey 2002, German Attitudes Toward Jews, the Holocaust and the U.S, online: http://www.ajc.org/site/apps/nlnet/content3.aspx?c=ijITI2PHKoG&b=846743&ct=1032137.

177 Singer, David: Knowledge and Rememberence of the Holocaust in Different Countries. Data from American Jewish Committee-Sponsored Surveys, Washington 1998.

178 AJC Survey 2002, German Attitudes Toward Jews, the Holocaust and the U.S, online: http://www.ajc.org/site/apps/nlnet/content3.aspx?c=ijITI2PHKoG&b=846743&ct=1032137.

179 AJC Survey 2005, Thinking about the Holocaust 60 Years Later. A Multinational Public Opinion Survey, March-April 2005, online: http://www.ajc.org/site/apps/nlnet/content3.aspx?c=ijITI2PHKoG&b=846741&ct=1025513.

180 Uni, Assaf: The fixer, in *Ha'aretz*, 16.10.2009.

181 ADL, Annual Audit: AntiSemitic Incidents in the U.S., verschiedene Jahre.

182 TNS-Emnid-Umfrage (im Auftrag der Bertelsmann-Stiftung): Deutsche und Juden – Verbindende Vergangenheit, trennende Gegenwart?, S. 37 f, online: http://www.bertelsmann-stiftung.de/bst/de/media/xcms_bst_dms_20241_20275_2.pdf.

EPILOG
183 Cohen, Roger: Israel, Iran and Fear. Opinion, in: New York Times, 19.4.2009, online: http://www.nytimes.com/2009/04/20/opinion/20iht-edcohen.html.

VERWENDETE UND ZITIERTE LITERATUR

Weitere Hinweise auf Zeitungsartikel und Online-Beiträge finden sich in den Fußnoten.

Baeck, Leo, This people Israel. The meaning of jewish existence, London 1965

Ben-Ami, Shillony, The Jews and the Japanes. The Successful Outsiders, Tokyo 1992

Benz, Wolfgang, Die Protokolle der Weisen von Zion. Die Legende von der jüdischen Weltverschwörung, München 2007

Benz, Wolfgang, Was ist Antisemitismus?, München 2004

Bergmann, Werner, »Antisemitismus. Umfragen nach 1945 im internationalen Vergleich«, in: Benz, Wolfgang (Hrsg.), Jahrbuch für Antisemitismusforschung 5, Berlin 1996

Bergmann, Werner, Geschichte des Antisemitismus, München 2002

Bergmann, Werner/Erb, Rainer, Antisemitismus in der Bundesrepublik Deutschland. Ergebnisse der empirischen Untersuchungen von 1946–1989, Opladen 1991

Blank, Josef (Komm.), Meliton von Sardes. Vom Passa. Die älteste christliche Ostpredigt, Freiburg 1963

Blasius, Rainer (Hrsg.), Akten zur auswärtigen Politik Deutschlands 1952, München 2000

Blinzler, Josef, The trial of Jesus, Westminster 1959

Cohn, Norman, Die Protokolle der Weisen von Zion. Der Mythos von der jüdischen Weltverschwörung, Köln 1969

Dilke, Charles W., A Record of Travel in English-Speaking Countries during 1866 and 1867, New York 2005

Driesch, Wolfgang, Islam, Judentum und Israel, Hamburg 2003

Elon, Amos, Zu einer anderen Zeit. Porträt der jüdisch-deutschen Epoche 1743–1933, München 2003

Fehlbier, Thomas, Die Außenpolitik der VR China im asiatisch-pazifischen Raum. Zwischen Konfrontation, Kooperation und Integration, Münster 2004

Ferguson, Niall, Empire. The Rise and Demise of the British World Order and the Lessons for Global Power, New York 2003

Finkelstein, Norman, Die Holocaustindustrie. Wie das Leiden der Juden ausgebeutet wird, München 2001

Focke, Harald/Reimer, Uwe, Alltag der Entrechteten. Wie die Nazis mit ihren Gegnern umgingen, Reinbek 1980

Freud, Sigmund: Der Mann Moses und die monotheistische Religion, in: Ders.: Gesammelte Werke, Bd. XIII, Frankfurt(M) 1997

Friedländer, Saul, Das Dritte Reich und die Juden, Bd. 1: Die Jahre der Verfolgung 1933–1939, München 2007

Friedrich II., Revidiertes Generalprivilegium und Reglement, Berlin 1750

Frister, Roman, Die Mütze oder der Preis des Lebens, Berlin 1997

Goschler, Constantin, »Die Praxis des Bundesentschädigungsgesetzes. System mit lücken oder Lücken mit System?«, in: Brozik, Karl/Matschke, Konrad (Hrsg.), Claims Conference. Luxemburger Abkommen. 50 Jahre Entschädigung für NS-Unrecht, Frankfurt/M. 2004

Goschler, Constantin, Schuld und Schulden. Die Politik der Wiedergutmachung für NS-Verfolgte seit 1945, Göttingen 2002

Haffner, Sebastian, Die verratene Revolution. Deutschland 1918/19, Bern 1969

Herzl, Theodor, AltNeuLand. Ein utopischer Roman, Norderstedt 2004

Jäger-Dabek, Brigitte, Polen. Eine Nachbarschaftskunde für Deutsche, Berlin 2006

Jefferson, Thomas F., Notes on the State of Virginia, Richmond 1853

Jensen, Richard J., Reagan at Bergen-Belsen and Bitburg, Austin 2007

Jüdisches Museum Berlin (Hrsg.), Zwei Jahrtausende deutsch-jüdische Geschichte. Geschichten einer Ausstellung, Berlin/Köln 2002

Justinus, Dialog mit dem Juden Tryphon, Kempten 1917

Kaiser Wilhelm II., »Thronrede am 4. August 1914«, in: Verhandlungen des Reichstags, Stenographische Berichte 1914/16, Berlin 1916

Katz, Yossi, Das vergessene Kapital (Publikation ausschließlich auf Hebräisch), Jerusalem 2000

Klemperer, Victor, Leben sammeln, nicht fragen wozu und warum, Bd. 1, Berlin 1996

Kuhn, Dieter/Ning, Angelika/Shi, Hongxia, Markt China. Grundwissen zur erfolgreichen Marktöffnung, München 2001

Leff, Laura, Buried by The Times. The Holocaust and America's most important Newspaper, Cambridge 2005

Liessmann, Konrad/Zenary, Gerhard, Vom Denken. Einführung in die Philosophie, Bamberg 1996

Lustiger, Arno, Rotbuch. Stalin und die Juden, Berlin 1998

Luxemburg, Rosa, Briefe an Freunde, Hamburg 1950

Marr, Wilhelm, Der Sieg des Germanenthums über das Judenthum – Vom nichtconfessionellen Standpunkt aus betrachtet, Bern 1879

Marx, Karl, »Zur Judenfrage«, in: Marx, Karl/Engels, Friedrich, Werke, Bd. 1, Berlin 1976

Melville, Herman, Weißjacke, München 1976

Metz, Helen Ch., »Israel – Historical Background«, in: Marshall, Edgar S. (Hrsg.), Israel – Current Issues and Historical Background, New York 2002

Müller-Lauter, Wolfgang, Dostoevskijs Ideendialektik, Berlin/New York 1974

Nietzsche, Friedrich, Also sprach Zarathustra. Ein Buch für Alle und Keinen, Berlin/New York 1968

Olding, Manfred, Die Münzen Friedrichs des Großen, Regenstauf 2006

Pietri, François, Napoleon et les Israélites, Paris 1965

Pinsker, Leo, Autoemanzipation. Mahnruf eines russischen Juden an seine Stammesgenossen, Berlin 1882

Pross, Christian, Wiedergutmachung – Der Kleinkrieg gegen die Opfer, Frankfurt/M. 1988

Reichel, Peter, Vergangenheitsbewältigung in Deutschland. Die Auseinandersetzung mit der NS-Diktatur von 1945 bis heute, München 2001

Robinson, Nehemiah, Beraubung und Wiedergutmachung – der materielle Schaden der Juden während der Verfolgung. Reparationen, Rückerstattung und Entschädigung, New York 1962

Ruchniewicz, Krysztof, »Deutschland und das Problem der Nachkriegsentschädigungen für Polen«, in: Hockerts, Hans Günter/Moisel, Claudia/Winstel, Tobias (Hrsg.), Grenzen der Wiedergutmachung.

Die Entschädigung für NS-Verfolgte in West- und Osteuropa 1945–
2000, Göttingen 2006

Sagi, Nana, Wiedergutmachung für Istael – die deutschen Zahlungen
und Leistungen, Stuttgart 1980

Schürholz, Franz, Ergebnisse der deutschen Wiedergutmachungsleistungen in Israel, Bonn 1968

Segev, Tom/Krause, Jürgen P., Die siebte Million. Der Holocaust und
Israels Politik der Erinnerung, Hamburg 1995

Singer, David, Knowledge and Rememberence of the Holocaust in Different Countries. Data from American Jewish Committee-Sponsored Surveys, Washington 1998

Stoecker, Adolf, Christlich-sozial. Reden und Aufsätze, Berlin 1890

Thiele, Johannes (Hrsg.), Tränen, die zu Lachen werden, Wiesbaden
2005

Tsunoda, Ryusaku/De Bary, William Th./Keene, Donald (Hrsg.),
Sources of Japanese Tradition, New York 1958

Wagner, Richard, Die Wibelungen, Leipzig 1907

Waibl-Stockner, Jasmin, »Die Juden sind unser Unglück«. Antisemitische Verschwörungstheorien und ihre Verankerung in Politik und
Gesellschaft, Berlin u.a. 2009

Walt, Stephen M./Mearsheimer, John J., Israel's lobby as scapegoat.
The Israel Lobby and U. S. Foreign Policy, New York 2007

Wirsching, Andreas, Vom Weltkrieg zum Bürgerkrieg? Politischer
Extremismus in Deutschland und Frankreich 1918–1933/39, München 2000

Wittenberg, Reinhard/Schmidt, Manuela, »Antisemitische Einstellungen in Deutschland zwischen 1994 und 2002. Eine Sekundäranalyse
repräsentativer Bevölkerungsumfragen aus den Jahren 1994, 1996,
1998 und 2002«, in:Benz, Wolfgang (Hrsg.), Jahrbuch für Antisemitismusforschung 13, Berlin 2004

Zimmermann, Moshe, Die deutschen Juden 1914–1945, München 1997

Zudrell, Petra, Der Kulturkritiker und Schriftsteller Max Nordau. Zionismus, Deutschtum und Judentum, Würzburg 2003

QUELLENNACHWEIS

Heinrich von Treitschke, Unsere Aussichten, in: Preußische Jahr-
bücher 44, Heft 5 (November 1879), S. 559 ff.

Theodor W. Adorno: Minima Moralia. Reflexionen aus dem beschädig-
ten Leben. Suhrkamp Verlag, Frankfurt/M. 1951, S. 200.

DANK

Dieses Buch hat von vielen Seiten tatkräftige Unterstützung und Begleitung erfahren. Für die anregenden Gespräche im Vorfeld danken wir Professor Yehuda Bauer, Professor Shlomo Avineri, Professor Zeev Sternhell und Dr. Matthias Schmidt von der Hebräischen Universität Jerusalem sowie Professor Elie Barnavi von der Universität Tel Aviv. Besonderer Dank gebührt Professor Moshe Zimmermann von der Hebräischen Universität Jerusalem, der den Text kritisch gegengelesen und mit hilfreichen Kommentaren versehen hat.

Inge Deutschkron, die den mörderischen Antisemitismus des NS-Regimes überlebt hat, danken wir für ihre Offenheit im Gespräch. Christa Schael hat uns mit Einsatz und Geduld bei unserer Arbeit unterstützt. Insbesondere möchten wir Kristin Rotter danken für ihr Engagement und ihre Ideen, die sie zu diesem Buch beigesteuert hat.

PIPER

Michael Wolffsohn,
Thomas Brechenmacher
Deutschland, jüdisch Heimatland

Die Geschichte der deutschen Juden vom Kaiserreich
bis heute. 368 Seiten. Gebunden

Ausgerechnet in das Land des Holocaust wandern mehr Juden
ein als nach Israel. Die Gemeinden in Deutschland erleben
einen ungeahnten Zustrom. In Berlin, München und anderswo wurden neue Synagogen eröffnet. Deutschland, jüdisch Heimatland – das ist keine Utopie, sondern längst ge-
lebte Realität. Michael Wolffsohn und Thomas Brechen-
macher beschreiben vor dem Hintergrund der Geschichte, wie
es zu diesem hoffnungsvollen Neuanfang kam. Mittels
eines völlig neuen Ansatzes können sie erstmals präzise Aussagen dazu treffen, wie die Gesamtheit der deutschen Juden
dachte, fühlte und wie sie sich selbst sah. Zugleich schildert
ihre große Erzählung anhand ausgewählter jüdischer Bio-
grafien das individuelle Ringen um Anerkennung vom Kaiserreich bis heute.

01/1868/01/R

PIPER

Chil Rajchman
Ich bin der letzte Jude

Treblinka 1942/43 – Aufzeichnungen für die Nachwelt.
Aus dem Französischen von Ulrike Bokelmann. 160 Seiten
mit 30 s/w Abbildungen im Text. Gebunden

Wir kennen viele Berichte aus der Hölle der Konzentrationslager. Sie alle sind nach dem Krieg geschrieben, oft mit gro
ßem zeitlichem Abstand, und überarbeitet. Dieser hier entstand noch unter der Nazi-Herrschaft, auf der Flucht aus
dem Vernichtungslager Treblinka, in das der 28-jährige Chil
Rajchman 1942 eingeliefert wird. Entsetzt erkennt er das
Ausmaß des Mordens und ist überzeugt: Das überlebt keiner
von uns. Er hat nur noch einen Wunsch: Die Nachwelt
muss erfahren, was man den Juden angetan hat, welcher Vernichtung sie zum Opfer gefallen sind. Ohne Pathos, dabei
präzise und klar, schreibt er in diesem Text das Unglaubliche
auf, was er gesehen hat. Rajchman beteiligt sich an dem legendären Aufstand der Häftlinge. Ihm gelingt die Flucht in die
Wälder. Und woran er selbst nicht mehr geglaubt hatte, geschieht: Er überlebt.

01/1869/01/R

PIPER

Hans Küng

Was ich glaube

320 Seiten. Gebunden

Was glaubt Hans Küng ganz persönlich? Er gilt als universaler
Denker unserer Zeit; seine Bücher sind in hohen Auflagen,
in vielen Sprachen über die Welt verbreitet. Doch dieses Buch
ist anders, auch wenn es auf seinem gesamten Werk auf-
baut. Es ist das persönliche Glaubensbekenntnis eines Mannes, der das theologische Denken weltweit stärker verändert hat als andere. Wenn man aber die ganze gelehrte Wissenschaft, die theologische Formelsprache, die kunstvollen
Theoriegebäude – wenn man das alles hinter sich lässt, was
bleibt dann als Kern des Glaubens? Was brauche ich für
mein Leben? Was ist mir unverzichtbar? Von »Lebensver-
trauen« über »Lebensfreude«, »Lebenssinn« und »Lebens-
leid« schreibt Hans Küng und bietet so eine »summa« seines
Lebens.

01/1870/01/R

Brigitte Hamann

Hitlers Edeljude

Das Leben des Armenarztes Eduard Bloch. 512 Seiten
mit 160 Abbildungen. Gebunden

Dr. Eduard Bloch (1872–1945) war in Linz Hausarzt von Hitlers Mutter Klara. Aufopferungsvoll begleitete er 1907 ihr
Sterben. Damals entwickelte sich eine herzliche Beziehung
zwischen dem frommen Juden und dem 18-jährigen Adolf
Hitler. Als der »Führer« 1938 in Linz einzog, erwähnte er
mehrfach lobend den »Edeljuden Dr. Bloch«. Er sorgte dafür, dass Bloch von der Linzer Gestapo »geschützt« wurde
und 1940 mit seiner Frau in die USA emigrieren konnte.
Doch Amerika wurde ihnen nicht mehr zur Heimat. Brigitte
Hamann erzählt aus vielen privaten Quellen von Bloch und
dessen großer Familie, von einem Leben in politisch wirren
Zeiten. In »Hitlers Wien« hat sie die Ursprünge von Hitlers
Antisemitismus erklärt. Hier widerlegt sie auch die abenteuer-
liche These, der jüdische Arzt Dr. Bloch sei einer der Aus-
löser dafür gewesen.

01/1740/01/R

PIPER

Ralf Georg Reuth

Hitlers Judenhass

Klischee und Wirklichkeit. 376 Seiten. Gebunden

Eine der zentralen Fragen unserer Geschichte wird in diesem
Buch neu beantwortet: Wie kam der mörderische Antisemitismus Hitlers und der Nazis zustande? Als im Februar
1919 der ermordete bayerische Ministerpräsident Kurt Eisner zu Grabe getragen wurde, war im Trauerzug für den
Linksrevolutionär und Juden auch ein Gefreiter namens
Adolf Hitler. Der wird später immer behaupten, er sei schon
seit seiner Zeit in Wien glühender Antisemit und Sozialis-
tenhasser gewesen. In Wirklichkeit war er noch 1919 in der
von den Rechten als »Judenherrschaft« verunglimpften
bayerischen Räterepublik Soldatenrat; von seinem späteren
Judenhass findet sich noch keine Spur. Mit diesem auf-
sehenerregenden Befund stellt Ralf Georg Reuth, ausge-
wiesener Biograf (Hitler, Goebbels), die Forschung auf den
Kopf.

01/1805/01/R